# 中国

修订版

# 历史常识

Basic
Knowledge
*of*
Chinese History

吴晗 ◎主编

·上·

新世界出版社
NEW WORLD PRESS

图书在版编目（CIP）数据

中国历史常识：全2册 / 吴晗主编. -- 修订版. --
北京：新世界出版社，2023.11
ISBN 978-7-5104-7687-7

Ⅰ.①中… Ⅱ.①吴… Ⅲ.①中国历史—通俗读物
Ⅳ.① K209

中国国家版本馆CIP数据核字（2023）第 161957 号

## 中国历史常识（修订版）

主　　编：吴　晗
责任编辑：丁　鼎
责任校对：宣　慧　张杰楠
责任印制：王宝根
出　　版：新世界出版社
网　　址：http://www.nwp.com.cn
社　　址：北京西城区百万庄大街 24 号（100037）
发 行 部：(010)6899 5968（电话）　(010)6899 0635（电话）
总 编 室：(010)6899 5424（电话）　(010)6832 6679（传真）
版 权 部：+8610 6899 6306（电话）nwpcd@sina.com（电邮）
印　　刷：天津旭丰源印刷有限公司
经　　销：新华书店
开　　本：710mm×1000mm　1/16　尺寸：170mm×240mm
字　　数：670 千字　　　　　　印张：49
版　　次：2023 年 11 月第 1 版　　2023 年 11 月第 1 次印刷
书　　号：ISBN 978-7-5104-7687-7
定　　价：118.00 元（全 2 册）

[明]吴彬《孔子杏坛讲学图》

　　画面描绘的是孔子讲学时的情景。孔子是我国春秋末期伟大的思想家、教育家，他主张对学生因材施教。他教过三千名学生，据说精通礼、乐、射、御、书、数六艺的有七十二人。

［明］张路《老子骑牛图》

　　老子是道家学派的创始者。老子的哲学思想，具有朴素的唯物辩证法因素，他看到了宇宙万物矛盾的对立统一与相互转化的法则。在政治思想上，他提出了"无为而治""小国寡民"的主张。

[明] 仇英《明妃出塞图》

　　王昭君是汉元帝的宫女。元帝将昭君嫁给匈奴呼韩邪单于为妻，希望通过联姻，永结亲好。画面描绘的是昭君远嫁匈奴，跋涉塞外的情景。两千年来，昭君美丽、善良、朴实、勤劳的形象，始终活在当地人民的心中。据内蒙古民间传说，昭君很爱护百姓，曾向当地妇女传授纺纱、织布和做衣服的技术和有关农业生产的知识。

［宋］佚名《文姬归汉图》

　　蔡文姬是东汉末年大文学家蔡邕的女儿。汉献帝兴平二年（195年），她被南匈奴骑兵俘虏，被迫嫁给南匈奴左贤王。建安十三年（208年），曹操派遣使者，携带着贵重的礼物，到匈奴把蔡文姬赎了回来。至此，流落匈奴十余年的蔡文姬终于回到了故乡。蔡文姬很有才华，她不但懂音律，而且诗作得很好，据说有名的长篇抒情诗《胡笳十八拍》就是她的作品。

〔明〕钱穀《兰亭修禊图》（局部）

画作题材取自东晋王羲之《兰亭集序》，描绘东晋永和九年（353年），王羲之、谢安等人在浙江山阴的兰亭溪上修禊，作曲水流觞之会的故事。王羲之是东晋时代杰出的书法家。他的书法艺术在我国历史上享有极高的声誉，后人把他称为"书圣"。《兰亭集序》是其代表作。

［唐］阎立本《职贡图》

此图表现的是西域使臣拜见大唐天子的情景。唐朝是当时世界上最强大的国家，连接东西方的通商大道，行旅不绝。首都长安在当时已经是一个拥有百万人口的国际性都市。在长安的街道上，各个种族、各种肤色的人群熙来攘往，呈现着节日气氛。

〔唐〕张萱《武后行从图》

　　此图描绘武则天在宫廷巡行的情景。武则天是我国历史上唯一的女皇帝。一千多年前，武则天敢于冲破重重阻挠，宣布自己是皇帝，是我国封建社会女性中的杰出人物。

［明］仇英《千秋绝艳图·李清照》

　　北宋末年，词坛上出现了一位杰出的女词人，她就是李清照。李清照是个多才多艺的女作家，她的诗和文都写得很好，尤其精于填词。她在南渡以前，过的是比较安逸宁静的生活，这时她的词在风格上的特点是婉约清新。南渡以后，李清照面对着苦难的现实遭遇，所填的词感情极为沉痛，风格上也逐渐趋向苍凉凄楚。

［北宋］张择端《清明上河图》（局部）

宋代绘画开始重视现实生活及习俗的描绘，北宋杰出画家张择端的《清明上河图》就是这种新题材的代表。张择端选择汴京东门外一段繁盛地区的街景为题材来作画。在画中，可以看到汴河里船只往来、虹桥上车马不绝、街道上店铺林立的景象。可贵的是，画中突出了各行各业劳动人民各种劳动生活的场面。它是我国绘画史上不朽的杰作。

**［明］仇英《梧竹书堂图》**

明朝中期，当时画坛上有四位成就很高的画家，分别是沈周、文徵明、唐寅和仇英，他们被称为"明朝四大家"。仇英是油漆工匠出身的杰出画家，也是周臣的学生。他临摹的唐宋名画，可以乱真。当时的人十分欣赏他的作品，说他的画"独步江南二十年"。

# 自 序

我国历史时期这么长，历史文献这么多，要人人都学点历史、有点历史常识，真是像前人所说，一部二十四史，从何下手呢？何况历史文献都是在不同历史时期，用当时通行的古文编写的，今天的绝大多数青年还不能熟练掌握、运用古文，这个关过不了，要学，又从何学起呢？

当然，这些年，我们也编出了几套篇幅不等的通史，但是，一般地说，字数都比较多，而且对象都是在学的各级学校的学生，对广大青年来说，还是不大适合的。

广大青年都有强烈的学习历史的要求，但是缺乏可读的书，这个问题必须解决。

我们在各有关方面的支持下，编了这部《中国历史常识》，就是为了适应这个强烈的要求，帮助广大青年学习中国历史知识，并且从中受到爱国主义和历史唯物主义的教育。

在编辑这本书的过程中，我们注意到以下一些特点：

第一是形式活泼。针对读者对象，为读者设想，这部书不能像历史教科书那样写法，要不，已经有了那么多套教科书了，何必重复？也不能写成历史故事，故事必然会有虚构、夸张成分，而这部书的目的是给读者以必需的历史常识，这个区别是必须弄清楚的。当然，更不能写成历史论文，因为只有少数人才能读懂。经过研究，采用类目形式，而且要求简短精练，每个类目一般只有一千多字，具体说明一两个问题。每个类目都有独立性，各个类目之间又有连贯性。读者随便抽出一点时间，就可以阅读一两个类目，从而获得知识。既可以随时看，也可以随时放下。把读过的东西连贯起来，则又可以比较系统地了解我国历史发展的基本面貌。

第二是取材广泛。由于形式比较活泼，不拘泥于一定格式，在一般教科书中所不可能接触到的题材，在这部书里就有了用武之地了。除了比较系统地和全面地反映了我国历史发展的概况以外，本书还写了历史上的阶级斗争和生产进步，也写了某些重要的文化生活和历史人物；既阐明了历史上的光明面，也叙述了历史上的黑暗面。此外，如卧薪尝胆、完璧归赵、负荆请罪、毛遂自荐、班门弄斧、约法三章、破釜沉舟、四面楚歌、扁鹊再世、三顾茅庐、闻鸡起舞、风声鹤唳等成语，都通过具体史实，给以详尽的说明，这种叙述比一般辞书要详细一些，丰富一些，也更生动一些，使读者不但便于记忆，也可以从中吸取经验、教训，获得启发。

第三是文字通俗。为了使读者都能够读懂这部书，所有作者都在写作中力求通俗，尽量避免用生僻的字和词句，写法也力求流畅、明白易晓。有些专名如人名、地名、官名等，其中有些较生僻的字难以避免的，也用汉语拼音注音，使读者省去翻查字典的麻烦。在讲述中还穿插了一些有关的故事情节，力求做到生动活泼，容易阅读。

此外，由于内容涉及方面多，篇幅也不免较多。本书第一到第五编是古代史部分：其中，第一编是先秦，第二编是秦汉到南北朝，第三编是隋到宋，第四编是元、明、清，第五编是古代史专题知识部分。近代史部分则是

第六至第八编。①

　　最后应该特别提出的是，这部书的编写是集体劳动的成果，是历史学界和其他有关方面广泛支持的成果。就单位来说，参加写作的有二十多个；就写作成员来说，一共有八十多人担任分题撰写。从最初商定选题到最后定稿，经过反复修改、审订，都是通过广泛的协作进行的。参加的人有青年人、中年人，也有老一辈的长者，充分体现了青老协作互助的团队精神，同时也发挥了学术工作者独立钻研的积极性。其中，参加制订选题计划、讨论编写要求的有（以姓氏笔画为序，下同）：丁名楠、白寿彝、何兹全、郑天挺、胡厚宣、谢承仁、戴逸等同志，其他大多数作者也提供了很多宝贵的意见。参加审改稿件的，第一编有何兹全、胡厚宣同志；第二编有何兹全同志；第三编有邓广铭、汪籛、陈乐素同志；第四编有郑天挺、翁独健同志；第五编有何兹全同志；审阅近代史的是戴逸同志。此外，谢承仁同志担负的任务最为繁重，他参加了古代史全部书稿的编辑工作，逐篇逐段地协同进行了审阅、修改和统一加工的工作。在此，我们一并向他们表示感谢。

　　附带声明两点。第一，这部书是通俗读物，为了避免在读者中引起对事物认识的混乱，所论述的只限于学术界已经论定的、有了一致意见的。至于学术界尚在争论、说法不一的问题，则尽量不涉及。有些必须涉及的问题，如春秋、战国的起讫年代，则把各家说法同时提出。第二，在编写中，我们主观上的要求是立论正确，要富有教育意义，但是因为时间匆促和水平的限制，在这方面还做得很不够，可能还是会有若干错误。同样，在文字表达方

_____

① 修订版在编辑过程中对原书稿编排顺序做了微调，原第一编到第四编顺序不变，原第六编至第八编调整为第五编至第七编，将原第五编的全部内容连同原第八编中的"京剧"和"现代话剧"两章一起调到最后，成为修订版的第八编。——编者注

面，虽然力求通俗，但是也没有完全做到，离生动活泼、浅显明白的要求，还有一定距离。我们热忱要求读者和各方面专家，随时提出批评，以便在再版时更正，使之不断提高，成为比较可读、易读的通俗读物。

吴 晗

1963年4月17日

## 目录　Contents

第一编

# 中国猿人

　　从人形体上讲，儿子总是像父亲的，不过又不完全像父亲；父亲总是像祖父的，不过又不完全像祖父。照此往上推，我们的远祖，以至人类的祖先，一定有些地方是和我们现代人相像的，也一定有很多地方是和我们现代人不相同的。人类的祖先究竟是个什么样子呢？

　　1927年，我国考古工作者在北京西南五十公里的周口店龙骨山进行考古发掘，发现了大量的古代脊椎动物化石，其中有一种牙齿和下牙床化石，既像人的，也像猿的，到底是什么动物的呢？这不禁引起了科学家们的极大注意。后来经过研究才知道，原来这是一种"猿人"的化石。"猿人"是介于人和古猿之间的一种原始人类。考古学家们把在周口店发现的这种猿人称作"中国猿人北京种"，或者简称为"中国猿人"，俗名叫作"北京人"。1929年，我国考古工作者又在同一地区再次发掘，发现了一块比较完整的"北京人"头盖骨化石和一些牙齿、下颌骨、躯干骨化石，另外还有许多猿人制造和使用过的石器。新中国成立后，继续发掘，新的发现也很多。这样，就为我们进一步研究"北京人"提供了不少宝贵的资料。

　　"北京人"生活的年代，离我们现在大约有五十万年（也有人推定为四十万年）。现在让我们看看，"北京人"和我们今天的人，在外貌上究竟有哪些地方相像，哪些地方不相像。

根据科学家们的研究，我们知道："中国猿人"的上肢骨和现代人的极其相似，下肢骨虽然也具备了现代人的某些特征，可是还保留了明显的原始性质。至于其头部保存的原始性质，则更为显著，像低平的前额，隆起的眉脊骨，高高的颧骨，上下齿喙向前突出，没有下颏（kē），脑壳比现代人厚一倍，脑髓的重量只有现代人的80%，等等。但是，从肢骨发达的情况来看，可以肯定，"中国猿人"已经能够直立行走；同时，根据发现的石器还可以肯定，它们能够制造工具。直立行走，这是从猿转变到人的有决定意义的一步；能制造工具，这是人和一般动物的一个很重要的区别。使人从普通动物中区分出来的原因是什么？是劳动。猿人进化到脱离动物的范畴，进入人类的领域，首先就是从双手得到解放，成为劳动的器官，能够劳动、创造工具这一点开始的。"北京人"的上肢骨和现代人的上肢骨极为相像，就是劳动的结果；下肢骨的进化比上肢骨落后，头部的进化相对比较缓慢，这正是说明下肢和脑部的发展是随着手足的分工而进化的。

四五十万年前，我国华北的气候要比今天温暖得多，那时周口店附近，林深草密、莽莽榛榛，到处是各种飞禽野兽出没的场所，也是"北京人"生活的地方。在这片原始的土地上，谁是真正的主人呢？毫无疑问，是"北京人"。

"北京人"成群地居住在龙骨山边的洞穴里，过着比野兽稍强的、极其简单的原始人群的生活。他们从离自己住处不远的河滩上，拣来各种大小不同的鹅卵石，打砸成各式各样的砍斫器、刮削器和尖状器，用它们来作为围捕野兽、采集植物果实和根茎的工具，或者作为防御猛兽袭击的武器。这种工具，只是经过初步加工，还相当粗糙，科学家们把它们叫作"旧石器"。所谓"旧石器"，是和以后人类进步了的石器——"新石器"比较，相对而言的。"北京人"不但能制造石器，而且还能利用吃剩下的兽骨，制成各种使用的骨器。考古学家们在他们居住过的洞穴里，还发现有用火烧过的石块、骨骼，还有木炭和深浅不同的灰烬堆积。由这些可以断定，"北京人"已经能够使用火，知道了用火烧熟食物，并且具备了一定的管制火的能力。火的使用，在人类生活上有着极重大的意义。由于用火，肉类可以熟食，这样便大大缩短了胃肠的消化过程，促进了人类体质的发展。由于用火，人类便增加了防御猛兽和征服自然的能力。

（桂琼英）

# 有巢氏　燧人氏　伏羲氏　神农氏

这几个传说中的远古"帝王"，是古代人们根据对原始社会情景的推测而提出的一些假想人物。原始社会的情景没有文字记载。

相传"有巢氏""构木为巢"。所谓"构木为巢"，是指原始人用树枝架着像鸟巢般的住所，在树上居住。早在五六十万年前，人类最早的祖先——"猿人"，刚从树上降落到地面来生活，初步学会直立行走，他们拿着自己制造的粗糙石器，在那遮天蔽日的森林里和鸟兽逼人的原野上，用集体的力量猎取虎、羊、熊、鹿等野兽，掘取、采集植物的根茎和果实，来维持自己简朴、艰苦的生活。最初，他们还保持着在树上居住的习惯——"构木为巢"；后来，由于地面的活动日益成为经常性的，在长期的生活实践中，他们又渐渐学会了利用野兽的洞穴，或者亲自在山岩边挖掘洞穴来作为防御野兽侵袭的藏身处所。北京西南周口店的"中国猿人"遗址，就是一个洞穴住址。

相传"燧（suì）人氏""钻木取火"。原始人不知道熟食，猎取到野兽后就连毛带血地生吃。经过长期观察，他们才慢慢发觉由于雷电或火山喷发所引起的森林大火不但可以取暖，而且可以吓跑野兽；同时还发觉被火烤焦的兽肉，吃起来比生肉更香、更有味，也更容易消化。于是，他们逐渐地学会了如何保存天然火种不让它熄灭，用火来烧熟食物、驱逐寒冷、围猎猛兽。由于有了火，过去许多不能生吃的东西可以熟食了，可食之物的范围扩大了；由于熟食，"猿人"的躯体有了新的发展，脑量有了增加，因而在形体上逐渐进化到了"古人阶段"——猿人和现代人之间的过渡阶段。此后又不知经历了多少年，通过长期的实践观察、观察实践，原始人发现进行燧石加工或久钻一块坚硬的木头时，往往由生热而迸出火光，根据这个道理，他们慢慢地学会了"钻木取火"。从此，用火便得到了保障。在我国"旧石器时代"遗址中，曾发现用火的痕迹，这说明远在四五十万年以前，居住在这里的人类，就已经知道熟食了。

相传"伏羲氏"（又称"庖牺氏"）教人结网捕兽、捕鱼，"养牺牲以供庖厨"，又说他"教民嫁娶"。这个传说所反映的时间，大致在人类社会进入"中石器时代"以后。这时，石器的制作比以前进步，石器的种类比以前增多，因而猎获野兽的效率也比以前提高了。特别是像弓箭、矛、鱼叉等一类狩猎工具出现后，连空中的飞鸟、水中的游鱼，也都成了猎取的对象。猎获物多了，一时吃不完，便饲养起来让它们繁殖，要吃时再宰掉，以后如果再遇到刮风下雨的日子无法出外围猎，或者围猎一无所获时，就不会再像以前那样闹饥荒了。牧畜的发明，使人类的生活相对安定下来。人类社会的发展，慢慢地由原始群居阶段进入了有组织的氏族社会阶段。氏族社会一开始是以妇女为中心的母系社会，妇女在生产上占有重要的地位。这时候，在婚姻方式上，已经摆脱了同族间"乱婚"的现象，而采取了氏族与氏族间兄弟姊妹对偶婚姻的形式，出现了"嫁娶"。由于氏族社会是以母系为中心，因此这时出嫁的不是女子，而是男子。

相传"神农氏"尝百草，发明医药，设立集市，又说他制造耒（lěi）、耜（sì）等农具，教人们种植五谷。这个传说所反映的人类社会发展阶段，大致相当于"新石器时代"。在这个时代，人类通过长期的劳动，逐渐积累了丰富的辨认和培植可食植物的经验；石器的制作又比以前更进了一步。石刀、石镰和木制耒、耜等农具的出现，说明农业已经开始。当然，这时候的农业还是极为原始的，人们只知道在砍倒烧光的林地上播种谷物，等待收获，还不知道施肥和进行田间管理。这种农业，后世称之为"锄耕农业"。这时饲养牲畜有了进一步发展，畜牧业与农业需要分别进行，因而开始了第一次社会大分工。由于社会的分工，促进了原始交换的萌芽；开始时，这种交换当然还只是偶然的，不过到后来便成为经常性的了。我国典型的"新石器时代"的"仰韶文化"遗址所发掘的器物，正好展示了古史传说中"神农氏"时代这一发展着的"锄耕农业"经济的某些社会图景。

（王贵民）

# 仰韶文化　龙山文化

考古学根据人类制造工具和武器所用的原料，将人类文化的进化过程，划分为"石器时代""青铜器时代"和"铁器时代"。"石器时代"又分"旧石器时代""新石器时代"等多个阶段。"仰韶文化"和"龙山文化"就是居住在黄河中下游的我们祖先所创造的两支"新石器时代"晚期的重要文化。

"仰韶文化"是由于它最早发现在河南省渑（miǎn）池县仰韶村而得名，距现在大约有四五千年。它的分布地区很广，在河南西部、北部以及山西、陕西、甘肃、青海等省发现的遗址，就不下一千处。遗址中发现的器物有石器、骨器、陶器等。由于这些陶器以表面是红色而又带有彩色花纹的为最多，而这种彩陶又具有很明显的特征，所以"仰韶文化"又被称作"彩陶文化"。

根据对"仰韶文化"遗址和大量遗物的研究，我们知道当时的经济是以原始的"锄耕农业"为主，主要的农作物是粟；农具有石斧、石铲、石刀和谷物加工用的石磨盘、磨棒等。这时的畜牧和渔猎虽然已渐成为一种副业，但是在整个经济生活中还是占有一定地位的。家畜方面，已有猪、狗的饲养。手工业方面，制石、制骨、制陶、纺织、缝纫已很普遍。人们这时已经过着较为稳定的定居生活，因为在遗址中发现了许多方形或圆形的小屋子连接成的"村落"模样（在这种"村落"当中往往还有一所大房子，大概是这个氏族成员活动的公共场所）。另外，从对当时的墓葬和日用品的研究中可以看出，这时妇女在农业生产和日常生活中所占的地位远远高于男子，因此许多学者认为，"仰韶文化"正处于母系氏族公社的繁荣时期。

"龙山文化"是比"仰韶文化"更晚、更进步的一种"新石器时代"晚期的文化，距现在大约有三四千年。它的得名，是由于它的遗址最早被发现在山东济南附近龙山镇的缘故。"龙山文化"的陶器，具有表面漆黑光亮、陶壁薄而坚硬等特点，考古学家把这种文化叫作"黑陶文化"。"黑陶文化"的分布地区也很广，大体是在山东、河南、安徽、河北、山西、陕西、辽东半岛和浙江杭州附近。

在"龙山文化"遗址中发现的生产工具除了石斧、石刀之外，还有半月形的石刀、石镰、蚌镰和木耒等农具。这一时期饲养的家畜除了猪、狗之外，又出现了马、牛、羊、鸡。手工业制造品也更精致美观。根据对"龙山文化"遗址和遗物研究的结果，我们知道，"龙山文化"时期的经济是以发达的"锄耕农业"为主，狩猎和捕鱼只是一种副业。手工业开始占重要地位。男子在生产中已起主要作用，氏族中贫富的差别愈来愈明显。考古学家和历史学家认为，"龙山文化"是以男子为中心的父系氏族公社时期的文化。

（王占山）

# 黄帝　炎帝　蚩尤

黄帝、炎帝和蚩尤是我国远古时代的三个部族首领。

以黄帝为首的部族，最早生活在我国的西北方，过着迁徙不定的游牧生活，后来迁移到涿鹿地方（现在河北涿鹿、怀来一带）①，才开始知道驯养家畜，种植植物。黄帝姓姬，号轩辕氏，也称有熊氏。

炎帝姓姜，是另外一个部族的首领。炎帝族最早也是生活在我国西北方的一个游牧部族，他们迁徙的路线是由西部向中部推进。他们向中部推进时，和最先进入中原地区的九黎族发生了冲突。长期斗争的结果是，九黎族胜利了，炎帝族被迫逃亡到了涿鹿地方。后来，炎帝族联合黄帝族共同对抗九黎族，双方进行了一场激烈的大械斗。在这场械斗中，九黎族的首领蚩尤被杀。这就是古书上所说的"涿鹿之战"。九黎族和炎、黄两族的斗争持续了很久，后来九黎族因敌不过炎、黄两族的联合势力，一部分被迫退到南方，一部分仍然留在北方，还有一些则渗入炎、黄族内，成为其中的一部分。自此以后，中原地区——主要是黄河中游两岸的地方，便成了炎、黄两

---

① 因作者写作年代的原因，书中括注的部分古今地名对照，与现今最新行政区划会有出入。有变动的地名编者会加注说明。涿鹿，在今河北张家口。

族的活动场所。

炎族、黄族在共同击败九黎族后不久，他们之间又发生了大冲突，双方在阪泉（在今河北省怀来县）[①]接连发生三次恶斗。最后，炎帝被打败了。这就是古书上所说的"阪泉之战"。但是，此后炎、黄两族逐渐进一步结合，并且在中原地区定居下来。

"涿鹿之战"和"阪泉之战"说明了定居中原地区的远古居民，是由黄帝族、炎帝族和部分九黎族组成的。他们互相融合的过程，当然绝不会这样简单，融合的途径必然是多方面的，后世之所以只提这两次冲突，那是因为年深月久，古书中只给我们留下这样两个重大突出事件的痕迹。炎、黄两族和部分九黎族结成一体定居中原后，与东方的夷族以及部分南方的黎族和苗族，在经济、文化上互相影响，关系日益密切。他们共同开发了黄河中下游的两岸，使这个地区成了我国古代文化的摇篮。

传说，进入阶级社会后的夏、商、周三代的祖先，都是黄帝的后裔。这些生活在中原一带的古老居民，春秋时自称"诸夏"或"华夏"，有时也单称"华"或"夏"，以区别于居住在长江、粤江（珠江）等流域的其他各族。华夏族就是汉族的前身，所以后世汉族人把黄帝奉为始祖，自称"炎黄世胄（后代）""黄帝子孙"。

中原地区因是华族文化的发祥地，古时人们认为中原居四方之中，故又把这个地区称为"中华"。后来，由于华族和其他各族不断地融合，华族活动的范围日益扩大，中原文化逐渐发展到全国各地，"中华"二字便成了代表整个中国的名称。这就是今天中华人民共和国国名里"中华"这个词的来源。

（梁　群）

---

① 一说在今河北涿鹿东南，一说在今山西运城市解池附近。

# 尧　舜　禹

公元前两千多年时，是我国原始社会彻底瓦解、奴隶社会完全确立的时代，也就是"禅让"制度被"传子"制度代替（部落联盟大首领推选制被王位世袭制所代替）的时代。

传说中的尧、舜"禅让"，是我国古代历史上最后一次，也是最有名的一次推选部落联盟大首领。在这以后，"禅让"制度就被从夏禹开始的"传子"制度所取代。

在远古时代，我国黄河流域中下游地区，曾经存在过以黄帝族为主体的黄、炎、黎三族的部落联盟。这一部落联盟所处的社会发展阶段，是原始社会的末期。部落联盟的大首领，在三族首领中推选。大首领有权祭天、各处视察、处罚有罪的首领、率众攻击敌对的部落。三族联盟的大首领——尧，年岁渐大的时候，要寻找继承人，炎帝族的"四岳"（管理四方事务的官名）推举舜为继位人。舜受到了各种严格的考验，协助尧工作了二十八年。尧死后，舜让位给尧的儿子丹朱，部落成员表示欢迎舜的领导，有纠纷的双方都愿意找舜做仲裁人而不愿意去找丹朱，歌手们也不愿歌颂丹朱而愿歌颂舜，于是舜最后才接替了尧的职位。后来当舜的年岁渐大的时候，部落成员推举禹出来兼管政务。十七年后，舜死，人们都不拥戴舜的儿子商均，却愿拥戴禹为部落联盟的大首领。及至禹死，情况便和过去有了不同。禹的儿子启直接继承禹位，并称王号，建立了夏朝。这时候，与启同姓的部落有扈氏不承认启的统治者地位，起兵反对他，说他破坏了"禅让"制度。启打败有扈氏，罚他做畜牧奴隶。经过这场斗争后，"禅让"制就被废除，"王位世袭"制便开始正式登上了历史舞台。

相传古代洪水泛滥，尧命鲧（gǔn）治理洪水，鲧治水失败，尧便改命鲧的儿子禹继续治理。禹在外治水八年，为公忘私，三次经过自家门口都没有进去。后来禹治水收到了良好效果，建立起了变水患为水利的排灌系统——沟洫制度，大大有益于农业的发展，因之禹便为后世所歌颂并被夸大为战胜洪水的神人。同时相传禹的时代，用铜来做兵器和生产工具。根据这些传说，可以想见禹在位时，生产力一定有了迅速的增长。

另外，根据记载，禹时曾同苗族进行过战争，获得大胜，苗族被迫退回南方。由于生产力的发展，生产有了剩余，战争中的俘虏不再像过去那样随便被杀掉，而是被当作奴隶来从事生产，生产出的产品绝大部分归奴隶占有者所有。

（应永深）

# 夏　商　周

　　夏代是我国历史上第一个朝代，也是我国奴隶社会的开端。它大概建立在公元前21世纪，或者稍前一些，共经历了十七个王，十四代，四百多年。

　　夏代最后的一个王——桀，是一个有名的暴君。夏桀无视民力，把自己比作太阳，以为可以长久统治下去，可是人民却指着太阳咒骂他，说："你几时灭亡，我们宁愿跟你同归于尽！"桀的统治已到了矛盾重重、难以维持的地步。

　　商原来是夏朝东部的一个侯国，逐渐向西发展，到达河南商丘。商侯国的君主成汤，发展了自己的力量，利用夏朝内部的矛盾，灭掉夏在东方的韦、顾两个属国，然后乘势攻夏。桀到鸣条（河南陈留西北）迎战，士兵败散，不敢回都城，逃到南巢（安徽巢县）①，后来就死在那里。夏朝灭亡，商朝建立，奴隶制得到进一步发展。

　　商代（商王盘庚以后因为迁都于殷地又称殷，或称殷商，本名仍称为商）从成汤到纣王共经历了十七代，三十一个王，六百多年。

　　商代奴隶主贵族，为对被压迫阶级进行暴力统治，除拥有军队、监狱和

---

① 今安徽巢湖。

一套官僚机构外，还迷信鬼神并利用它来作为巩固其统治的工具。受尽剥削和压迫的奴隶，经常成批地逃亡或不断地暴动。这种斗争，严重地动摇了商朝的政权。

商代从祖甲以后，几乎所有的君主都很荒暴。最后的一个国君——纣王，虽然在历史上对我国东南最初的开发有一定贡献，但是他是一个有名的暴君。他荒淫好色，喜欢饮酒作乐、打猎游玩，使耕地荒废成为狩猎场。为了满足自己的腐化生活，他不顾一切加重人民负担。他对东南的人方和孟方（族名）长期进行掠夺战争，尽管最后取得了胜利，可是却耗费了不少的人力、物力和财力。长期的战争，引起了平民和奴隶的强烈反抗，社会动荡不安。另外，他又引诱他人的奴隶且不任用自己的族人，使得商和其他小国之间以及本国统治集团内部之间矛盾重重。

周本是商朝西部的一个侯国，经过太王、季历、文王三代的苦心经营，国力已经很强大。文王时候，殷商北面和西面几个主要的属国都被周灭掉，周已经取得了当时所谓天下的三分之二，为灭商准备了良好条件。文王死后不久，他的儿子武王，率领兵车三百乘、士卒四万五千人、勇敢的冲锋兵三千人，大举伐纣。同他一起出征的还有许多友邦和南方的庸、蜀、羌、髳（máo）、微、卢、彭、濮（pú）八个小国。纣率领十七万（一说七十万）大兵迎战。在商的朝歌（今河南汤阴南，在那里有纣的离宫别馆）附近牧野（今河南汲县一带）①地方，两军相遇，纣兵阵前起义，倒戈向纣。纣王战败自杀，商被灭，周朝建立，这就是我国历史上第三个重要的朝代。

（双　声）

---

① 今河南淇县西南。

# 殷墟　甲骨文

　　"殷墟"是指现在河南省安阳市西北五里小屯村北面洹（huán）河两岸以及附近一些地方。这里是三千多年前，商代后半期从商王盘庚迁都以后直到纣王灭亡二百七十三年间的国都所在地。商代灭亡后，这里就成为废墟，后来人们就称它为"殷墟"。

　　"甲骨"是指乌龟的背甲和腹甲、牛的肩胛骨和肋骨。商王和贵族奴隶主是最迷信鬼神的，不论有什么疑难的事都要用甲或骨来占卜，占卜后就在上面刻写下占卜情况的文字。这种文字就是当时通用的文字，也是目前发现的我国最早的一种文字——研究这种文字的学者称它为"甲骨文"。甲骨文是1899年（清朝光绪二十五年）在殷墟开始发现的。

　　根据殷墟的发掘和甲骨文的发现，再结合古书中有关商代历史的记载一并研究，我们更清楚地知道：商代是我国历史上的一个奴隶制文明大国，共有六百多年的历史，当中又以盘庚迁殷（小屯村）为分界，分为前后两期。这时的社会经济是以农业生产为主，使用的农具大部分为木、石、蚌类制成，同时也开始使用青铜制成的工具；种植的农作物有黍、麦、稷、稻、粟等。畜牧业也很发达，猪、马、牛、羊、鸡、狗已成为驯养的家畜，并且还能够驯养大象。捕鱼、打猎的技术也有了进步，用镞、用弹丸、用网打鱼，用车攻、火焚、箭射、陷阱等方法捕捉野兽。

青铜的冶炼、铸造，陶、石、玉器的制作等手工业已脱离农业成为独立的生产部门，有了规模较大的作坊进行生产。尤其是青铜器，种类非常多，有日常生活用器，祭祀用的祭器，生产工具和兵器，器物形制很精巧，花纹清晰美观，达到了我国古代青铜工艺品制造的高峰。有名的司母戊大方鼎①（祭器），重一千四百市斤②，就是这段时期的代表作，也是目前我国和世界上发现的最古、最大的青铜器之一。

我国古代早期城市的规模在商代后期也比较完整。具有民族形式特色的宫殿建筑遗址，在殷墟也发现了。

商王和贵族奴隶主是商代的统治阶级。他们有一套完整的统治机构，有维护奴隶主政权的军队组织。他们过着剥削广大奴隶的寄生生活，吃的是酒肉，穿的是华丽的衣服，住的是宫殿和漂亮的房屋，整天歌舞淫乐。而广大奴隶们的生活是很悲惨的，吃的是猪狗吃的食物，住的是茅屋土炕，成天不停地在田里和作坊中劳动，有的在劳动时还要戴着锁链，而且连生命也得不到保障。从甲骨文中就可以明白地看出：商王和贵族奴隶主还把奴隶当作牲口屠杀来祭祀天帝和祖先。从发掘殷墟许多墓葬的结果可以看出，杀殉奴隶是经常的事。有一次，在一个大奴隶主的墓葬里发现，被杀殉的奴隶就有一百多个。

（孟世凯）

---

① 现称为后母戊鼎。
② 1市斤=0.5千克。

# 周文王　姜子牙

　　很早的时候，至少从夏代末年开始，周族部落就住在现在陕西、甘肃一带。商朝后期，周族的首领古公亶（dǎn）父（太王），因为遭到戎族和狄族的侵扰，率领周族从岐山之北迁到岐山之南的一片叫作"周"的平原上居住。古公亶父改革风俗，建筑城郭室屋，开垦荒地，设立官吏。这样，就逐渐形成了一个初具规模的国家；周族的势力得到了迅速的发展。到了古公亶父的儿子季历在位的时候，周族的力量渐强。商王文丁感到周国的威胁，竟将季历杀害了。

　　季历死后，他的儿子姬昌继位，就是周文王。周文王是个政治家。他征收贡赋有节制，周国的百姓都很拥戴他。

　　商纣王看见周的势力日渐强盛，感到恐惧，曾下令将文王囚禁在羑（yǒu）里（在今河南汤阴西北）。后来周国向纣王奉献美女、名马和其他珍宝等物，并且买通商的大臣，向纣王求情，文王才被释放。文王见到纣王暴虐无道，决心把自己的国家治理好，一有时机，便兴起问罪之师，推翻商朝。

　　文王的臣僚中，虽然有不少人才，但是缺少一个极有才干、能文会武的大贤作为他的辅佐。他常常留心寻访这样的大贤，甚至在睡梦中也梦见大贤在向他微笑招手。

有一次，文王带着大队侍卫出去打猎，在渭水的支流——磻（pán）溪，遇见一个老人正安安静静地坐在那里钓鱼。文王同这老人谈话，向他请教了很多问题。从那老人滔滔不绝、见解卓越的回答中可以看出，他是一个才能出众、学识渊博的人。于是，文王很高兴地向他说："我的父亲从前常向我说：'将来一定会有贤能的人到我们这里来，帮助我们治理国家，我们周族将会因此昌盛起来。'您是一个很贤能的人，我们想望您已经很久了。"说完，就请老人一同上车，回到京城。回去后，就立老人为"师"（武官名）。因为老人是太公（指文王的父亲）想望中的大贤，当时人们都称他为"太公望"（文王得到"太公望"的辅佐这是史实，但是否有访贤这一情节，历史记载中说法不一）。

太公望本来姓姜，名尚，字牙，他的祖先助禹治水有功，封在吕地（在今河南省南阳市西），故历史上又把他叫吕尚。后人则称他为姜子牙或姜太公。"子"是古代对男子的敬称，称他为姜子牙，是表示尊敬的意思。

周文王自从得了姜子牙这样的好助手，便更加励精图治。周国一天比一天富强。文王开疆拓土西到密（今甘肃灵台县），东北到黎（今山西黎城县），东到邘（yú，在今河南沁阳附近），对纣都朝歌采取进逼的形势。随后文王又进一步扩充势力到长江、汉水、汝水流域一带。文王晚年，周的土地，三分天下有其二，力量大大超过殷。但是，文王没有实现灭殷的大志，便死去了。他的儿子姬发继位，就是周武王。武王经过积极准备后，兴兵伐纣，完成了他父亲的遗志，推翻了殷商，建立了统治全国的周朝。周把镐京（"镐"音hào，在今陕西省长安县沣水之东）[①]作为国都，历史上叫作"西周"。姜尚因辅助武王灭商有功，后来被封于齐（在今山东省的中部和东部），为齐国始祖。

（王业猷）

---

① 在今陕西省西安市长安区西北。

# 周公

周公是西周初年的大政治家，姓姬名旦，是周武王的弟弟。由于他的封地在周（今陕西省凤翔县）①，故历史上称他为周公。他辅助武王灭商，立有大功。武王灭商后二年病死，武王的儿子成王年幼，由周公代行国政。管叔、蔡叔、霍叔等贵族想争夺王位，散布谣言，攻击周公，并联络纣的儿子武庚等殷商的残余势力，发动叛乱，反对周朝的统治。周公亲率大军东征，用了两年的时间，平定了反叛。为了巩固周朝的统治，除去使用武力外，周公还在政治上采取了如下的措施：

1.加强分封诸侯的政策。周武王灭纣以后，就已开始分封诸侯。周公并不因武庚和三叔的叛周而改变原来的分封政策，相反更加大力贯彻。他把新征服的东方的土地和人民，分封给同姓子弟和异姓功臣，建立属国，来拱卫周朝王室。据说周朝初年，武王、周公、成王时代，先后一共封了七十一国。灭掉多数小国，建立较大的侯国，结束商朝以来原始小邦林立的现象，这在历史上是一个进步。

2.营建洛邑。为了便于防止殷族的反抗和加强对东方的控制，周朝感到

①今陕西省宝鸡市凤翔区。

都城镐京的位置有点太偏西了，因此便由周公主持营建洛邑（在今河南洛阳市），叫作东都。东都建成后，周公把殷的一部分遗民迁到洛邑，加以监管，并且派重兵驻守，以便镇压。周公自己也常驻在这里。这样，洛邑便成了当时周朝经营中原的一个重要据点。

3.制定典章制度。周公依据周国原有制度，参酌殷法，定出了一套设官分职用人的办法和区分君臣、父子、兄弟、夫妇、上下、亲疏、尊卑、贵贱的各种礼仪。这就是后世所说的周公制礼作乐。周公对商朝的文化，采取虚心学习的态度，他要周族贵族子弟学习商的文化和艺术，从而产生商周两族混合的文化，这对以后中国文化的发展，是有很大影响的。

周公摄政七年，还政成王。据历史所记，西周初年，经过武王、周公这一时期，到了成王和他的儿子康王时代，几十年间，天下太平，政治、经济、文化不断发展，西周的国力，这时最为强盛。

（王业猷）

# 春秋　战国

公元前771年，我国西部的一个部族——戎族，攻占了周的国都镐京，把周幽王杀死在骊（lí）山之下。周幽王的儿子——宜臼，依靠各国诸侯的援助，做了天子，就是周平王。周平王害怕戎族的进攻，不敢住在镐京，于是在公元前770年，把国都东迁到洛邑。历史上把迁都洛邑的周朝叫作"东周"。

从公元前770年到公元前403年这一时期，历史学家称它为"春秋时期"（另外也有些历史学家把春秋时期的范围定为公元前770年到公元前476年）。

这段时期，包括了我国最早的一部编年体史书——《春秋》（自古相传《春秋》为孔子所作，但也有人认为并非孔子所作）的起讫年代（公元前722—前481）在内，春秋时期的名称就是这样来的。

春秋时期，我国的冶铁技术已经逐渐进步，生产上也逐渐应用铁制工具，如锄头、斧头等。随着生产力的提高，各地方经济有了更大的发展。有些诸侯的力量逐渐强大，超过了周王室。从这时起，周王只不过是名义上的最高领袖，实际上已没有力量控制诸侯了。

春秋后期，由于各大诸侯国之间彼此吞并，到公元前403年，主要只剩下了七个大的强国：秦、齐、楚、燕、韩、赵、魏。

在这七个大国中，齐、楚、燕、秦四国是从西周以来就存在的老国家，韩、赵、魏则是由晋国分裂而成的三个新国家。为夺取更多的土地和人口，七国之间的兼并战争，比以前更加剧烈而频繁，直到公元前221年秦始皇攻灭东方六国统一全国以前，各国相互攻伐一直没有停止。后世人因此把这个时期（公元前403—前221）称作"战国时期"（有的历史学家计算战国时期是从公元前475年开始，到公元前221年终止）。

战国时期，冶铁事业有了进一步的发展，各国都出现了冶铁业中心。铁制工具的广泛应用，又推动了各国水利事业和农业的发展。

（王业猷）

# 五霸　七雄

春秋时期，周天子的势力衰落，大国诸侯互相争夺霸权。历史上把先后称霸的五个诸侯叫作"五霸"。五霸一般是指齐桓公、宋襄公、晋文公、秦穆公、楚庄王。也有的说五霸应该是指齐桓公、晋文公、楚庄王、吴王阖闾（hé lú）及越王勾践。

齐桓公在位期间，在有名的大政治家管仲的辅佐下，齐国在经济、政治和军事上实行了一系列的改革，国家日益走向富强。这时周王已经衰弱到不能维持其天下"共主"威权的程度，齐桓公为了扩大自己的政治权力，争做霸主，就拿"尊王攘夷"做号召，企图来达到自己的目的。所谓"尊王"，意思是尊重周朝王室，承认周天子的共同领袖地位；所谓"攘夷"，意思是联合各诸侯共同抵御戎、蛮等部族对中原的侵袭。齐国是第一个建立霸业的国家，它曾经援助燕国打退山戎的入侵，联合诸侯国出兵卫国击退了侵入卫国的狄人，还曾经联合中原诸侯讨伐楚国。齐桓公屡次大会诸侯，和各国结成同盟，相互约定：如某国遭遇外患，各国共同出兵援救；在盟各国，互不侵犯，如有争端，由盟主公断。齐桓公称霸，阻止了戎狄的侵扰，保卫了华夏族的先进文化，在历史上起了积极的作用。

齐桓公死后，齐国的霸业衰落。宋国（在今河南省东部）的襄公想趁机争做霸主。正好这时郑国（在今河南省中部）依附楚国，宋襄公就领军讨伐郑国。楚国出兵救郑，攻打宋国。宋军被打得大败，宋襄公也受了重伤，第二年即病伤而死。实际上宋国称霸没有成功。

真正继齐桓公称霸的是晋文公。晋国在今山西省，和周是同姓国家。公元前632年，晋文公率晋、宋、齐、秦四国联军大败楚军于城濮（今山东濮县南）①。战后，晋国把在战场上俘虏的楚国战车和步卒，献给周天子。周天子赐给晋文公一百赤色弓箭、一千黑色弓箭，另外还有香酒、玉石等物。周天子赏赐弓矢，是表示允许其有权自由征伐的意思。从此以后，晋国便成了各诸侯的霸主。

在晋国称霸时，西邻的秦国也开始强大起来。秦穆公任命百里奚、蹇（jiǎn）叔为谋臣，曾打败晋国，俘获晋惠公。但是后来却在崤（xiáo，山名，在今河南省洛宁县北）地，遭受晋军袭击，被打得大败。秦没法向东发展，只好转而向西，攻灭十几国，在函谷关以西一带称霸。

楚在春秋时，陆续吞并了长江、汉水流域许多小国，势力逐渐伸展到淮水流域一带。到楚庄王时，楚出兵进攻陆浑戎（居住在今河南嵩县），并在东周洛邑的城郊耀武扬威，打听象征周朝天子权势的九鼎轻重，大有代周而取天下的意图。后来又在邲（bì，今河南郑州）②与晋大战，打败晋军，终于成为霸主。

春秋末年，吴、越两国相继强大。吴王夫差曾在夫椒（在今江苏省吴县西南太湖中）③打败越兵，迫使越国屈服。以后又打败齐军。继而率领大军北上，在黄池（今河南省封丘县西南）同诸侯会盟，与晋国争夺霸权。

---

① 今山东鄄城西南临濮镇。一说在今河南开封市陈留附近。
② 在今河南荥阳市北。
③ 在今江苏省苏州市西南太湖中。

越王勾践自被吴国打败后，卧薪尝胆、发愤图强，决心洗雪前耻。经过十年生聚、十年教训，终于转弱为强，灭了吴国。勾践北进王徐（今山东滕县）①，大会齐、晋等诸侯共尊周天子，成为春秋时期最后一个霸主。

"七雄"指的是战国时期的魏、韩、赵、秦、齐、楚、燕七国。秦在函谷关（河南灵宝县）②以西；其他六国在函谷关东，称为"山东六国"。

魏国大致包括今陕西北部、山西南部和河南北部一带。魏文侯时，任用西门豹、李悝（kuī）、乐羊等人才，改革恶俗，整顿财政，发展生产，奖励攻战，逐渐成为战国初期最富强的国家。

韩国主要在今河南省中部、南部和山西省东南部一带。韩昭侯任用申不害为相，实行严政，加强国君的专制统治，国治兵强。申不害死后，韩又常遭各国侵伐。韩是当时七国中最弱小的一国。

赵国的疆域主要包括今河北省中部、南部和山西省北部一片地方。赵烈侯时，节财俭用，举贤任能，国势日强。

秦国是一个大国，大致占有今陕西南部、甘肃东部及四川中部和西部广大地方。秦本来是一个文化落后的国家，秦孝公时任用大政治家商鞅进行变法，秦国才日益强盛起来，终至成为东方六国的劲敌。

齐国是春秋初期的强国。齐国的国君原本是姜尚的后裔，后来齐国的贵族田氏势力渐大，姜姓国君终被田氏取而代之。齐威王时，任用邹忌等革新政治，选拔人才，修订法律，奖励农耕，鼓励群臣及吏民批评朝政，故战国时期齐国仍然是强盛的大国。

楚国在春秋时已经是一个强国。楚悼王时，任用吴起变法。楚威王时，派兵攻取越国浙江以西的土地；又派将军庄蹻（qiāo）带兵入滇，扩地数千

---

① 今山东滕州市。
② 今河南灵宝市。

里。楚国是当时七国中土地面积最大的一个国家。

燕国占有今华北平原的北部直到辽东半岛一带，国都为蓟（jì，即今北京）。燕国本很弱小，常受山戎攻掠。燕昭王时，重用名将乐毅，大破齐国兵，才成为北方的强国。

"五霸""七雄"所代表的春秋、战国时期，是我国历史上一个重要的转变时期，这时，不论在经济、政治和思想文化上，都出现了前所未有的大变革。大量未垦殖的荒野被开辟出来，人口增加了很多，华族与其他各族的交往和融合不断地加强，这一切都为以后秦汉大一统局面的出现创造了有利条件。

（王业猷）

# 管仲

管仲（又叫管夷吾），颍上（今安徽颍上）人，是春秋初期杰出的政治家。公元前689年，齐桓公任用管仲为相，改革内政。管仲治理齐国，总的目标是富国强兵、尊王攘夷，以成霸业。

在经济方面：主张依照土地的肥瘠，定赋税的轻重。对内开源节流，以减轻农民和小生产者的负担。兴修水利，开垦荒地，发展农业。提倡渔盐之利，鼓励鱼盐输出。设立盐官、铁官，管理盐铁的生产事业。重视通商和手工业。铸造货币，调剂物价的贵贱。根据年岁的丰歉和人民的需求，决定货物的集散。结果齐国国用充足、仓库充实，国家越来越富庶，人民生活逐渐提高，奠定了齐国称霸诸侯的经济基础。

在政治方面：分全国为士乡（农乡）与工商乡，不许士（上古时代介于卿大夫和庶民之间的阶层）农工商四民杂处。工商免服兵役，使成专业。优待甲士（带甲的兵，甲是古时战士的护身衣，用皮革或金属制成），有田不自耕，专练武艺。战争时，农夫当兵，士当甲士和小军官。这种促使社会加速分工的措施，对于当时生产的发展，起过一定作用。同时又提出"尊王攘夷"的口号，打着拥护周天子的旗号，领导各国诸侯合力抵抗戎狄部族的侵扰。这样做，对于保卫中原地区先进的经济和文化免受落后部族的掠夺与蹂躏，有着很大的好处。

齐国是春秋初期最强盛的国家之一，管仲的功绩是不可磨灭的。

（王业猷）

# 子产

子产是春秋时期郑国著名的政治家。

郑国是一个小国，北面是晋国，南面是楚国，它处于两大霸国之间，从晋则楚要打它，从楚则晋要打它，若要避免灭亡，就不得不讲求内政外交的善策。

从公元前543年到公元前522年，首尾二十多年，正是子产在郑国掌握国政的时期。在这期间，子产充分发挥了他的政治才能，依靠全国人民的力量，使弱小的郑国，在晋、楚两强之间，保持了应有的独立地位。

子产治国，能任用贤才，并且能接受批评、改正错误，这是他的最大长处。这里有个故事，可以看出他的政治家风度。他执政后不久，有人经常聚集在乡校中，批评国家的政治，有个叫然明的人，看不惯这种现象，向他建议说："把乡校封闭吧，你看怎样？"子产回答说："为什么要封闭乡校呢？让人们空闲的时候，常到这里走走，评论评论执政的得失，有什么不好？他们说这样做对，我就这样做；说那样做不对，我就改正缺点。这正是我的老师啊！"

子产从政二十多年，为郑国做了很多事情，其中最重要的有两件：一是"作丘赋"，一是"铸刑书"。

"丘赋"是怎么回事，我们现在已弄不清楚，有人说，就是一"丘"出一定数量的军赋。由"丘"中人各按所耕田数分摊。一"丘"的面积有多大，现在也弄不清了。据说"四邑为丘"。一邑四"井"，也就是说，"一丘，十六井"。既然"丘赋"系根据所耕田数分摊，那么"丘"内新垦土地愈多，则分摊之军赋必愈轻。这样，不仅使得负担平均合理，而且保证了国家军赋的来源。"丘赋"制初行时，遭到了贵族们强烈的反对，但是子产很坚定地说："不妨。只要对国家有利，我死也得做。"

郑国是一个商业发达的国家，然而贵族们往往利用随意轻重的刑罚来压迫商人，这对郑国来说很不利。子产把刑书（成文法）铸在金属鼎上公布，使老百姓知道国家法令的内容和要求，有所遵循。从此，司法有了准绳，谁也不能光凭自己的好恶来滥施刑罚，这样做多少有些限制贵族权力的作用。刑书刚公布时，同样也遭到了守旧派的强烈反对。但是子产还是坚定地去做。

子产的新政，受到了郑国人民广泛的赞扬。

（王业猷）

# 卧薪尝胆

公元前494年，正是春秋末期。当时的诸侯之一——吴王夫差，出兵侵伐越国，越国生产落后，国势很弱，加上越王勾践不听贤臣范蠡的忠告，以致越国的军队在夫椒地方被吴军打得惨败。越王勾践收拾残兵败将五千人退守会稽（今浙江绍兴），又被吴军包围，形势很危急。勾践采纳了范蠡的建议，派大夫文种前去求和。夫差的谋臣伍子胥对夫差说："越王是个有深谋、肯耐劳苦的人，现在不过暂时屈服，一有机会，准会再起，不如趁此时刻一口气把越国灭掉！"夫差觉得伍子胥的话有道理，就没有答应越国的求和。

勾践听说吴王不肯允和，就想同吴国决一死战。文种对勾践说："吴国的大臣伯嚭（pǐ）是个贪财的人，我们可以设法拉拢他。"于是勾践派文种带着美女和珍宝去贿赂伯嚭。伯嚭在夫差面前极力替越国说情。最后夫差终于答应了越国的求和，把军队撤回了吴国。

吴国撤兵后，勾践被迫带着妻子和范蠡到吴国去，给吴王夫差当奴仆。但是他立志洗雪国耻，忍辱负重，丝毫不露声色。三年后，勾践被释放回国。

越王勾践回国后，怕安逸的生活会把自己报仇雪耻的雄心壮志消磨掉，因此特地为自己安排一个艰苦的环境，以便时刻警惕。晚上他就睡在柴草堆上（卧薪）用戈（一种兵器）当枕头，不敢睡舒适的床铺；平时屋里吊着一只苦胆，起身以后，或睡觉吃饭之前，他都要尝一尝苦胆的滋味，表示不忘亡国的痛苦（史书最早的记载，只说越王尝胆，并没有说卧薪，卧薪之说是后来才有的）。他倚靠贤臣范蠡和文种，任用有才德的人，发展生产，奖励生育，营造战舰，练兵习武。

和越国相反，吴王夫差自战胜越国后，骄傲狂妄，不顾民生困苦，连年东征西讨，想成为凌驾各国之上的霸主，又听信了奸臣伯嚭的谗言，杀害了伍子胥。本来是弱国的越国，转化为强；本来是强国的吴国，表面上虽然还撑着一副空架子，实质上已经转化为弱。

公元前482年，吴王夫差在黄池大会各国诸侯，打算跟晋国争做霸主。越王勾践趁吴国国内空虚的机会，带领大军攻打吴国，包围了吴国的首都，杀死了吴国的太子，吴国人心大乱。夫差听说，匆忙带兵回国。吴国军心涣散，无力作战，派人向越国求和。此后，吴国一天天衰弱下去。

公元前473年，越王勾践率领大军再一次进攻吴国，把夫差围困起来。夫差派人向勾践哀哀求和，勾践坚决不答应。夫差悔恨自己当年不听伍子胥的忠告，自杀而死。吴国灭亡。越王勾践灭吴以后，北进到徐，大会各国诸侯，做了春秋时期最末一个霸主。

（王业猷）

# 商鞅变法

秦国在战国初期，是一个比较落后的国家。公元前361年，秦孝公即位，下令求贤，希望对秦国的政治有所改革。

卫国人公孙鞅（后因有功于秦，被封于商，故号商鞅）应募到秦国，得到秦孝公的信任。公元前359年，秦孝公任命商鞅为"左庶长"（秦国官名），在秦国实行第一次变法。

据说，在变法的命令尚未公布以前，商鞅为了在人民中树立威信，派人把一根三丈长的木杆竖立在国都市区的南门，然后下令说："有人能把这木杆搬到北门去的，赏给他十金。"当时老百姓来看热闹的很多，都觉得奇怪，认为做这样简单的工作，绝不可能得到如此重赏，谁知道商鞅是什么意思，因此没有一个人敢出来试试。商鞅看见人民不相信，又再次郑重下令说："有能把这木杆搬去的，赏赐五十金。"这次下的命令，更加使人感到奇怪；不久，真有这么一个人鼓起勇气，不管有赏无赏，把这根木杆从南门搬到了北门。商鞅毫不失信，立即给了这人如数的奖赏。这件事情传扬开去，大家都知道商鞅是一个言出必行的人。从此，人们对于秦国的法令，谁也不敢随便马虎，将之当作儿戏。

商鞅第一次变法的主要内容，有以下几点：

1.组织民户，实行"连坐法"。以五家为"伍"，十家为"什"，互相纠察；一家犯法，别家不告发，一同受重罚。

2.加强对劳动力的控制。户主如有两个儿子，到一定年龄必须分家，各立门户，不得过依赖生活；否则，加倍出赋税。

3.奖励生产。凡努力耕织生产粟帛超过一般人产量的，可以免除徭役；凡弃农经商或因好吃懒做以致穷困的，连同妻子儿女一同罚做奴婢。

4.奖励军功，禁止私斗。凡为国家立下战功，按功劳大小受赏。贵族没有军功，不得享受爵位；不论贵族市民，如有私斗，按犯罪轻重受刑。

新法实行十年，取得了很大的效果，秦国开始日益走向富强。公元前352年，秦孝公升商鞅为"大良造"（秦国官名），给了他更大的权力。公元前350年，商鞅又实行第二次变法。这次变法的主要内容是：在政治方面，普遍地推行县制。归并各乡村、城镇为大县。全国一共设立三十一个县（一说四十一个县）。每个县由中央政府派令和丞管理全县的事。在经济方面，开辟阡陌封疆（田间分疆界的土堆），扩大耕地面积；奖励开荒，承认各人新开垦的土地所有权，准许土地的自由买卖。另外，还统一了全国的度量衡制度，加强了国内的经济联系。

在第二次变法时，秦国把国都从雍（今陕西凤翔）迁到了咸阳。

商鞅在实行新法时，秦国的旧贵族纷纷起来反抗。可是商鞅的态度很坚决，丝毫没有妥协。公元前346年，太子带头反抗新法，商鞅下令把太子的两个老师施以黥（qíng）刑（面上刺字涂墨），以示惩罚。老百姓看到太子犯法还要受到处罚，谁还敢违抗新法？因此，新法能够在秦国雷厉风行地彻底贯彻。新法实行后，秦国很快由一个落后的国家成为当时最先进、最富强的国家。

商鞅变法，是中国历史上的一次重大事件。商鞅，是中国古代的一位杰出的政治家。公元前338年，秦孝公死后，太子继位，就是秦惠文王。旧贵族乘机报复，秦惠文王听信了他们的话，杀害了商鞅。商鞅虽然被害，但是他所推行的新法，却仍长期为秦国所奉行。

（王业猷）

# 赵武灵王胡服骑射

赵武灵王是战国时赵国的国君，也是一位军事家，公元前325年至前299年在位。赵国的东邻齐国，是一个强国，西方的秦国，经过变法图强，国势也蒸蒸日上，相形之下，赵国当时只算是个二三等国家。赵国的东北方是中山国，虽然是个小国，却也轻视赵国，常乘机侵犯它的边境。赵武灵王即位以后，国势仍然没有变化，曾被齐国打败过一次，又被秦国打败过好几次，好几座城池都被秦国侵夺去了。

赵武灵王是一位很有志气的君主，他很想进行一些改革，好使赵国变成强国。赵国的北部，大部分与胡人为邻。那时，胡人都是些强悍善战的游牧部族，他们穿着短装，行动灵便，上阵骑马，往来如飞，一边跑着一边射箭，生龙活虎。赵武灵王认为采用胡服骑射对于加强军事战斗力量很有好处。他打算让全国的人都改变装束，一律穿短服，和胡人一个样子，并且练习像胡人那样骑马射箭。

有一天，赵武灵王对大臣肥义说："现在我想用胡人的衣服骑射，来教导老百姓，就恐怕世俗的人必定要议论我。"

肥义说："臣听说过：'做事情若有疑惑，必没有成功的希望。'大王如果要学习胡服骑射，就不必顾虑那些世俗议论。要改革就不妨学学。过去，舜的时候，有个落后的部族叫有苗，舞跳得很好，舜就向他们学跳舞。可见古人也有学习别地方风俗的。只要对赵国有好处，胡服骑射又有什么不可以学的呢？大王就照这样去做吧！"

赵武灵王听了肥义的话，下定了决心，在公元前302年，命令赵国人改穿胡服和学习骑射。他以身作则，带头先穿起胡人的服装来。

最初，赵武灵王的叔父——公子成反对改革。赵武灵王亲自同公子成辩论，用种种理由把顽固的公子成说服。最后，公子成也穿起胡服。众大臣及老百姓看见赵武灵王和公子成都穿上了胡服，便也都随着改变了装束。接着，赵武灵王亲自训练士兵，教他们如何像胡人那样骑马射箭。不到一年的工夫，赵国大队的新式骑兵就训练成了，赵国在军事上很快地就由一个弱国一跃而成了当时北方的一个强国。

（王业猷）

# 苏秦  张仪

苏秦是战国时东周洛阳人。他年轻时，曾到东方的齐国求学。求学告一阶段后，他便到各国游历，想凭借自己雄辩的口才，游说各国诸侯，希望得到诸侯的重用；可是结果遭到失败，狼狈不堪地回到故乡。他重新发愤读书，用心研究当时各国政治形势和兼并斗争情况，一年以后，提出了"合纵"的主张。那时，西方的秦国是"战国"七雄中的强国，经常出兵攻打东方各国，各国诸侯都很害怕，感到无法抵抗。"合纵"政策，就是联合六国共同抗秦的一种具体办法。南北称为"纵"，从北往南，由燕国到齐、赵、魏、韩诸国，再到楚国，南北联盟，合力御秦，故称为"合纵"。苏秦先到赵国，宣传"合纵"的好处，赵相奉阳君不赞成，他只好转往燕国。过了一年多，好不容易才见到燕文侯。燕文侯倒是很支持他，还替他预备了车马盘缠，请他到各国去进行联络。苏秦第二次又到了赵国，恰巧这时奉阳君已死，少了一个阻挠的人，所以他能直接见到赵国的国君——赵肃侯。苏秦向赵肃侯说："臣就天下形势考察，觉得东方六国的土地比秦国要大五倍，各国的军队比秦国要多十倍，若六国能同心协力，西向攻秦，秦国必然会失败，为什么现在东方六国反而一个个都断送自己的土地去奉承秦国呢？……臣希望大王对这问题加以慎重考虑……依臣的计谋，目前最好约请各国诸侯到赵国洹水聚会，共商大事，设誓订盟。盟约规定：以后秦国如果攻打六国中任何一国，其他各国相互援助。诸侯中有不遵守盟约者，其他五国共同出兵讨伐。"

赵肃侯听了苏秦的建议，非常高兴，即刻为他准备了一百辆华丽的车子和许多黄金、白璧、锦绣等贵重的礼物，要他去游说各国诸侯。苏秦先后到了各国，向各诸侯详细说明了割地求和的害处同联合抗秦的好处。韩、魏、齐、楚四国都被他说服，一致赞同"合纵"的主张。赵、齐、楚、魏、韩、燕六国，大会于洹水，在共同抗秦的名义下，结成了联盟。苏秦被举为"纵约长"，挂六国相印。

但是，这种联盟是极不牢固的，因为六国统治者各有各的打算，根本不能真诚合作。后来秦国乘机暗用计谋，挑拨齐、魏两国攻赵，"合纵"的盟约很快便被破坏。

张仪是战国时魏国人，同苏秦是同学。他最初漫游各国到处游说，久不得志。有一次楚国相府举行宴会，主人丢失了一块美玉，府里的人听说他的名声不好，都疑心是他偷的，便将他捆起来打了几百板子，打得他浑身都是伤痕，结果他还是不承认，也只得算了。他回到家里，他的妻子知道这事后，悲叹着说："你要是不去到处游说，哪会给人家打成这样子！"张仪听了忙张开口对妻子说："你瞧我的舌头还在吗？"妻子笑道："当然，舌头还在。"张仪道："那就好，只要舌头还在，我将来就有办法。"

果然，以后张仪到了秦国，仗着他的辩才，取得了秦王的信任，做了秦相，提出了"连横"的主张。东西称为"横"，使用威吓、利诱的手段，逼迫东方六国西向和秦结交，就叫作"连横"。

为了破坏六国的团结，张仪主张先争取与秦接壤而又畏秦最深的魏国。他向魏王宣传"连横"的道理，要魏和秦结交。魏王起初不答应，张仪便怂恿秦国攻打魏国。魏与秦战，魏国失败。第二年，秦国进攻韩国，大败韩国，斩首八万，诸国震恐。张仪再次游说魏王，魏王迫于秦威，答应和秦订交。进一步，秦国的目光转向了齐、楚两大强国。当时，齐楚订盟，声势很大。秦国想瓦解齐楚联盟，就派张仪到楚国，欺骗楚怀王说："大王如果信臣的话，和齐国绝交，臣可以劝秦国献出商、於（今河南省淅川、内乡）地方六百里给大王，并且秦国愿意和楚国结为姻亲，永成兄弟之国。"楚怀王是个糊涂虫，听了张仪的话，信以为真，就派人到齐国去辱骂齐王，同齐国绝交。齐国气极了，反而同秦国联合，共同对付楚国。结果，张仪向楚国派来接受土地的使者说："我说的是六里地，不是六百里地，大概楚王听错了吧！"楚国使臣回去报告怀王，怀王大怒，即刻兴兵攻打秦国。这时秦国和齐国联合起来，两面夹攻楚国，楚军一连败了好几仗，败得很惨，反而被秦国夺去了大片土地。

就这样，秦国利用"连横"政策，对东方六国采取各个击破的办法，最后使"合纵"的盟约完全瓦解。

"合纵""连横"，反映了战国时期纵横捭（bǎi）阖（分化或拉拢）的政治局势，也反映了知识分子——"士"这一阶层的兴起，以及他们在政治上的活动与要求。

（王业猷）

# 火牛阵

田单是战国时齐国的军事家。齐湣（mǐn）王的时候，他在国都临淄（今山东临淄）做过小官，并不甚有名。但他办事很认真、很有条理，深受族人敬重。公元前284年，燕国派遣名将乐毅联合赵、韩、魏等国的兵力，打败了齐国；齐国的地方几乎全被燕军占领，只剩了莒和即墨两城没有被攻下。随着逃难的人群，田单率领一家老少也辗转逃入即墨城。他参加了即墨城的防守工作。即墨守城的长官同燕军交战，死在阵上，城里的人推选田单出来主持战事，因为大家都认为他有才干、有智谋。

田单做了首领，和部下同甘共苦，不分日夜亲自巡城，受到全城人民的热诚拥戴。

他一方面加强城守，另一方面还派人到燕国去侦探敌人内部的动静。他听说燕昭王死了，昭王的儿子惠王继位。惠王原和乐毅有矛盾，彼此很不和。于是他便趁机派间谍到燕国造谣说："齐国现在只有两个城未被燕攻下。乐毅之所以不赶快把这两城攻下，结束战事，是想以伐齐为名，慢慢收揽人心，企图在齐国称王。齐国人倒不怕乐毅，就怕燕国改派别的大将，这样，即墨城马上就要遭殃了。"燕惠王听信了这话，也不深思，就另派大将骑劫去代替乐毅。燕军将士听说乐毅遭了谗害，都愤愤不平。骑劫是一个无能的将领，燕军军心动摇，他根本指挥不灵。

　　田单用反间计去掉乐毅后，便进一步做鼓舞士气的工作。他在军队里挑选了一个机灵的小兵，叫他假装"神师"，以后每逢下令，总说是出于天神的教导。齐军士兵看见有"天神"下凡帮助，都非常高兴；相反燕军听到这个消息，都非常害怕。

　　接着，田单放出一种消息，说："我们别的不怕，就怕燕国人俘虏了我们的士兵割去他们的鼻子，把他们放在队伍的前列，让即墨城里人看了害怕，这样人心就会涣散，即墨就再也守不住了。"骑劫听到后，不假思索，就完全按照田单说的话那样做。即墨人一见被俘的人都被割去鼻子，十分激愤，更加决心抵抗，坚守不降。

　　后来，田单又放出一个消息，说："我们别的不担心，就担心燕军挖掘我们城外祖先的坟墓。要是他们真挖掉了我们的祖坟，即墨城里的人一定会感到寒心，不愿死守。"骑劫听到后，仍然不假思索，又完全按照田单说的话那样做。即墨人看见燕军刨掉了自己的祖坟，烧毁了自己祖先的尸骨，都悲愤大哭，要求出城去和燕军拼命。

　　田单见到士气高涨，知道机会已到，就下令全城动员。他把自己的妻妾和亲人都编入队伍中，把自己的口粮也都拿出来分给部下。他命令精壮的士兵暂时隐伏，故意用老弱妇女在城头防守。他派人出城去假意投降。骑劫深信不疑，毫无警惕。燕军见齐军要投降，都高呼"万岁"，斗志迅速下降。随后田单又派人给燕军将领送去贵重的礼物，说："即墨很快就要投降了，希望大军进城以后，保全我们的家小。"燕军将领个个欢喜，满口答应。从此燕军将士丝毫不做战斗准备，整天饮酒作乐，专等田单出来投降。

　　而这时在即墨城里，田单却在积极做着战斗的准备。他征集了一千多头牛，牛身上都披着五彩龙文的红绸子，两只犄角上都绑上锋利的快刀，尾巴上都扎上浸透油脂的芦苇；并且预先在城墙根挖开几十个洞口，把牛藏在里面，预备冲锋。同时他又挑选了五千名勇敢的壮士，拿着武器跟在牛队的后头。一切都已准备妥当，到了这天夜晚，田单正式下令出战。牛尾巴上的芦苇烧着了，一千多头火牛怒吼着奔出洞口，直冲向燕军兵营。五千名壮士紧跟在牛后，奋勇击杀。城中人拼命地敲打着各种铜器，鼓噪助威。城外一片火光，喊杀声惊天动地。燕军从梦中惊醒，不知发生了什么大事，慌乱一团，纷纷夺路逃跑，自相践踏，死伤遍地。燕军大败，主将骑劫在混战中被杀死。田单乘胜反攻，齐国沦陷区的人民四处响应，配合田单拦击燕军。齐军大胜，最后终于把敌人完全驱逐出国境。田单率领部队，收复了七十多座城池。

（王业猷）

# 完璧归赵

赵惠文王得到一块世上稀有的美玉——楚国和氏璧。

秦昭王听到这个消息后，派人送信给赵王，表示愿意拿十五座城池来交换这件宝物。赵王同大臣们商量，感到很为难：若是答应，怕上秦国的当；若是不答应，又怕秦国逞强。大家商议了半天，还是想不出一个好办法。

赵王心里十分焦急。这时，身边的一个宦官说："我家里有个客人，名叫蔺相如，是个挺能干的人。我看，叫他去秦国一定合适。"

蔺相如应召而来，向赵王建议说："如果大王实在没有人可派遣，我可以去走这一趟。如果秦国真愿意拿城来换，我就把璧给秦；否则，我就完璧归赵。"

赵王很高兴，便派他去办理这件事情。

蔺相如到了秦国，秦王在王宫召见他。蔺相如把璧捧上去，秦王接过来，左看右看，喜得得意忘形，顺手把璧递给左右的侍从和文武大臣们传观。大家看了都称赞不已，齐声向秦王道贺，高呼"万岁"。

蔺相如站在一边等了好久，看到秦王根本不提换城的事情，他想：秦王果真存心霸占这块玉，便走上前对秦王说："这块玉上面还有一点小毛病，不容易瞧出，让我指给大王看。"秦王信以为真，把玉递给了蔺相如。

　　蔺相如接过玉，退到柱子边，向着秦王，义正词严地说：“大王要用十五座城交换这块和氏璧，赵王为了这件事，召集群臣商议，大家都主张不要答应。但是，赵王听了我的话，不愿意和秦国伤和气，同意用这块玉和秦国交换十五座城。赵王为了表示郑重，恭恭敬敬斋戒了五天，才派我把玉送来。可是大王却随随便便把玉递给这个看，递给那个看，未免太不郑重了。我看大王并没有真心拿城交换的意思，是以我不得不把玉收回。假如大王一定要存心威逼，那我就拼着头颅和这块玉一同碰碎在这根柱子上。”说完，真的举起玉，就要朝着柱子猛砸。

　　这一下可把秦王急坏了，这真是太出乎人的意料。他没办法，只好向蔺相如道歉，并且命人把地图拿来，指点给蔺相如看，说：“从这儿到那儿，一共十五个城，全划给赵国。”

　　蔺相如心里很清楚，知道秦王绝不会有诚意，他不动声色地改换口气，对秦王说：“和氏璧是天下闻名的宝物，价值连城。赵王为了送这块玉，斋戒了五天；现在大王要受这块玉，也应该郑重其事斋戒五天。”秦王知道不能强夺，只好忍气吞声答应下来。

　　蔺相如预料秦王终究会变卦，就在当天夜晚命他的随员化装成平民，抄小路把这件宝物偷偷地护送回赵国。

　　五天过后，秦国举行十分隆重的仪式，来接受这件天下无双的稀世之珍。一切都按照事先的安排进行，秦王坐在殿上，殿下文武林立，四周一片沉寂，气氛十分严肃。不一会儿，蔺相如空着手，不慌不忙地走上殿来。秦王一见，知道事情不妙，忙问道：“和氏璧呢？”蔺相如回答说：“秦国多年以来，一直不守信义，赵国吃的亏已经不少，我害怕这次又会上当，已经暗中派人把玉送归赵国去了。我欺骗了大王，很对不起，请大王治我的罪吧！”

　　秦王气得浑身发抖，大发雷霆地说：“我依了你的话斋戒了五天，你竟把玉送回赵国去，这明明是你无理！"

　　蔺相如面不改色地辩白说："秦强赵弱，只要秦国先把十五座城交给赵国，赵国岂敢开罪大王不把宝物献出？"秦王听了这话，一时无言以对，最后想了想，实在没法，只好自认没趣，放蔺相如回去。后来，秦国并没有把十五座城给赵国，赵国也始终没有把璧给秦国。

　　"完璧归赵"的故事，千百年来一直被传为美谈。至今，人们比喻某件物品的高贵，常说"价值连城"。向人借物，保证原物归还，常说"完璧归赵"。这两句成语，就都是从这个故事中引申出来的。

（王业猷）

# 将相和

蔺相如完璧归赵以后，又过了好几年。在这几年中，秦国攻打过赵国两次，虽说得了些胜利，可是无法使赵国屈服。于是秦王派使者去见赵王，约赵王在渑池（今河南渑池县）见面。明里说是促进秦赵和好，实际上是打算对赵国进行要挟。赵王害怕被秦国暗算，很想拒绝不去。可是蔺相如和大将廉颇认为，要是推辞，等于表示胆怯。与其示弱于人，倒不如去的好。赵王接受了这个意见，决定去渑池赴会。蔺相如跟着一道去，廉颇则在边境上布置重兵，以防秦国侵袭。

公元前279年，秦王和赵王相会于渑池。在筵席上，秦王假装酒醉，故意戏弄赵王，说："寡人听说赵王喜欢弹瑟，请弹一曲听听。"赵王不敢不依，只得勉强弹了一曲。这时，秦国的史官赶紧上前把这件事记载下来，写道："某年某月某日，秦王与赵王会饮，令赵王鼓瑟。"蔺相如认为这是对赵国的莫大侮辱，十分气愤，立即上前对秦王说："赵王听说秦王擅长秦国乡土音乐，盆缶敲得很出色，就请大王敲敲盆缶助兴。"秦王大怒，厉色拒绝。蔺相如不管这些，仍捧着盆缶上前，跪献给秦王。秦王还是不肯敲。蔺相如恼火地说："大王如果一定不肯，在这五步之内，我愿意把自己的颈血溅到大王身上！"秦王左右的侍卫都拔出刀来，要杀蔺相如。蔺相如瞪着眼大声呵斥，吓得那些侍卫直向后退。秦王无可奈何，为了解除眼前的威胁，只得随便在瓦缶上敲了一敲。蔺相如也立刻叫赵国的史官把这事记下来，写道："某年某月某日，秦王为赵王击缶。"

秦国的大臣看到秦王没有占到便宜，有些不服气，有人便提议说："请赵国拿出十五座城来作为对秦王的献礼。"蔺相如也接着说："请秦国拿出国都咸阳来作为对赵王的献礼。"宴会间，双方展开了激烈的外交斗争，然而秦国始终没有占到上风。加上这时秦王得到密报，说赵国业已在边境上集结了大量军队，所以更不敢冒失地对赵王无礼。

秦国原想借渑池之会给赵国以屈辱，谁知相反，受屈辱的不是赵国，而是秦国自己。

渑池会后，赵王回到赵国，为了酬报蔺相如的功劳，就拜他为上卿，地位在廉颇之上。

廉颇因此很不高兴，逢人就说："我做赵国大将，攻城野战，出生入死，立了不少汗马功劳；蔺相如全仗着一张嘴，有什么了不起，如今居然地位反在我之上。我可不愿屈居他之下，哪天如果碰到了他，我一定要当面羞辱他一下。"

这些话传进蔺相如的耳朵以后，每次蔺相如出门，处处躲开廉颇，尽量设法避让他。有一次，蔺相如出外有事，远远望见廉颇来了，便赶紧命人把车子拉到僻静地方躲起来。这一下可把蔺相如的门客气坏了，大家都说："我们远离家乡，投奔到您门下，是因为仰慕您的为人。如今您的地位比廉颇高，反倒这么怕他，见了他，到处藏藏躲躲，连我们也感到屈辱。我们实在受不了，只好向您告辞了。"

蔺相如听了，说道："你们不要走。我问你们，你们看，廉将军和秦王比，哪个厉害呢？"

众人同声说："那还用说，当然是秦王威风哪！"

蔺相如道："对呀！天下诸侯个个怕秦王，可是我就敢在秦国的朝廷上大声责骂他。请想，我蔺相如再不中用，难道还会害怕廉将军吗？"

"那您为什么要处处躲避他呢？"

蔺相如解释说："强暴的秦国之所以不敢出兵侵略我国，那是因为我们能够同心协力，团结御侮的缘故。要是我同廉将军为了私人意气争斗起来，就好比二虎相斗，准是'两败俱伤'。秦国一定会乘机来侵犯赵国。我处处避让廉将军，不为别的，正是为了国家的前途着想。"

后来别人把蔺相如的话告诉廉颇，廉颇受到极大的感动。他觉得自己眼光短浅，心胸狭隘，为了一时意气，险些误了国家大事。这位劳苦功高、为国忠诚的老将，心里感到十分惭愧。他立即袒开自己的衣服，背着荆条，登门向蔺相如请罪，说："我是个没见识的糊涂人，没想到您竟宽恕我到这样的地步，请您责打我吧！"

从此以后，他们两个互敬互让，成了极好的朋友。赵国由于将相和睦，内部团结紧密，在很长一段时期，秦国始终不敢出兵攻打赵国。

（王业猷）

# 毛遂自荐

"毛遂自荐"的典故，说的是战国时期赵国的事情。赵国的平原君赵胜，是赵惠文王的弟弟。他喜欢招收能人勇士做门客，毛遂就是其中的一个。

公元前258年，秦国围困了赵国的都城——邯郸。赵国派平原君到楚国去请求援兵，打算同楚签订联合抗秦的盟约。

平原君想带二十个文武全才的人同他一起到楚国去。他虽有三千多门客，可是挑来挑去，只有十九个人合格，还差一个，就是很难足数。这时，忽然有个坐在末位的门客站起来，说："既然少一个人，那么请您带我去凑个数吧。"

平原君惊疑地望着他，问道："先生，你叫什么？来我家有几年了？"那人道："我叫毛遂，来到您这里已有三年了。"

平原君微笑着说："有才能的人就好像放在口袋里的锥子一样，它的尖儿立刻就会显露出来。可是先生在我这儿三年了，周围的人从来没有推荐过您，我连关于您的一言半语也没有听说过。先生，您还是留在家里吧！"

毛遂也笑了笑，说："直到今天我才请求您把我放进口袋里去啊，您要是老早就把我放到口袋里，那么整个锥子早就戳出来了，不光只露出个尖儿。"平原君听了无话可答，只好让他一同前去。

到了楚国，平原君同楚王商议订结抗秦的盟约。从日出一直谈判到日中，楚王始终犹豫，害怕秦国，不敢同赵国订盟。双方正在热烈辩论，这时，只见毛遂手按剑把，大踏步走上台阶，大声嚷道："合纵抗秦有利，不联合有害，只要一两句话就可以决定。怎么从早晨直谈到中午，还没有谈判出结果！"楚王感到十分骇异，问平原君："他是做什么的？"平原君回答说："他是我的门客。"楚王皱了皱眉，大声呵斥毛遂道："我同你的主人商讨国家大事，你来插嘴做什么？"

毛遂听了，圆睁着眼，紧把着剑，走到楚王面前，正色道："大王仗着军队多，才敢这样呵斥我。现在，我距离大王不过几步，楚军虽多，也救不了大王，大王的性命悬在我手。您当着我的主人，为什么要这样无礼地呵斥我！"毛遂说时神情激昂，楚王坐在座位上，吓得一声不吭。楚王的侍卫谁也不敢莽撞行动。稍停，毛遂又继续说："楚国有方圆五千多里的土地，一百万的甲兵，本来是可以称霸的。以楚之强，理应天下无敌，没想到秦将白起，率数万之众，兴师与楚战，楚国竟被打得落花流水。头一仗攻拔了楚国的鄢（yān，在今湖北省宜城）、郢（yǐng，在今湖北省江陵），第二仗烧毁了楚国祖先的坟墓，第三仗又使大王的先人受到侮辱。这种仇恨，百世（三十年为一世）不能忘，连赵国都感到羞耻，而大王却反不想雪耻！依我看，合纵抗秦，为的是楚，并不是为了赵。"毛遂的话，深深地击中了楚王内心的痛处。的确，楚国以一个大国而一败再败于秦，确实是丢脸；败后而不打算雪耻，更是丢脸。将来在其他小国眼里，楚国还有什么地位呢？当着平原君的面，要是拒绝援赵，岂不表明自己是个懦夫？秦围邯郸，赵国坚强抵抗，英勇不屈；楚与赵比，楚大赵小，赵有决心抗秦，楚无决心抗秦，楚国难道就不惭愧？再说，此次秦赵之战，楚不救赵，设若赵胜秦败，楚国必将为诸侯耻笑；设若秦胜赵败，秦必更强，楚国的后患，必将有加无已……

楚国应该怎么办呢？楚王想到这里，不禁连忙说："对对，先生说得对。"毛遂跟着又问了一句："那么大王决定签订盟约了吗？"楚王说："决定了。"毛遂一步不放松，当时就要楚王左右的人拿猪狗血来，准备盟誓。毛遂捧着盛血的铜盘，献给楚王说："请大王首先歃血定盟，其次是我的主人歃血，再次是我。"就这样，楚王和赵国签订了合纵抗秦的盟约。

这是一个脍炙人口的故事。直到今天，如果有人自己推荐自己，主动愿意担当某一项工作时，人们还经常引用这个典故来作为比喻。

（王业猷）

# 信陵君救赵

信陵君魏无忌，是战国时魏安釐（xī）王的异母弟。他为人谦虚，爱重人才，远近的人都愿来投奔他。他家里经常有门客三千人。

魏国的首都大梁（今河南开封市）有个隐者叫侯嬴，做大梁城夷门（城的东门）的门监，是一个很受人尊敬的七十岁的老人。信陵君听人说后，便亲自去拜访他，为他举行盛大的宴会，待他为上客。侯嬴有个朋友名叫朱亥，在大梁市上做屠夫，也是一个贤者，信陵君也时常去拜望他。

公元前258年，秦兵围攻赵国的国都邯郸。信陵君的姐姐是赵惠文王弟弟平原君的夫人，赵国几次送信给魏王和信陵君，请求派兵援救。魏王派将军晋鄙统率十万大兵去救赵国。秦国听到这个消息，向魏国提出警告；魏王害怕，命令晋鄙暂时停兵不进，把军队驻扎在邺城。

赵国盼望救兵不到，十分焦急，接连不断派人到魏国催促。信陵君再三向魏王请求，魏王始终不肯答应进兵。信陵君为了援助赵国解救其围困，就集合了一百多辆战车，准备带着自己的亲信武士去同秦军拼个死活。出发的这一天，他行经夷门会见了侯嬴，便把自己的打算告诉他，并且向他告别。不料侯嬴却冷冷地说："公子努力吧！我这个老头儿可不能跟着一起去啊！"

信陵君走了几里地，心里越想越纳闷，自忖道："我平时对待侯生（侯生，是对侯嬴的尊称）很好，现在我要去拼命了，他却对我这样冷淡，是什么原因呢？莫不是我还有什么错处吗？"想到这里，他命人掉转车子，要回去向侯生问个究竟。侯生见信陵君转来，笑着说："我早料到公子是要回来的。"又接着说："公子带了这么少的人去同秦军打仗，正像拿肉喂饿虎，岂不是白白地去送死吗？"信陵君听了，诚恳地向他请教。侯生说："我听说调动晋鄙军队的兵符放在大王的卧室里，只有大王最宠爱的如姬能够把兵符偷出来。我又听说从前如姬的父亲被人杀害，她怀恨三年，到处设法寻找仇人不着，最后还是公子派人把她的仇人杀死，替她报了仇。她一直感激着公子。假如公子肯开口求如姬把兵符偷出来，她一定会答应。公子得了兵符，把晋鄙的兵掌握到手里，击退秦军，救了赵国，这正是了不起的功劳！"

信陵君依他的话去做，果然把兵符弄到了手。这天，正准备出发，侯生又说："大将统兵在外，只要便于国家，有时就是君主的命令也可以不接受。朱亥是个大力士，望公子带他同去。万一晋鄙不肯交出兵权，就叫朱亥当场打死他。"

信陵君带着朱亥跟许多门客到了邺城，见了晋鄙，假传魏王命令，要接替晋鄙的兵权。晋鄙把兵符接过来，跟自己带着的那一半兵符一合，合成了一个整体。兵符虽然不错，可是晋鄙心中非常疑惑，说："这是军国大事，我还得奏明大王，才能照办……"他的话还没说完，朱亥抽出藏在袖中的一柄四十斤重的大铁锤，猛不防一锤打去，晋鄙立时身死。

信陵君接管了晋鄙的军队以后，随即进行了一番整顿的工作。他下令军中，说："如果父子都在军中的，父亲回家；兄弟都在军中的，兄长回家；是独子的，回家养父母。"最后他挑选了精兵八万人。

魏军经过整编，士气高涨，猛攻秦军。秦军久攻邯郸不下，士气已疲，现在又受到魏军猛攻，结果大败。

被围了一年多的邯郸，至此正式解围。信陵君受到了赵国人民极大的尊敬。

（王业猷）

# 图穷匕首见

"图穷匕首见"的典故，说的是战国末年荆轲刺秦王的事情。

荆轲是卫国人，喜欢读书、击剑。他自从卫国亡后，就漫游各地，最后到了燕国，和擅长击筑（古代乐器名）的高渐离做了好朋友。燕国的隐士田光，也常和他往来。

燕国太子丹曾被当作人质抵押在秦国，秦王嬴政待他很不好，他逃回燕国，时刻想报仇。他因为恨秦，所以有意收留了秦国的逃亡将领樊於期。当时秦国大将王翦正率领数十万大军攻打赵国。秦兵已经快迫近燕国的边界，燕国很危险。太子丹去请教田光，田光便把荆轲介绍给他。太子丹把荆轲当作上宾，优礼接待。他希望荆轲出使秦国，乘机劫持秦王，令他归还侵占的土地，否则就把秦王刺死。荆轲答应了太子丹的请求。

可是过了好久，荆轲还没有动身的意思，而这时王翦已经破赵，秦兵业已打到燕国的南边，太子丹十分恐惧，想催促荆轲赶快起程。荆轲说："我此去若无凭信，恐怕不能接近秦王。听说秦国悬重赏捉拿樊於期将军，假使能取得樊将军的头，再加上一幅燕国督亢（今河北省涿州、定兴、新城、固安之间）地方的地图，一并献给秦王，秦王必定乐意接见，这样我才能有机会报答太子。"太子丹对于荆轲的计划，很是赞同；只是不同意杀樊将军，觉得这样做不太合适。

荆轲见太子不忍，便私下去找樊於期，把自己打算如何刺秦王的办法对他讲明，同时用言语来激他，结果樊於期自刎而死。太子丹见事已如此，只得依照荆轲的计划行事。他命人准备了一个匣子，把樊将军的头颅用药保存起来封好。又以重价买到一柄锋利的匕首，上面浸淬上毒药，使之杀人能见血立死。匕首就裹在督亢地图里面。另外还找到燕国一个著名的少年勇士名叫秦舞阳的，作为荆轲的副使。诸事预备妥当后，太子丹就打发荆轲上路。

出发的这一天，太子和他的宾客都穿戴着白色衣冠前来送行，一直送到燕国南部的国境易水边。荆轲喝过了饯行的酒，高声歌唱起来。他的朋友高渐离为他击筑。只听荆轲歌道：

风萧萧兮易水寒，
壮士一去兮不复还！

歌声慷慨悲壮，送行的人个个感动。唱完歌，荆轲便带着秦舞阳跳上车子，扬鞭西去，连头也不回。

荆轲等到达了秦都咸阳（在今陕西省），秦王听到燕国派人把樊於期的头和燕国督亢的地图送来，非常高兴，特地用极隆重的仪式来接受燕国的献礼。

荆轲捧着装樊於期头的匣子，秦舞阳捧着地图匣子，二人依次上前。刚走到大殿台阶边，秦舞阳感到害怕，不禁脸色大变，浑身发抖。秦王的左右和群臣都十分诧异。荆轲镇静地回头朝秦舞阳笑了笑，然后向前替他谢罪，说："北方的粗人，从未见过大王，不免震恐，还请大王恕罪！"

秦王未加深究，紧接着对荆轲说："把秦舞阳手里的地图拿过来。"荆轲双手献上地图。秦王慢慢地把图展开，图刚展完，突然现出一柄亮晶晶的匕首。这时，荆轲眼快，迅疾地左手一把抓住秦王的衣袖，右手抓起那把匕首，就朝秦王胸上猛扎。

秦王大惊，吓得忙从宝座上跳起来，用力把衣袖挣断，脱出手想拔剑抵抗，无奈剑身太长，心又慌，一时拔不出来。荆轲追过去，秦王围着殿上的粗大柱子闪避，情况很危急，群臣都惊慌失措，不知怎么办好。按照秦国的法律：群臣在殿上，不准携带武器，手执兵器的卫士都在殿下，未奉命令不得随便上殿。而秦王在慌乱中又偏偏忘了下令，卫士们都很着急。秦王围着柱子跑，荆轲围着柱子追，眼看快追上，忽然有人提醒秦王："大王把剑鞘推到背上，从背后拔！"秦王依言拔出剑，挥剑砍荆轲，一剑就将他的右腿砍断。荆轲倒在地上，将匕首对准秦王掷去，没有掷中秦王，中在柱子上。秦王反身用剑乱砍荆轲。荆轲受重伤，倚着柱子大骂："事情之所以不成，是我想要活捉住你……"最后，秦王左右一涌上前，将荆轲杀死。

这个故事很著名，从古代一直流传到现在。至今，当人们说到某一事件的阴谋终于暴露时，经常会引用这个典故——"图穷匕首见"。

（王业猷）

# 端午节

农历五月初五，叫作"端午节"，也叫"端阳节"。这个节日的起源，有很悠久的历史。

端午节相传是纪念战国时期伟大的诗人屈原的。屈原是楚国人，生于公元前340年。他不仅是一位诗人，同时也是一位思想家、政治家。他生活的时代，正当一度很强大的楚国开始走向没落和败亡的时期。他热爱自己的祖国和人民。他在政治上有远见，主张革新，希望楚国能够重新强盛起来。然而他的进步的主张，始终得不到楚王和其他贵族的支持。公元前278年，楚国的郢都被秦国攻破，他感到无比地痛苦，就在这年农历五月五日投汨罗江（在今湖南省）而死。

自屈原死后两千多年来，人民一直都同情他。每年端午节这天，各地都要划龙船来纪念他。划龙船，是象征当年楚国人民打捞他尸首时的情景。全国各地在这天都要吃粽子。吃粽子，也是对他表示怀念。据说古代楚国人民每年到这天，都要祭祀他，用竹筒装米投到河里，让他享用。也有的说，把这些东西投进河里是喂蛟龙，好让蛟龙吃了不再去吃屈原的尸体。这就是后世吃粽子的来源。端午节这天，人们还要喝雄黄酒，家家门口还要插上艾叶和菖蒲草。古代人认为艾叶和菖蒲草有辟邪的作用，屈原是被代表邪恶的奸臣所陷害，插上这些东西，不但是一种怀念屈原的表现，而且是一种避邪降恶的象征。

（王业猷）

# 诸子百家

我们现在所说的"诸子百家"，是指春秋战国时期一切思想家及各种不同的学派。所谓"百家"，是表明家数很多的意思，并不是整整有一百家。

西汉初期，司马谈曾把春秋战国以来的诸子，总括为"阴阳""儒""墨""名""法""道德"六家。西汉末年，刘歆则总括为"儒""墨""道""名""法""阴阳""农""纵横""杂"及"小说"十家。十家中，除"小说"家外，其余九家被后人称为"九流"，其中比较重要的是"儒""墨""道""名""法""阴阳"六家。

儒家学派的创始人，是春秋末期的孔子；战国时期儒家学派著名的代表人，是孟子和荀子。儒家学说的主要内容为礼乐与仁义。"礼"指的是为区别亲疏尊卑、上下贵贱等级而制定的各种条文。"乐"指音乐，是礼的配合，提倡乐的目的，是为了从感情上缓和上下矛盾，好使礼的作用更加显明。"仁"指的是做人的道理，也就是所谓爱和同情心。"义"的意思，就是适宜、合礼，也就是说，人人都要遵循和维护当时阶级社会的一套区分尊卑贵贱的等级制度。在政治思想上，孔子强调礼乐的作用，认为"移风易俗，莫善于乐；安上治民，莫善于礼"。孟子则充分发挥孔子学说的仁义部分，主张国君行"仁政"。荀子讲究礼义，不过荀子所讲的"礼义"，另外还包含法治的意味。儒家的经典著作——"四书""五经"和儒家的各派学说，支配了中国古代文化的各个方面，对于中国整个封建时代的政治生活及精神生活都产生了极其巨大的影响。对中国封建制度的巩固和延长，儒家学说是起过极其重要的作用的。

墨家学派是儒家的反对派，它的创始人是比孔子稍后的墨子。代表他的思想的有《墨子》一书。墨家自己虽不反对等级，但却坚决反对儒家所主张的等级制度。墨子认为：儒家所强调的繁文缛礼和厚葬久丧制度，是一种奢侈浪费；孔子所说的"仁"，实际是对贵族的偏爱。针对儒家的观点和当时实际存在的各国贵族的腐化现象，墨子提出了"节用""节葬""兼爱""非攻"等一些主张。墨家有自己严密的组织，凡是墨家门徒，必须服从巨子（墨家领袖称"巨子"）的命令，过艰苦的生活，严守家法，舍命行道，实行教义，分财互助。秦汉以后，由于历代统治阶级都把墨家学说看成一种危险的思想，对它采取压制、排斥的态度，所以墨家学说后来便逐渐走向衰落。

道家是战国时期和儒墨两家并行的一个学派，重要的代表人物有老子和庄子。老子生卒年不详，研究老子思想，今天主要还是根据《道德经》一书，这本书大概是战国时人所编纂。庄子名周，宋国蒙（今河南商丘市东北）地人，约与孟子同时或稍后。研究庄子思想，主要应根据《庄子》一书中的"内篇"七篇。老子是我国古代具有极大智慧的思想家。他根据自己对于自然界天地万物变化情况的精密观察，以及对于亲身经历的社会变革的深刻认识，发现了事物矛盾的某些重要法则。他指出，任何事物都含有对立的两方面，并且正反两方面在一定条件下会互相转化。这种承认矛盾变化的观点，具有辩证法的因素，是老子学说中的精华。然而老子在思想上带有消极、保守的一面，他害怕斗争。他虽然发现了矛盾的某些法则，可是却不想发展矛盾，解决矛盾，而是企图把矛盾永远拉回到原来的起点，使它始终停留在静止的状态。庄子的学说比老子更保守、更消极。他以"物（人）不胜天"为中心思想，反对技术的进步和经济的发展，主张人们都应"少私而寡欲"，自然做到"愚而朴"，像婴儿一样保持其所谓真性。秦汉以后的历代君主，在治理天下时，常常利用道家学说来作为驾驭臣民的手段，因此道家和儒家一样，对于中国封建社会的政治和文化，也产生了很大的影响。

名家的代表人物是惠施及公孙龙。惠施是庄子的好友，比庄子的年龄要大。公孙龙生于战国末期，比惠施的年龄要小。他们都是诡辩论者，专门玩弄名词概念进行观念游戏，后世称他们为"名家"。在惠施这一派人的眼里，宇宙间的一切，只不过都是些相对的概念，万事万物都一样，没有什么差别。犬和羊都是动物，所以犬可以为羊；黑和白都是颜色，所以黑也就是白。在公孙龙这一派人的眼里，事物的概念和属性似乎与事物本身是可以割裂开来的。坚白石本来是一件东西，但是他们却认为是"坚"性、"白"色、"石"形三个独立的概念，而不是一块具体的坚白石。惠施一派诡辩论者把什么都看成相对，甚而抹杀一切事物的差别；公孙龙一派诡辩论者，把脱离具体事物的抽象概念和各种物质属性分割开来，其结果必然是否认客观具体事物的存在。这两种名家观点的表现形式虽然有所不同，但归根到底，都不外是为了混淆是非，借以阻挠社会的进步。

法家有法、术、势三派。"法"的一派，代表人物是春秋时期的子产和战国时期的李悝及商鞅，他们着重于法律条文的制定以及法律的执行和贯彻。"术"的一派，以战国初期的申不害为代表，这一派着重在研究君主驾驭臣下的方法。"势"的一派，以慎到为代表。慎到，有人说生于申不害之前，也有人说生于申不害之后。为了使"法"和"术"能行之有效，君主必须有权力，权力就是"势"，这一派主要就是着重讲究如何增强君主的权势。法家学说，代表了新兴的地主阶级要求建立君主集权国家的愿望，这种愿望在当时是一种进步的思想。

　　阴阳家以邹衍（一作驺衍）为代表。他与孟子同时。他认为土、木、金、火、水是构成宇宙实体的五种物质，他把它们称为"五行"，或叫作"五德"。五行之间有一定的"相生相克"关系——矛盾对立与统一的关系。宇宙本身的运动，就是这五种物质的"相生相克"在起作用。古代人的看法，认为天道和人事是相互影响的。邹衍把自然界五行相生相克的道理，拿来说明人类历史的进化。他认为，某一朝代的兴盛，必然和五行中当今的某一"德"配合，下一朝代的兴起必然是它所配之"德"胜过前一朝代所配之"德"。例如，舜得土德而旺，夏得木德而旺，商得金德而旺，周得火德而旺。根据五行相克的道理，木克土，金克木，火克金；因此夏能代舜，商能代夏，周能代商。周以后，必为得水德的朝代代替；再后，必为得土德的朝代代替，然后又是木德、金德、火德、水德，如此循环不已。邹衍把这种循环称作"五德终始"。阴阳学派能够看出宇宙间事物矛盾对立与统一的关系，以及人类历史的进化，这是很了不起的；但是，他们利用"五德终始"的学说来解释人事，把人类历史的发展说成是循环的，而不是不断向前发展的，这是很有害的。

　　总之，春秋战国时期"诸子纷起，百家争鸣"局面的出现，在我国文化发展史上，是一个很重要的阶段。

（谢承仁）

# 四书　五经

　　"四书"的名称，是从南宋淳熙年间（1174—1189）才开始有的。当时的理学家朱熹，特别从《礼记》一书中，提出《大学》《中庸》两篇独立成书，与《论语》《孟子》合称为"四子书"，也叫作"四书"，是儒家的经典著作。

　　《大学》一书，阐述了儒家的社会政治观点。书中提出了"三纲领"和"八条目"。"三纲领"指的是"明德""亲民""止于至善"，"八条目"指的是"格物""致知""诚意""正心""修身""齐家""治国""平天下"。书中特别强调修身的重要性，认为修身是中心环节，是治国、平天下的第一步，也是格物（研究事物之理）、致知（求得知识）的基础。而所强调的"修身"，实际上就是要人们的一切言行都符合巩固封建统治秩序的需要。所提倡的格物、致知，并不是鼓励人们去接触外界事物，参加社会实践，而只是教人专心注意内心的反省。

　　《中庸》是儒家宣传封建道德的一部伦理教科书。书中提出了"中庸"这一概念，来作为指导人们行为的标准。什么叫"中庸"呢？意思是说，在不同的时间和条件下，人们的行为既不要过分，也不要不及。"中庸"的人生观，在中国的封建社会里，产生了极大的影响。过去，这种折中主义的观点，常被统治阶级利用来作为反对任何根本改革的借口，也常被那些具有保守思想的知识分子引用来作为逃避现实斗争的理论根据。

《论语》一书，是孔子的弟子和再传弟子编纂的。孔子死后，弟子们把平日关于孔子言行的记录收集起来，整理成书，叫作《论语》。《孟子》书中常引《论语》的话，可知《论语》纂辑成书的时间，当在孟子生前。汉朝时，《论语》原有《鲁论》《齐论》《古论》三种，《齐论》《古论》早已失传，现存的只有《鲁论》一种。《论语》的体裁很像后代的语录，其中，有记孔子所言，有孔子答弟子所问，有弟子们的自相问答。全书共二十篇，是儒家思想所依据的经典，也是研究孔子思想的主要材料。《论语》的文字很简朴，每叙述一事仅用数十字，意思便很圆满，是很好的语录体散文。

《孟子》七篇，是孟子的门人公孙丑、万章等所追述。里面记载着孟子的政治活动和对某些学术问题的见解，以及和其他学派的一些争论。《孟子》的文章，词锋犀利，气势雄健，说理精辟流畅，轻松幽默。这不仅是一部儒家的经典著作，同时也是一部优秀的古代散文集。

"五经"是指《易》《书》《诗》《春秋》《礼》五种书。这几部经典流传到现在，已经两千多年了。

《周易》就是《易经》，是我国古代卜卦用的书。相传《易经》里的《易传》，也叫作《十翼》，是孔子所作。这种说法不见得可信。《易传》有《系辞》，主要说明"变化之道"，总论全部《易经》的道理。《系辞》里包含朴素的辩证法思想，认为天地间一切事物都是变化的；可是它又认为有一种本质不变的东西存在，那就是天一定在上，地一定在下，在上者必尊，在下者必卑。这种思想应用到人事方面，就是枝节问题可以变，而统治阶级的根本制度不能变。这种哲学思想，形成了儒家政治思想的基础。

《尚书》就是《书经》，是上古的政治论文集，分《虞夏书》《商书》《周书》等几部分，包括古代许多重要的档案和文告。这是一部具有很高史料价值的历史典籍，也是儒家的一部重要经典文献。

《诗经》是我国最古的诗歌总集。它保存了从西周初年到春秋中期的三百零五篇诗歌。全集分三个部分："风"，是民歌；"雅"，是贵族们的诗歌；"颂"，是贵族们祭神、祭祖先的舞曲。传说《诗经》是经过孔子修订和整理的。《诗经》的内容非常丰富，它反映了当时社会各个阶层的生活。它的表现方法多种多样，情感真挚，文辞优美朴实，感染力强烈，是我国文学宝库中一颗灿烂的珍珠。

《春秋》是一部编年的历史书，记载了公元前722年到公元前481年间，二百四十多年的历史。东周时期各国都有史官记事。鲁国的史官记事，就叫作《春秋》。孔子可能对鲁《春秋》加以删修整理过，所以一向就说《春秋》是孔子作的。

《礼》有《周礼》《仪礼》及《礼记》三种（后世《五经》中的"礼"指《礼记》）。《周礼》是战国时的学者记述周朝官制的书。《仪礼》就是孔子所编订的《礼经》，原书已经不全，现在所见的是汉朝儒家的传本。《礼记》是孔子弟子以及后人传习《礼经》的记录。《周礼》《仪礼》《礼记》合称"三礼"。这是考察儒家思想和战国以前制度器物的重要典籍。

（王业猷）

# 孔子　孟子

　　孔子是我国春秋末期伟大的思想家、教育家。名丘，字仲尼，鲁国昌平乡陬（zōu）邑（今山东曲阜）人。生于公元前551年，死于公元前479年。他的祖先是宋国的贵族，没落后迁移到了鲁国。宋是商朝的后代，鲁国是周公的封地，这两国保存商周的文化最为完备。春秋时期，各国大夫观礼、观乐，都要到鲁国。孔子在这样的环境里学习到了很多有关礼乐的知识。据说他幼年时做游戏，就常爱做各种礼仪的演习。

　　孔子曾整理过古代的文献书籍，相传《诗经》《尚书》《易》《礼》《春秋》等书都经孔子整理过。孔子对于总结我国古代文化遗产，有着巨大贡献。孔子主张做学问的态度是"毋意、毋必、毋固、毋我"，意思就是不臆测，不武断，不固执，不自以为是。

　　孔子是一位大教育家，做了几十年的教育工作。对学生，他主张因材施教。他教过三千名学生，据说精通礼、乐、射、御、书、数六艺的有七十二人。他的学生有贵族也有平民，各国人都有。

　　在哲学思想上，孔子学说的核心是"仁"。他曾说过"仁者爱人"的话。他强调"己所不欲，勿施于人"，认为损害别人的利益，就是不仁。他希望志士仁人要不惜牺牲性命来达到仁，不要苟且偷生来损害仁。

　　在政治上，孔子对于当时社会的动荡表示不安，要求通过制礼作乐的手段做到君惠、臣忠、父慈、子孝，从而巩固统治阶级的内部团结。这种主张，为后来的封建统治者提倡利用，影响中国的社会极为深远。

　　历史上称孔子为"至圣"，由来甚久。自从汉武帝罢黜百家，尊崇儒术以后，孔子的地位便一天一天抬高。唐朝玄宗开元二十七年（739），唐政府下令追尊孔子为"文宣王"。宋朝真宗大中祥符五年（1012），改称孔子为"至圣文宣王"。元朝成宗大德十一年（1307），给孔子加号为"大成至圣文宣王"。明世宗嘉靖二十七年（1548），改称孔子为"至圣先师"。清朝最初定称号为"大成至圣文宣先师孔子"，到顺治十四年（1657）改称为"至圣先师孔子"。

　　总之，历朝统治者对孔子都是倍极尊崇的。这是因为孔子的哲学思想和政治主张，正是维护他们统治秩序的工具。当然，今天我们也很尊敬孔子，不过今天的尊敬和过去的"圣化"，本质上是不相同的。孔子是我国古代文化的代表人物。他的学说，我们需要整理总结，吸取其精华，去除其糟粕。把他神化、圣化是不对的。当然，完全否定他在先秦文化中起过一定的积极作用，也是不对的。

　　孟子名轲，鲁国邹（今山东省邹县东南）[1]人，大约生于公元前390年，死于公元前305年。他是鲁国贵族孟孙氏的后代，没落为"士"，是孔子的第三传学生（孔子—曾子—子思—孟子）。他为了实现自己的政治理想和抱负，曾游说齐、鲁、宋、滕、梁等国诸侯。他曾在齐国做了几年卿，在梁国也很受优待。不过齐宣王、梁惠王都认为他的学说不合时宜，并未加以采纳。后来他见自己的主张行不通，于是退而授徒讲学。

　　孟子不仅是儒家曾子、子思学派的继承人，而且还发展了这一学派，故

--------

[1] 今山东邹城。

后世把他当作儒家的嫡传大师，地位仅次于孔子，与孔子合称孔孟。

孟子的哲学思想是"性善论"。他认为人的本性都是善良的，仁、义、礼、智等品质都是自然地先天具备的。至于人为什么会有不善的行动，他认为那是由于外界事物的引诱。根据这种认识，他承认教育的作用，主张通过教育的手段，教人去其不善以存其善。可是他又过分强调个人的主观精神作用，提倡存心养性，培养其所谓"浩然之气"，以达到"富贵不能淫，贫贱不能移，威武不能屈"。孟子的思想，形成了儒家哲学中唯心主义的理论体系，对于后来宋代儒家有着很大的消极影响。

在政治思想上，孟子最突出的主张，是行"仁政"。这种主张是针对当时各国诸侯的兼并战争而发的。他从稳定君主的统治地位出发，强调君主应当与民同忧、同乐、同好、同恶，应当让人民过安定的生活。要使老年人能衣帛、食肉，鳏、寡、孤、独的人生活能有所依靠。他反对那种强欺弱、众暴寡的兼并战争和对人民的无辜屠杀。他主张讲公义，反对讲私利。他憎恨暴君，承认国人有权杀暴君，杀暴君是诛独夫，不是弑君。他提出了"民为贵，社稷次之，君为轻"的"民贵君轻"思想，并且加以发挥，成为封建时代带有民主思想色彩的、宝贵的政治理论。他同时还提出了"劳心者治人，劳力者治于人"的看法。

历史上称孟子为"亚圣"，由来也是很久的。宋、明的道学家们都极力推崇他，认为他是独承儒家正统的传人。元朝文宗时曾封孟子为"亚圣邹国公"，明朝世宗嘉靖年间免去孟子的封爵，只称"亚圣"。

（王业猷）

# 老子　墨子　韩非

相传老子姓李，名耳，楚国苦县（今河南鹿邑县）人。他是道家学派的创始者。他的生卒年代不详：有人说他生于孔子之前，有人说他与孔子同时，另外还有人说他生于孔子之后。他的学说被广泛传播，是在战国的后半期。

老子的哲学思想，具有朴素的唯物辩证法因素。他看到了宇宙万物矛盾的对立统一与相互转化的法则。在政治思想上，他提出了"无为而治""小国寡民"的主张。他认为，为了治理国家和应付自然，最好是掌握节制的原则。治理一个大国，要像煎一盘小鱼一样，不要常常去搅动它。天下禁令越多，人民就越陷于贫困，人们的技术越巧，奇奇怪怪的东西就越会增多。他说："我无为而民自化，我好静而民自正，我无事而民自富，我无欲而民自朴。"他反对暴政，指出：人民之所以有饥荒，是因为执政当局收取的捐税太重。如果宫廷是豪华的，那么田里就会长满野草，仓库就会十分空虚。他希望人们恢复到孤立生活的远古时代去，很小的国家，很少的人民，邻国相望，鸡声、狗声相闻，而彼此不相往来。在他看来，人民之所以难治，是由于人民有智慧，因此他主张"绝圣弃智"，"常使民无知无欲"。历朝的统治者，对老子学说中的落后部分，是十分欢迎的，他们都大力鼓吹老子的这种愚民思想。

墨子名翟，鲁国人（一说宋国人），是春秋末期伟大的思想家、政治家。大约生于公元前480年，死于公元前420年。他出身于下层社会的劳动人民家庭，懂得一些手工业生产技术。

他替手工业者、小私有者说话，无情地揭发了王公贵族的奢侈浪费，提出了"节用""节葬"的主张；他代表手工业者、小私有者争取政治地位，反对贵族世代专权，主张选拔贤人出来管理政治。并且认为人民也应该参加政治，还指出奴隶也是人。

在墨子学说中，"兼爱""非攻"的主张，是构成墨子思想的核心。墨子提倡人与人应该无等差地"兼相爱"，认为只有这样，才能"交相利"，才会大家都有好处。在他看来，正是人们不能"兼相爱"，才产生"攻""乱""贼""窃"的现象。"攻乱贼窃"是不义，进攻别人的国土是大不义。他坚决反对不义的侵略战争，并且用自己的实际行动来阻止这种战争，流传的墨子"止楚攻宋"的故事，就是一个很好的例子。

韩非是战国末期的伟大思想家，代表法家的主要人物。

韩非是韩国的公子（古时称诸侯的儿子为公子），大约生于公元前280年，死于公元前233年。他和秦国的政治家李斯都是荀子的学生，可是才学比李斯高强。他的文章写得很好，长于著书立说。他好几次给韩王上书，劝韩王实行法治，韩王都没有听从。后来秦始皇读了他的著作，十分赞赏，于是把他请到了秦国。韩非到秦国后不久，就被李斯陷害，自杀于狱中。

韩非总结了李悝、商鞅等各派法家的学说，吸收了儒、道两家有关法治的思想，最后完成了法家的理论体系。他提出了完整的中央集权的政治理论，认为"法治"是唯一适合当时政治形势的一种必然要求。他的主张主要有以下几点：

1.国家应当把法令用明文公布出来，使大家都能了解，有所遵循。不仅人民，甚至贵族和官吏，都应当遵守国家法令，从而巩固君主的统治势力。

2.君主应该有威严和权势，以便掌握国家的最高统治权。官吏、将帅都由君主任免。只要有能力，即使"出身卑贱"，也可以做官。

3.重视开垦荒地和发展农业，认为这是使国家走向富裕的根本办法。主张奖励努力耕田的农民和勇敢作战的战士。要求取消不耕而富和没有军功而享有爵位的旧贵族的特权。

4.主张禁止其他各种学派的活动，以国家的法令来约束人民的思想。国家对人民的言论和思想，应该进行严格的控制。

5.政治上的改革，应该根据现实的需要，不必遵循古代的传统。因为历史是进化的，而国家的法律制度也应该随着变化，不应该拘泥于古代。

韩非的学说，为新兴的地主阶级加强封建专制的统治，提供了理论基础。秦始皇统一中国以后，巩固统一国家的各种政治措施，基本上都采用了韩非的主张。

（王业猷）

# 孙武　《孙子兵法》

孙武是春秋末期伟大的军事学家，后世尊称为孙子，生卒年代不详。他原来是齐国乐安（今山东惠民县）人。他的家庭，是齐国世袭的贵族。他最初也在齐国做官，后来因避乱投奔吴国，成为一个流落异国的没落贵族。这时阖闾做了吴王，任用楚国的伍子胥做谋主，伍子胥同孙武交了朋友，后来便把孙武所著的兵法送给吴王看。吴王读了很是称奇，便让孙武训练全国的将士。公元前506年，吴王派孙武担任大将，出动了三万大兵，进攻楚国，五战五胜。公元前505年，吴军攻占了楚国的郢都。经过这次战争，吴国一跃而成了当时的头等强国。

孙武给后世留下的《孙子兵法》十三篇，是我国古代最杰出的军事学著作。这部著作，大体是孙武总结春秋时期及其以前的战争经验以及平时和吴王、伍子胥等研究军事的论点，经过后代人长期整理而成的。今天所见的《孙子》十三篇，就是经过东汉时曹操的选择和删削的。我国历代的名将都很推崇这部兵法，有些外国的军事学家也很推崇这部兵法。

《孙子兵法》有自己精深完整的体系，对于战争问题、战略问题等，都有比较精辟的分析和看法。下面我们概括六点，来说明这部书的价值：

1.战争的正确指导，在于"知彼知己"。"知彼知己者，百战不殆"，这句话见于十三篇中的《谋攻篇》。孙武的意思，就是要求在作战时，既要了解敌人的情况，又要了解自己的情况，从而加以比较分析，然后确定战略的计划与战役的部署，充分发挥主观能动性，以取得战争的胜利。"知彼知己，百战不殆"这一总的原则指导，即使在今天，用来指导战争，也是正确的。

2.战争的正确指导，在于争取主动权。孙武对于在战争中争取主动这点是非常重视的。他说："善于作战的人，能调动敌人而不被敌人调动。"他认为争取了主动权，使敌人不知我从何处进攻，处处防守，兵力分散，然后我可以"避实而击虚"取得胜利。设法造成敌人的弱点，这是《孙子兵法》在军事上表现主动性最突出的地方。他的办法很多，如有计划地造成敌人的错觉而给以出其不意的攻击，或者给敌人以小利，引诱敌人进攻而将其全部歼灭。

3.在进攻战方面，孙子有很多极其高明的见解。他指出：进攻时要集中兵力，突破敌人一点。避开敌人坚固的地方而向敌人的弱点攻击。

4.在运动战方面，孙子提出了很多卓越的意见。他说："乘敌人措手不及，从敌人想不到的道路，攻击敌人所不戒备的地方。"又说："我们想决战，敌人虽然高垒深沟都不得不出来同我们在运动中来打，那是因为进攻了敌人所必救的地方。"战国时期的大军事家孙膑，就很会运用孙武这套原则，取得过辉煌的胜利。

5.《孙子兵法》中，在强调战争指挥的灵活性这方面，也有不少精辟的论断。孙武非常讲究"出奇制胜"，所谓"出奇制胜"，就是以变化无穷的战术打击敌人。他说："善于'出奇'的，就像天地那样变化无穷，就像江河那样奔流不竭。"又说："作战方式灵活变化到顶点，就看不出行动的规律来。行动规律既然不可捉摸，那么，就算有深藏的间谍也将偷看不到底细，聪明的敌人也想不出办法来。"对于用兵，孙武很强调"机变"，强调用不同的方法来解决不同的矛盾。战争中兵力的分散和集中，分进和合击，需要根据敌人的情况，灵活地运用和变化，这才是保证胜利的关键。

6.十三篇中，对于如何依据敌我两方兵员的多寡来采取战争的行动，有着十分明确的论述。孙武认为：我方兵力比敌人多十倍，就可以采用包围战；比敌人多五倍，可以采用进攻战；比敌军多一倍，可以分兵来作战；相等的兵力，可以合力来作战；兵力较少，就只能采用防御战；兵力差得太多时，只有暂避其锋。这些重要的原则，如果运用得当，是可以发挥很大的战斗作用的。

由于阶级出身和所处时代的限制，孙子的军事思想不免还有很多缺陷，不过尽管如此，孙子仍不失为我国古代最伟大的军事理论家。

（王业猷）

# 班门弄斧

"班门弄斧"这个成语，出自明朝梅之涣《题李白墓诗》：

采石江边一堆土，李白之名高千古。来来往往一首诗，鲁班门前弄大斧。

梅之涣认为有些人写诗不如李白，却不自量力，路过李白墓前，偏爱题诗，所以他拿"班门弄斧"这句话来讽刺那些自炫其能的人。

在班门弄斧这个成语中，"班"指的是鲁班。鲁班叫公输般，又称公输子，是春秋战国时的巧匠和著名的技术工程家。他出身于文化比较发达的鲁国，是孔子的学生子贡的弟子。他后来到了楚国，就长期住在楚国。当时楚越之间常发生战争，楚国常被越国打败，为了改变这种战败的局面，公输般替楚国发明了一种名叫"钩拒"的水战新式武器。《墨子·鲁问篇》中提到公输般这种新式武器："退者钩之，进者拒之。"意思是说，在敌人的船队后退时可以把它钩住，在敌人的舟师进攻时可以把它挡住。另外，据说他又制造了一种攻城的利器——"云梯"，十分厉害。公输般不仅发明了许多新式武器，还发明了不少生产工具，修建了不少桥梁或房屋。有人说他还造过能飞的木鸢，飞到空中几天几夜不落到地上。他的智巧自古以来便为人们所称道。过去木匠、泥瓦匠、铁匠、石匠等行业，都把公输般尊奉为祖师。他成为我国民间传说中劳动人民智慧的代表。

（王业猷）

# 屈原

屈原（约公元前340—约前278），名平，出身于楚国一个贵族的家庭。他受过很好的教育，学识渊博，记忆力强。他的文章写得很好，擅长外交辞令，对当时国内外的政治形势十分熟悉。

楚怀王时，他曾做过楚国的左徒（楚国很高的官职），出使过齐国。他在政治上是怀有远大抱负的：他希望能制定新的法令来改革楚国的内政，使日益衰弱的楚国重新像往日那样富强起来。他痛恨那些持权弄柄的守旧贵族，同情人民的艰难困苦。他期望怀王能够亲近贤臣，提拔有才德的人出来担任国家的领导。

在外交上，他坚决主张联合齐国，抵抗秦国。

起初，楚怀王曾一度相当信任他，他的联齐抗秦的主张也一度博得了怀王的支持；但是后来由于怀王听信了奸臣的谗言，加上受了秦国的威逼利诱，便渐渐地和他疏远了。当时，在楚国，联齐和联秦是两条对立的外交路线，这两条路线斗争很激烈。屈原是主张联齐派的首领。楚怀王的宠姬郑袖和令尹（楚国官名）子兰以及上官大夫靳尚，是亲秦派的代表。公元前299年，怀王在令尹子兰的怂恿下，到秦国去订立盟约，结果上了大当，被秦扣留，不得回国，最后竟病死在秦。怀王入秦不返的消息传到楚国，楚太子继位为王，就是顷襄王。

顷襄王刚即位的时候，楚国反秦的空气一时十分浓厚，可是过了不久，在秦国强大的军事压力之下，顷襄王很快就屈服了，亲秦派的势力大大抬头。屈原遭到了令尹子兰等人的倾陷排挤，被流放到大江以南。

从此，饱受各种政治打击的屈原，怀抱着拯救祖国的无限热情，内心忍受着无穷的痛苦，开始了十多年的流放生活。

在他六十二岁那年，秦国派遣大将白起攻破了郢都，楚国已经面临着亡国的危险，屈原的心中充满了无限的悲痛，正如他自己所说："旧愁未去，又接上了新愁。想到郢都的收复遥遥无期，就像江水与夏水没有尽头。"（白话翻译系根据郭沫若《屈原赋今译》，下同）他感到悲惨万端，有苦难言。他怀着对故国的满腔赤诚，写下了如此动人的诗句：

啊，我在向四方远望，
要几时才能再回故乡？
飞鸟一定要归巢，
狐死，头向着山冈。
我无罪而遭流窜，
日日夜夜心中不忘。

就在这年，屈原终于以身殉国，投进汨罗江中而死。

屈原是一个伟大的诗人，他写下了许多杰出的诗篇。他的作品流传到现在的有《九歌》《天问》《离骚》《九章》等二十五篇，大部分是可靠的。他在古代中国诗歌创作史上掀起了一次大的革命。他吸取了民间歌谣体的优点，并且发展了这种优点，形成了自己独特的创作形式——"楚辞"，给后世两千多年的中国文学带来了极其巨大的影响。他在年轻得意时写的作品，大多是一些祭神的歌辞，文字清新、生动，音调铿锵、玲珑。读后令人有一种沐浴在春天的和风之下听泉声、鸟语的感觉。他流放时写的作品，在思想性和艺术性上都达到了很高的境界，内容充满了忧国忧民的感情，悲愤、沉痛、抑郁、奔放，读后会使人产生一种四野茫茫、雷鸣闪电、狂风暴雨即将横扫一切的心情。

他的代表作《离骚》，就是他遭到流放后所写的一篇最宏大的抒情诗。在诗中，他给予了人民极深厚的同情，写下了这样的句子：

我哀怜着人民的生涯多么艰苦，
我深长地叹息禁不住要洒下眼泪。

在另一篇流放后的作品《抽思》中，作者写下了这样的诗句：

想率性离开故乡跑向国外，
看到人民的灾难又镇定下来。

郢都破后，作者怀着对祖国的无比热爱，在《哀郢》一诗里写道：

登上大堤，我向远方眺望，
姑且这样，以疗慰我的悲伤。
可爱的国土呵，无边的沃壤，
水乡的民俗这样古朴纯良。

这些诗渗透了作者高洁的情操，说明了作者伟大的人格。中国人民热爱屈原的人格，也热爱屈原美丽的诗篇。

（王业猷）

# 都江堰　郑国渠

都江堰是秦昭王在位（公元前306—前251）时蜀守（蜀郡的长官）李冰兴建的（一说是公元前250年秦孝文王时李冰担任蜀守时兴建的）。四川都江堰市、成都一带，正当岷江从西北多山地区流经成都平原南向注入长江的去道上。水在山间流得很急，一到平原，流速顿减，水中挟带的泥沙随着沉积下来，容易堵塞河道。因此每年一到夏季，岷江水势骤涨，常发生水灾，水退之后又常有局部旱灾。怎样克服水旱灾害以保证农业丰收，这是古代四川人民长期以来最希望解决的一个问题。

李冰担任蜀守时，吸取了前人治河的经验，视察了都江堰市一带的地势，找出了岷江泛滥的关键，研究了防治洪水的方法。他和儿子二郎一起，领导当地的人民，就地取材，经过长期艰辛的劳动，最后完成了这项闻名于世界的，我国古代最大、最成功的水利工程——都江堰（古书上叫作"都安堰"）。

这项工程，修建在都江堰市城外，是一个综合性的防洪灌溉系统，主要工程包括：起分水作用的"都江鱼嘴"；保护河岸、减少流水冲刷力量的"百丈堤"；隔离岷江内、外江水道的"内金刚堤"和"外金刚堤"；宣泄内江过多水量的溢水坝——"飞沙堰"；弧形的护岸建筑"人字堤"；以及人工开凿的内江通道"离堆"和"宝瓶口"。从百丈堤到宝瓶口，各项工程连绵共约三公里。内江经过宝瓶口流到都江堰市东南分成三大支流，输水灌溉农田；外江向正南流，沿途分成六大支流，输水灌溉农田。总计分支流有五百二十多条，分堰有二千二百多道，渠道总长约一千一百六十五公里，灌溉面积合古代亩数三百多万亩（古代每亩合今亩五分二厘）。

都江堰修成后，完全改变了成都平原的面貌。从那时起，直到现在，二千二百多年来，这一工程一直都在为农业生产服务。

郑国渠开在陕西的渭河平原上。这里原是黄土冲积地带，由于雨量较少，常闹旱灾，所以粮食产量不高。公元前246年，秦王嬴政采纳韩国水利专家郑国的建议，从谷口（今陕西礼泉县北）起，开凿渠道，引泾水直达中山（今陕西泾阳县北），又向东通到洛水，这就是著名的郑国渠。渠道共长三百多里，灌溉了今天泾阳、三原、高陵、富平、蒲城、白水等县合古代亩数四百多万亩的田地。

自郑国渠修成后，关中一带变成了沃野，免除了严重的旱荒威胁，平均每亩田地的产量都达到"一钟"（合六斛四斗）。

（王业猷）

第二编

# 秦灭六国

秦统一全国是在公元前221年。

原来秦国自从商鞅变法以后，经过一百多年的时间，发展生产，养精蓄锐，越来越富强。公元前246年，秦王嬴政即位，积极地向各国展开了军事攻势。公元前230年灭韩国，前228年灭赵国，前225年灭魏国，前223年灭楚国，前222年灭燕国，前221年最后灭齐国。十年之间，次第灭掉各国，结束了战国时代分裂割据的局面，建立起中国历史上第一个统一的封建王朝——秦。

统一国家的诞生，有很多好处。

从此，自春秋战国以来，那种经常动员人畜、转运粮秣，兵不解甲、马不离鞍，"争地以战，杀人盈野；争城以战，杀人盈城"，生产破坏、人众流亡的争战局面，可以大为减少，人民也可以在比较安定的环境里生产和生活了。

从此，那种因分裂而各造堤防，天旱为了争夺水利相互征伐，天涝放水别国以邻为壑的现象，可以免除了——水利由统一的政府统一管理，对农业生产更为有利。

从此，割据时期造成的此疆彼界以及其他各种限制人们交往的人为障碍，可以取消了；东方的盐铁和海产，南方的木材和矿产，西方的皮毛和珍宝，北方的马匹和牛羊……可以相互流通，运往各地了。这对进一步巩固和发展各族人民共同的经济和文化，显然是大有好处的。

从此，在统一的国家里，可以更好地动员和组织全国的人力、物力，加强国防，保卫人民的生产与生活。

总之，秦的统一，是适应当时社会发展的趋势，符合广大人民的利益和要求的，具有重大的进步意义。

（王克骏）

# 秦始皇

秦初灭六国，秦王嬴政觉得天下已大定，若"名号不更，无以称成功，传后世"，就下令叫大臣们讨论换个称号。大臣王绾、冯劫、李斯等认为秦统一全国，功业"自上古以来未尝有，五帝（传说中的五位古代帝王）所不及"，古代有"天皇""地皇""泰皇"（均为传说中的古帝王），"泰皇"最贵，因此共上尊号，建议秦王称"泰皇"。秦王嬴政去"泰"留"皇"，采上古的"帝"号，号曰"皇帝"，自称曰"朕"（当"我"讲，古代无论尊卑均可称"朕"，秦以后只能天子一人独称）；并且决定从自己起，称"始皇帝"，子孙后世以数计，称"二世"，称"三世"……依数类推，至于千世、万世，传之无穷。

秦始皇采取了一系列加强中央集权国家统治的措施：

1.确立中央集权的政治制度。

皇帝是全国至高无上的统治者，掌握国家政治、经济、军事各方面至高无上的大权。皇帝以下，在中央，设置丞相、太尉、御史大夫和廷尉等官职。丞相辅佐皇帝处理国家大政，是最高的文官；太尉掌管全国的军事，是最高的武官；御史大夫管监察百官；廷尉掌理中央刑狱。这些官都由皇帝任免和调动，不得世袭。在地方，彻底废除分封诸侯的办法，把郡县制度推行到全国。分全国为三十六郡（秦始皇末年，因疆域扩大，增至四十余郡），郡下设县。郡有郡守，县有县令或县长（万户以上县称令，不满万户县称长），分别负责管理一郡、一县的政事。郡、县都设尉，管理军事。郡又置监御史，监视郡守、监察郡政。这些官吏都由中央政府直接任免。县以下还有"乡""里"等行政组织。实行郡县制度，中央政府的权力可以直接下达至各地，避免了地方的割据称雄，巩固了国家的统一。

2.统一文字和统一车轨与度量衡。

战国时，各国的田亩大小、车轨宽窄、法律法令、服装制度、语言文字等都不一样。秦统一后，这种紊乱现象当然不能被容许再存在。秦始皇命李斯等以原来秦国的文字为基础，制定出一套笔画比较简便的新文字——小篆，通令各地使用，六国的文字与秦不合的都废弃。后来程邈又根据民间流行的字体，整理成一种比小篆还要简便的隶书，书写起来更方便。同时，秦始皇还下令统一全国车轨的宽窄，又把原来秦国的法律施行于全国；另外还统一了钱币的形制，统一了度量衡的标准。

这些措施，实际上是对当时社会的一种重大改革，而这种改革又完全顺应当时统一的政治局面要求，并为以后经济和文化的进一步发展带来了很大好处。

但是，这些新的政策和措施，引起了不少守旧势力的反对。他们引经据典，利用古书上的话做根据，对政府进行恶意批评。秦始皇召集群臣商议，丞相李斯说："时代变了，制度办法也必须跟着变，古代的制度，在古代是好的，但在今天就不能再用。有旧思想的人，随意批评法令，既影响政府威信，又容易混淆是非。"他主张：除秦国的历史记载以外，凡是六国的史书和民间收藏的《诗》《书》诸子百家等典籍都一律烧掉；以后还有人在一起谈论这些古籍内容的，处死刑；引用古书批评当世的，杀全家。秦始皇采纳了这个建议，于是在公元前213年下令焚书。除一部分农、卜筮（古代用蓍草占卦，叫筮）、医药等书未烧外，很多重要的文献古籍，都在这次焚书令下被烧毁。焚书的次年，秦始皇又下令把四百六十个儒生在咸阳活埋，罪名是"为妖言以乱黔首（老百姓）"。所谓"妖言"，指的是这些儒生对新政的指责和对秦始皇的诽谤。

"焚书坑儒"，对于维护新的中央集权的政治制度和压制落后反动的思想言论来说，有一定的作用，但是，"焚书"对古代文化是一种很大的摧残，"坑儒"影响了人民对政府的正确批评，这也是无可讳言的事实。

不过，总体来讲，秦始皇所做的上述事业，都有利于统一国家的形成，因此，他成为历史上一个杰出的皇帝。

（王克骏）

# 灵渠

公元前214年，秦始皇命令天才水利工程师史禄负责领导人民开通灵渠。

灵渠在今广西兴安县城附近，是沟通湘江与漓江的一条人工运河。原来，湘江和漓江都发源于广西。湘江从临桂海阳山向东北流，经过湖南省，注入洞庭湖，流进长江；漓江从兴安唐公背岭向东北流，后转向西南，注入桂江，加入珠江流域系统。这两条水虽然流向不同，可是它们上游的距离却很近。灵渠就是选择在它们相距极近的适当地点开凿的。全部工程大概是这样：

先在今兴安县城东北不远处的分水塘村，开凿两条人工渠道，一条北渠，一条南渠。然后在湘江河道中填土叠石，砌成一座分水的石堤——"分水嘴"（因形状像铧，故古书上都称"铧嘴"或"铧堤"），将湘水分而为二：一部分水流进北渠，注入湘江；一部分水流进南渠，注入漓江。北渠长约两公里，南渠长约三十三公里；渠身翻山越岭，工程异常艰巨。南渠亦称灵渠（因漓水又叫灵河，故渠由此得名），又称兴安运河。灵渠流过的地方，都是高地，为了便于船只航行，在渠中设立了很多"斗门"（早期的船闸）。平时，用闸将渠水分段蓄积起来，像楼梯一样分成一级一级的。每当船只由湘江上溯，来到这里的时候，先闭后闸，再启前闸，使水流平，船只便上进一级，这样，船只级级上进，便可安然翻过高地。反之，船只若由漓水经灵渠驶入湘江，由高处往低处走，那么，就按照相反的道理，先启前闸，使水流平，再闭后闸，然后再前进。

灵渠扩大了我国古代内河航运的范围。自从灵渠修成后，湘、漓两江达成一气，长江流域和珠江流域两水系发生了密切关系；我国南北的交通又开辟了一条新的途径，除陆路外，又增添了水路。

（谢承仁）

# 孟姜女哭长城

匈奴是秦朝北方的劲敌。

战国时，秦、赵、燕三国都与匈奴为邻，它们都在与匈奴接壤的边界上修筑了长城，并且还派重兵把守，以防御匈奴。公元前215年，秦始皇派大将蒙恬率领大军三十万人，北击匈奴，收复了过去被匈奴强占的河南地方（今内蒙古自治区黄河以南的河套地区）。

为了进一步巩固边防，蒙恬奉命把旧日秦、赵、燕三国的长城连接起来，加以修整，筑成了一道西起陇西郡的临洮（今甘肃岷县境）、东至辽东郡内（今辽宁省辽阳县北）[①]，长达五千余公里的古代世界最伟大的工程——万里长城。此后，历经两汉、北魏、北齐、北周以至隋，各朝都对长城有所修缮。特别是明代，几乎对长城加以全部整修。今天我们所见到的长城，西起嘉峪关（在甘肃省），东到山海关（在河北省），像一条长龙似的蜿蜒起伏于崇山峻岭中。这条气势雄浑、壮丽、令人叹服的长城，主要是明朝人遗留下的成绩。

秦始皇派兵北击匈奴，并令蒙恬率众修筑长城，这对防守秦朝的北疆和

---

① 今辽宁省辽阳市北。

保卫黄河流域一带人民的生活与生产，是有着极大意义的。但是，秦刚灭六国不久，人心未定，创伤未复，如此过早、过急、过猛地动员大量的人力和物力，来修筑这样规模巨大的工程，毫无疑问，是会给人民增加负担的。加之秦始皇在位期间，短短十几年，一方面做了很多有利于国家统一的好事情，另一方面也做了不少劳民伤财的坏事情。他听信方士们的胡言妄语，迷信神仙长生不死之说，屡次派人远航海外，访仙求药，浪费了大量金钱。为了显示威风，他不断巡游各地，到处登山刻石，炫耀功德。他足迹所至，东北到过今天的河北省昌黎县，东南到过今天的浙江省绍兴市，南边到过今天的湖南省宁远县。有一次，他想南巡到衡山，舟行至湘山（在今湖南湘阴县北），遇到大风，不禁大怒，命三千刑徒将山上的树木完全砍光，向湘神表示皇帝的威力。他滥用民力，强迫人民给自己修筑生前居住的宫殿和死后安眠的坟墓。著名的阿房宫和骊山陵，工程之大，空前未有。单是这两项工程就征调了七十多万人。据说，阿房宫前殿，东西五百步，南北五十丈，庭中可以坐一万人，殿中可以竖立五丈高的大旗；宫前有十二个铜人，各重二十四万斤。骊山陵高五十余丈，周围五里余；墓中有宫殿和百官位次，内藏珠玉珍宝无数，还用水银造成江河大海，象征山川形势。

　　苛重的赋税与劳役，把人民推向了痛苦的深渊。在秦始皇的统治下，人民表面上暂时不敢说话，实际上内心里却充满了反抗的怒火。孟姜女哭长城的神话故事，就是反映了人民这样一种心理。

　　一对新婚的夫妇，男的名叫范喜良，女的名叫孟姜女，正在欢度婚后的蜜月，忽然男的要被征发到北方去修筑长城，命令下来，丈夫不得不走。范喜良和孟姜女各怀着生离死别的悲哀，被强逼着分开了。

　　岁月一天一天地消逝，范喜良一去杳无音讯。孟姜女日夜想念着丈夫。她满怀着与丈夫相会的急切心情和希望，跋涉千山万水，来到了长城边，想探访自己丈夫的下落。

可是，她的希望破灭了，范喜良早已在沉重的苦役下死去。孟姜女看到了长城，没有看到丈夫，她的心碎了。她放声痛哭，哭声震动了天地。她悲愤的眼泪飞溅到城墙上，把长城冲塌了一道四十里长的缺口。

孟姜女哭倒长城的故事，起源于何时，现已不可知。根据南宋人周蝉所著的《北辕录》记载，远在南宋时，人们便给孟姜女这位传说中的人物修了庙，塑了像，把她当作神灵来供奉。这说明，孟姜女的遭遇，得到了广大人民的同情；孟姜女哭倒长城的传说，表明了暴力压迫下的千千万万人民的积愤及其所显示的力量。

后来，秦朝的统治就在各地愤怒人民的起义声中坍垮下去了。

（谢承仁）

# 陈胜　吴广

　　《汉书·食货志》描述秦统治者剥削农民的情形："男子力耕不足粮饷，女子纺绩不足衣服。"可见，当时农民所受的痛苦是如何严重。秦朝残酷的统治，引起了全国普遍的反抗。在秦始皇还活着时，社会就已经显现出了不安的前兆。公元前211年，有陨石落在东郡（今河南濮阳县）①，当地的老百姓在上面刻了"始皇帝死而地分"七个大字，表示对他的愤恨。第二年，秦始皇死后，他的儿子胡亥继位，称二世皇帝。二世杀死他的哥哥扶苏和大将蒙恬，任用宦官赵高专擅朝政，对农民进行敲骨吸髓的榨取。在这种情况下，广大的农民忍无可忍了，终于，中国历史上第一次农民大起义爆发了。

　　公元前209年的秋天，蕲县（今安徽宿县）②大泽乡一带，淫雨连绵。一队九百个面色愁苦愤怒的人们，在大雨滂沱的泥泞路上行进。他们是被征调到渔阳（今北京市密云县）③去戍边的农民。大雨把他们阻隔在这里，

---

① 今河南濮阳市。
② 今安徽宿州市。
③ 今北京市密云区。

耽误了他们到达渔阳的限期。按照秦朝的法律，误了期是要判死罪的。死亡威胁着这一群人，那么他们怎么办呢？其中有两个屯长（带队的），一个是雇农出身的阳城（今河南登封）人陈胜（又叫陈涉），另一个是贫苦农民出身的阳夏（今河南太康）人吴广，他俩计议道：现在就是赶到防地，也是被杀，与其被杀，不如死中求活，反抗秦朝，做一番大事业；天下人久已痛恨秦的暴虐，如果起来反抗，响应的人一定很多。两人商量后，决定起义。他们先把督率他们前往渔阳戍守的将尉（率领戍卒的官）杀死，然后用话激被征的戍卒，说："大家遇雨，已过限期，过期当斩，纵然不斩，到达戍地，十之六七也是死。大丈夫不死便罢，死应死得值得。王侯将相，难道是天生的？"这番话，博得了九百戍防失期的农民的一致拥护，大家立即推举陈胜为将军，吴广为都尉，正式宣布起义。

九百人起义以后，首先攻下了大泽乡，接着攻下了蕲县，在一个月之内，次第攻占了许多地方。各地农民闻信后，拿起农具、竹竿、木棒，踊跃参加起义军。当起义军进入陈（今河南淮阳县）[①]地时，已经有六七百乘车，一千多骑兵和好几万步兵了。起义军攻下陈地后，为了加强号召，大家拥立陈胜为王，国号"张楚"，建立起了起义军的政府。"张楚"是张大楚国的意思。因为陈胜等起义的地区在原来楚国的境内，而战国时楚国又是仅次于秦的强国，有很大的潜在势力，所以用"张楚"为号，以便加强反秦的号召力量。这时，反秦的浪潮已经席卷全国，各地人民纷纷揭竿而起，杀死当地秦朝官吏，响应陈胜，公认他是起义军的首领。甚而旧六国的贵族也趁机而起，反抗秦朝。

陈胜以陈地为中心，向四方发展，并派周文（又名周章）率主力军往西直攻秦朝的都城咸阳。周文的军队声势浩大，沿途有很多农民参加，等攻到

---

① 今河南省周口市淮阳区。

函谷关的时候，已经有车一千乘，战士数十万了。起义军入关之后，一直打到离咸阳不到一百里的戏（今陕西临潼境内）地。秦二世惶骇万分，赶忙征发所有修筑骊山陵墓的徒役，武装起来，命大将章邯率领，前来迎战。周文的起义军虽然人数很多，但因是短时期内发展起来的，既缺少作战经验，也缺乏战斗训练，所以被秦军打败，退出函谷关。章邯追击起义军，周文沿途抵抗，接连战败，队伍损失过重，不能作战，周文自杀。

章邯继续东进，各路起义军多遭失败，吴广被部下杀死。章邯进攻陈地，陈胜兵少不敌，向东南退却，途中被叛徒——车夫庄贾所杀。

陈胜、吴广领导的大泽乡起义，从开始到失败，虽只短短六个月，但是由他们所引发起来的反秦风暴，却愈来愈猛烈。最后，秦朝的统治，终于被农民军推翻。

（谢承仁）

# 约法三章　鸿门宴

　　陈胜、吴广起义失败后，在许多起义军中，以项羽和刘邦领导的两支起义军，成就最大。

　　刘邦，沛（今江苏沛县）地人，农民家庭出身。他的哥哥是种地的能手，他的妻子也曾参加田间劳作。他在秦朝当过亭长（秦于郊野设亭，十里一亭，亭有亭长）。有一次，他负责押解一批人到骊山去服徭役（古时统治者强制人民给他服的劳役），半路上跑掉了很多，他知道自己反正交不了差，便索性把其余的人都放掉。其中有十几个壮士愿意跟随他，和他一起逃。他们怕人追赶，不敢走大路，打算趁天黑抄小道逃走。不料走到一处水边，忽然遇到一条大蛇拦在路上，走在前面的人都吓得退了回来，不敢过去。这时刘邦正喝了酒，醉沉沉的，一点也不害怕。他拔出剑说："大丈夫，怕什么！"说时挥剑将蛇斩成两段。众人都佩服他勇敢，他自己也为此感到骄傲。

　　陈胜、吴广起义的消息传到沛县，刘邦认为时机已到，立即聚众响应。他在萧何、曹参、樊哙等人的支持下，占领了沛县，被推立为沛公，手下很快就有了三千人。项羽的叔叔项梁起兵后，刘邦率众投奔项梁，势力逐渐强大。陈胜死后，项梁接受谋士范增的建议，拥立旧楚怀王名叫心的孙子做楚王（仍称楚怀王）。不久，项梁和秦军作战，战败牺牲。

公元前207年，秦将章邯围攻在反秦斗争中建立起来的赵国，赵国危在旦夕。楚怀王派宋义、项羽等领兵救赵，派刘邦西向攻秦，并且和诸将相约：谁先灭秦，谁就做关中王。关中系指函谷关（在今河南省西部）以西，散关（在今陕西省西部）以东，二关之中一带地区。

当项羽军在今河北平乡一带牵制住秦军主力并和秦军主力展开决战时，刘邦却趁此机会，在几乎没有遇到多大抵抗的情况下，很快便打到了咸阳附近的霸上。

而这时，秦政府内部已经极度混乱。权臣赵高逼死秦二世，另立子婴为秦王，子婴又把赵高杀死。刘邦的军队打来，秦王子婴无力抗拒，只好捧着秦始皇传下的玉玺、兵符到刘邦军前投降。到此为止，秦朝的统治便正式被推翻了。

刘邦进入咸阳，接受了张良等人的劝告，将秦宫中的财物珍宝封存不动，然后还军霸上，向关中人民约法三章：犯杀人罪处死刑，伤人及盗贼按轻重治罪。并且宣布废除秦朝的苛法，安定社会秩序，受到了关中人民的热烈欢迎。"约法三章"的成语，就是这样来的。

项羽在消灭秦军主力后，这才引军西进，他在途中听说刘邦已经先破咸阳，心中不禁大怒。他带领四十万大军攻破函谷关，打进关中，把军队驻扎在鸿门，离刘邦军队的驻地霸上有四十里。刘邦的军队只有十万人，和项羽相比，两军势力相差悬殊。范增劝项羽不要错过机会，加紧进攻刘邦。项羽的叔父项伯，因和刘邦的部下张良相好，怕战争发生后，张良遭到危险，连夜把这机密透露给张良，建议他赶快离开那里。张良又把这个消息告诉刘邦。刘邦惊恐，求项伯在项羽面前替自己疏解，说明自己先入关中毫无野心，请项羽千万不要多心。

第二天，刘邦亲自带着一百余骑人马到鸿门来拜谒项羽，向项羽解释。

项羽在鸿门军帐中设宴招待刘邦。酒席间，范增屡次给项羽暗示，要他将刘邦杀掉，项羽只装没有看见。范增着急，借故退席外出，把项羽的叔伯弟弟项庄找来，要他进去舞剑，顺手将刘邦杀死。项庄答应，进帐敬酒，敬完酒，说："军中酒宴没有音乐，让我来舞剑助兴。"项羽点头同意，说道："可以。"于是项庄拔剑起舞。项伯看出项庄不怀好意，也拔出剑来和项庄对舞，常用自己的身子遮护刘邦，使项庄不能下手。张良眼见事情危急，忙出帐来找樊哙。樊哙满脸怒气，手执宝剑盾牌，冲进帐中。项羽大吃一惊，问是什么人，张良回答说："这是沛公带的人，名叫樊哙。"项羽赐樊哙喝酒吃肉。樊哙把盾牌覆在地上，一面喝酒一面用剑在盾上切肉大嚼，意气豪壮，旁若无人。

刘邦见势不妙，借口小便，招樊哙出帐，然后和樊哙等数人偷偷从小路逃回霸上。临走时，让张良献给项羽白璧一双，送给范增玉斗一双，作为谢礼。范增见刘邦逃走，十分气恼，他把玉斗放在地上，拔出剑来狠狠砍成碎片，然后愤愤地对项羽说："你真成不了大事！将来和你争夺天下的，不是别人，就是沛公。从此以后我们都要做他的俘虏了。"这就是"鸿门宴"的来历。

鸿门宴后，项羽引兵入咸阳，杀秦降王子婴，放火烧毁秦宫室，大火三月不熄。关中人大为失望。

这期间，项羽的势力最为强大。在他的强力支配下，他分封了十八个王，自立为西楚霸王。刘邦没有做成关中王，被封为汉王，都城在南郑（今陕西南郑县）①，虽然心中很不满意，但由于力量敌不过项羽，也只好忍气吞声，暂时屈服。

（谢承仁）

---

① 今陕西省汉中市南郑区。

# 破釜沉舟　四面楚歌

　　"破釜沉舟"和"四面楚歌"这两个典故，说的是项羽率楚兵救赵，大破秦军主力，和后来与刘邦作战，被围垓下，兵败自杀的故事。

　　项羽是旧楚国大将项燕之孙，勇武威猛，青年有大志。秦朝末年，他跟随叔叔项梁杀死秦朝的会稽郡守，举兵反秦，响应陈胜、吴广。

　　项梁最初有精兵八千人，分兵略地，屡次打败秦军，势力日益壮大，产生了骄傲心理。

　　公元前208年秋天，秦将章邯在定陶（今山东定陶县）①大破项梁军，项梁战死。随后，章邯率军渡河，向北攻打赵国，包围巨鹿（今河北巨鹿县）。公元前207年，楚怀王命宋义为上将军，项羽为次将，引兵救赵。宋义行军至中途，逗留四十多天不肯前进。当时天寒，兵士无衣无食，而宋义却天天饮酒高会。项羽一怒，把宋义杀掉。楚王命项羽为将，带着军队继续前进。楚军渡河，项羽下令把全军的饭锅统统砸破，把所有的渡船一律凿沉，把全部的营帐完全烧毁，士兵们每人只带三天的干粮，准备和秦军决死战斗，不得胜利，绝不生还。楚军这种抱着战死决心以求胜利的精神，是十

---

　　① 今山东菏泽市定陶区。

分感动人的。所以，后世人便把不顾一切，决心做成一事的行为，比喻为"破釜沉舟"。

这时，救赵的军队，除项羽率领的楚军外，还有十多支，但是都害怕秦军，各筑堡垒自守，谁也不敢出去交锋。项羽军开到，与秦军大战；楚军个个奋勇，以一当十，九战九捷。各国诸侯将领站在壁上观战，看见楚兵勇猛冲杀的情景，都呆了。

楚军大破秦军，项羽召见各国诸侯将领，各诸侯将领进入楚军辕门，慑于项羽威风，都跪着爬行向前，不敢仰视。从此，各国军队都隶属他麾下，他成了"诸侯上将军"。

后来，章邯势穷，投降项羽。项羽把二十多万投降的秦国兵士全部坑杀，把秦军的主力全部消灭了。

项羽率军入关中，进入咸阳后，屠杀人民，引起了人民的普遍怨恨。他还大封诸侯王，这是违反当时人民渴望统一的愿望的。他在分封时，封什么人为王，封做什么王（做拥有多大势力的王），只根据自己的好恶随意决定。许多得封的和不得封的将领，都不满意项羽这种措施，他们纷纷起兵反抗，和项羽展开了激烈的争夺政权的斗争。

刘邦趁此机会夺取民心，养精蓄锐，逐渐统一了关中，然后以关中为根据地，东向联合各诸侯，进一步同项羽争天下。

从公元前206年到公元前202年，楚汉相争持续了五年。五年间，楚汉大战七十次，小战四十次，刘邦屡战屡败，身受重伤十二次。项羽在军事上虽然节节胜利，可是在政治上却遭到很大失败。他要把历史拉回到割据分裂的状态，因此得不到人民的支持和援助。这是他走向失败的主要原因。他残暴好杀，人民都很怕他，对他表示厌弃。他不如刘邦会用人，而且刚愎自用，有一范增而不信任，这就更促使他走向失败。

公元前202年，项羽全军被刘邦包围在垓下（在今河南鹿邑县境，一说在今安徽灵璧县境内）①。为了瓦解楚军斗志，刘邦命令士兵四面唱起楚歌。楚军听了，人人思乡厌战，军心大为动摇。项羽听到歌声，以为汉军已尽得楚地，万分惊疑。这天深夜，项羽置酒帐中，痛饮解愁。

他心绪十分烦乱，想来想去，除了突围，毫无办法。他决定突围而走。突围的前刻，他对着自己宠爱的美人虞姬和常骑的骏马乌骓，唱出了一首慷慨悲壮的歌，歌道：

力拔山兮气盖世，

时不利兮骓不逝。

骓不逝兮可奈何，

虞兮虞兮奈若何！

歌毕，挥泪上马，带着众人舍命冲杀。最后他虽然冲出了重围，并且杀死、杀伤汉军无数，逃到乌江边，然而终于还是在汉军的追击之下，走投无路，不得不自刎而死。

项羽的失败，给了后代极深刻的教训。后世把失道寡助的人的遭遇，比作"四面楚歌"。

（谢承仁）

---

① 在今安徽固镇东北、沱河南岸。

# 汉初三杰

秦被推翻后所出现的楚汉相争局面，经过四五年的混战，到公元前202年告一段落。汉王刘邦取得了最后胜利，建立了一个在历史上比秦更加强大的国家，国号汉，建都长安（今陕西省长安县西北）[①]，习惯上称为西汉或前汉。刘邦做了这个朝代的开国皇帝，就是后世所称的汉高祖。

汉高祖刘邦有一次对人说："出谋划策，决胜千里，我不如张良；安抚百姓，筹集粮饷，我不如萧何；带着百万大军，攻必胜，战必取，我不如韩信。这三个人，都是人杰啊！"

刘邦所赞扬的这三个人，就是历史上所称的"汉初三杰"。他们对于汉朝的建立都是有贡献的。

张良，字子房，先世为韩国人，出身于贵族家庭。他年轻时，韩国被秦国所灭，他为了替韩国报仇，把家财散尽，结交了一个大力士。公元前218年，这位大力士拿着一柄一百二十斤重的大铁锤，在博浪沙（今河南原阳县）地方行刺秦始皇，没有打中本人，只打中了副车。秦始皇大怒，下令到处搜索刺客，张良在此藏身不住，只好改名换姓，逃避他乡。传说在逃难期

---

① 今陕西省西安市西北。

间，有一次，他在一条河边遇见一个老人故意把鞋掉到桥下去，老人冲着他很不客气地说："小孩儿，给我把鞋捡上来！"他一听心里直冒火，怎么这个人这么大模大样随便乱支使人？但是转而一想：他年纪大走不动，替他捡捡又何妨？于是便走到桥下替老人把鞋拾了起来。谁知老人这时又把脚一伸，说："给我穿上！"张良差一点气得要发作，不过他又转而一想：给老年人做点事也没有什么不应该，何必计较他的态度。于是他又恭恭敬敬地帮老人把鞋穿上。鞋穿好后，老人连"谢"字也没有说一个，扭转身就走了。张良望着老人的背影，看着他慢慢走开，觉得这人十分奇怪。不料过了一会儿，老人忽然走转回来，笑着对张良说："很好，你这小孩儿可教！记住，五天后一早到这里来会我。"过了五天，张良抱着好奇的心理真的起了个早，赶到桥边来会老人，没想到老人却比他早到。老人一见他晚来，就发怒道："与年老人约会，为什么迟到？去！再过五天后早点来！"又过了五天，这次张良一听鸡叫就起床，他自以为今天一定不会晚，谁知到桥边一看，老人比他到得更早。老人见了他，又非常生气地说："怎么又迟到？回去，再过五天后来！"再过了五天，张良不等半夜就到桥边去等着，这回总算没有迟到，过了一会儿老人才来。这次老人很高兴，点了点头说："应当这样。"说时便从袖中拿出一部兵书送给他，鼓励他好好学习。从此，张良便用功学习兵法。后来刘邦起兵，他便参加了起义军，做了刘邦的谋士。他辅佐刘邦入关灭秦，立有很大功劳。楚汉战争时，他建议不立六国后代，免得天下又恢复到战国时期那种分割的局面；同时，他还建议用利禄笼络韩信，联络英布、彭越，全力对付劲敌项羽。刘邦完全采纳了他的建议，因之加速了战争的胜利。汉朝建立后，他被封为留侯，受到了汉政府极大的优待。

萧何和刘邦是同乡，公元前209年，辅佐刘邦起兵，立有大功。当起义军打进咸阳时，别的将领多只注意金帛财物，而他却独具远见，把注意力放在秦政府的各种档案文献上，因而一到咸阳，便将秦丞相府、御史府的图书律令全部接收过来。由于汉军掌握了这一份重要的资料，所以刘邦对于全国的山川险要、郡县户口以及社会情况的了解，比起其他起义军领袖来，要更加清楚、全面得多。这一点，对于汉的迅速统一，是起了一定作用的。萧何是一个善于知人的人。韩信的被重用，就是由于他的极力推荐。最初，韩信在刘邦军中因未被重视，开了小差，萧何听到消息后连忙放下工作，亲自去追赶。刘邦问他为什么别的人不追，单追韩信一个人。他回答说："韩信有大将之才，若要争天下，非重用韩信不可。"刘邦听了他的话，真的就拜韩信做了大将。后来，韩信在汉的开国事业中，果然立下了不世的功勋。在楚汉剧烈斗争的那些艰困年代里，萧何以丞相身份留守关中，转运粮饷，补充兵源，使得刘邦虽然屡屡战败而仍有余力来对付项羽，终至取得最后的胜利。汉统一天下后，刘邦感念他的功绩，封他为酂侯。汉初采取"与民休息"的政策，他在当中起了很大的作用。他死后，曹参继他为丞相，基本上仍按照他生前所定的一些规章制度办事，继续执行"休养生息"的政策。所以历史上常把他们两人相提并论，称之为"萧规曹随"。

韩信，淮阴（今江苏淮阴）人，出身贫苦家庭，起初在项羽部下，后归刘邦，被任为大将。在汉统一战争中，他表现出了极其杰出的军事才能。比如，他曾以数万之众，以少胜多，大败赵军二十万，就是一个突出的例子。在这次战争刚开始时，他一方面调遣轻骑兵两千人，每人持一面红旗，从小道出发，到赵军大营附近埋伏，并吩咐他们趁赵军出营追击汉军的机会，进入赵营，将赵军的旗帜完全拔掉，换上汉军的红旗；另一方面，他把自己的营盘故意扎在背靠着河流的地方，这从表面上看是违反兵法的。敌军看见他背水为阵，都笑他不懂兵法。他自己的部下见他这般布置，也都感到十分纳闷。可是他本人却满怀着胜利的信心。临战前，他下令军中说："今日破赵以后再饱食。"诸将虽然口里都勉强答应"是"，其实心里一个个都在暗自嘀咕。等到战斗开始，两军接战，相互奋勇厮杀。汉军假装败退，将军旗战鼓抛弃满地。赵军出营追击，得意忘形，只顾争着捡拾地上的战利品。汉军退到河边，无路可退，反身再战，勇猛无比。赵军不能取胜，打算收兵回营。不料这时预先埋伏在赵营周围的两千骑兵，已经建立了战功，把赵军的旗帜完全换成了汉军的旗帜。赵军看见到处汉旗飘扬，不禁大惊，以为汉已破赵，于是抛甲弃戈，纷纷遁走。汉军四面夹击，大破赵军，阵斩赵军主将陈余，取得了辉煌的胜利。战争结束后，韩信的部下问他："为什么不依兵法，背水为阵反而取得胜利，这是什么道理？"他回答说："我这种做法，并没有违反兵法，只是诸君没有仔细考察兵书罢了。兵书上不是说过'陷之死地而后生，置之亡地而后存'这样的话吗？我之所以要背水为阵，就是根据这个意思。我知道，我在军中时间不长，还没有真正建立起威信，一旦军士们面临着生死关头时，是很难听我的命令的，我若不把他们置之死地，使人自为战，哪能死中求生；相反，若把他们置之生地，有路可逃，一到战争激烈时，他们会一个一个地逃走，哪里还会有今天这个胜利？"诸将听了都认为他说得很有道理，都非常佩服他的军事才能。从此，大家才知道，原来韩信是一个很会灵活运用兵法的人。韩信为汉的开国立下了不朽之功，汉朝建立后，他被封为楚王，后被降为淮阴侯。公元前196年，他被刘邦的妻子吕后所杀。

（易惠中）

# 汉武帝

汉朝初年，统治者接受秦亡的教训，对农民采取让步政策，减轻剥削，奖励农耕，给了人民暂时喘息的机会。经过汉初六十多年休养生息的时间，自秦末以来遭受严重破坏的社会生产，终于在全国人民的辛勤劳动下，得到了恢复和发展，并且逐渐超过了战国时期的经济繁荣。相传文帝、景帝时，国家财货充积，人民安居乐业，社会出现了富庶景象，所以历史上称之为"文景之治"。特别是景帝时，削平了以吴王刘濞（bì）为首的吴、楚等七国贵族的叛乱，进一步加强和巩固了中央集权的统治，为汉朝的兴隆与统一奠定了可靠的基础。汉武帝凭借着这样的物质基础，做出了许多轰轰烈烈的事业。

汉武帝刘彻，是汉朝开国后六十七年登上帝位的皇帝。他十六岁登基，一共统治了五十四年（公元前140—公元前87）。

"罢黜百家，尊崇儒术"，是他接受大儒董仲舒的建议后所采取的一项从思想上巩固中央集权政治的重要措施。董仲舒把孔子的学说，说成维护封建统治的唯一准则，把其他各家学说斥为"邪辟之说"。他认为，只有"邪辟之说灭息，然后统纪（社会秩序）可一，而法度可明，民知所以"。因此，他建议废除其他各家学说。同时，他还建议设立太学，专门用来培养为地主阶级服务的儒生。汉武帝采纳了这些主张。从此以后，儒家学说便处于优越的地位，逐渐发展成为两千多年来封建社会的正统思想。

颁"推恩之令"，是汉武帝接受主父偃的建议后所采取的一项从实际行动上加强中央统治权力的重要措施。吴、楚七国之乱被平定后，汉景帝虽然剥夺了诸王的政治权力，初步树立了中央集权的统治，但是诸王的领地还是很大，经济力量还是很强，还随时有和中央政权对抗的可能。主父偃认为，如果诸侯过于强大，就会恃强，就会联合起来反抗中央政权。所以他主张实行"推恩"分封的办法，分封诸王的子弟为侯，以分散王国的领土，使大国变为小国，强国变为弱国。这样，他们就再也无力反对中央了。汉武帝实行了这个建议，果然收到了预期的效果。

汉是一个大国，需要有一个强有力的中央政府，才能维持这个大国的强盛和统一。而这样一个强盛统一的大国，对于发展全国的经济和文化来说，具有极其重要的意义。

汉武帝时，国家富裕，国防力量加强，有了力量来对付匈奴的侵扰。从公元前129年到公元前119年，汉与匈奴之间较大的战争有十余次，汉军屡败匈奴兵，夺回了被匈奴侵占的河套等地区，基本上解除了秦汉以来的匈奴威胁。

另外，汉武帝还派张骞出使西域，先后派唐蒙、司马相如等经营今四川、云南、贵州一带地区。这一切，在客观上都取得了积极的效果。汉与西域各国的交通打开，西南大部分地区的各族人民与汉族人民的关系逐渐密切。

强盛统一的汉朝，为统一多民族国家的形成，提供了十分有利和有力的保障。

汉武帝在位期间，在他的指示和领导下，汉政府发动民力，在全国广大地区兴修水利，推广较进步的农具与农业生产技术，对于促进当时农业的发展起了很大的作用。

　　仅以关中地区为例，重要的水利工程就有六辅渠（当地人称为"六渠"或"辅渠"）、灵轵（zhǐ）渠、成国渠、沣（wéi）渠、白渠。拿白渠来说，这条渠连接了泾水和渭水，全长二百里，可以灌田四千五百顷（合今二十三万多亩），与郑国渠同样著名。黄河自古以来是一条经常泛滥的河流，汉文帝十二年（公元前168）和汉武帝元光三年（公元前132），曾在今河南与山东一带地方两次决口，造成极大损失。两次虽然都勉强把决口堵住，然而始终未能彻底解决问题，黄河下游地方仍旧时常被淹。元封二年（公元前109），汉武帝征发数万人修筑瓠子堤（今河南濮阳），并且亲自到河上视察。此后不久，又从馆陶（今山东馆陶）①开凿了一条与黄河宽深相等的屯氏河，引水流入海中。经过这两次的努力修治，黄河的灾患大为减轻；在此后六七十年间，黄河的下游基本上没有再遭受大的水灾。除重视水利建设外，汉武帝晚年又大力提倡使用新农具，推行新的耕作方法。比如，下令给大农（官名），要他选取有技巧的工匠制造新农具；又令全国郡守派遣所属县令和三老、力田（小官名）及乡里老农到京师学习新农具的使用方法及代田耕种养苗方法，就是比较突出的例子。

　　由于国家的统一、经济的发展，武帝时，文化也很昌盛。政治、经济、历史、文学、天文、农业、音乐、艺术等，各方面都人才辈出。

（王克骏）

---

① 今河北馆陶。

# 司马迁 《史记》

司马迁，字子长，夏阳（今陕西省韩城）人，生于公元前145年，即汉景帝中元五年；卒年大约在公元前87年，即汉武帝后元二年。他的一生，大部分时间是活在汉武帝时代。他的父亲司马谈是汉朝的太史令（管历史和天文的官），又是当时卓越的思想家。司马迁生长在这样的家庭里，所受的影响自然不小。他从小就阅读了很多书籍，又跟随有名学者学习，学问大有进步；他二十岁左右时，开始漫游全国，考察史迹，探访传闻，了解人民的生活和各地的风物。他登上万里长城，体验到了先民的伟大和秦朝使用民力的残暴。他渡黄河、过长江、访问都江堰，考察了水利和民生的关系。他去过孔子的故乡，参观了孔子的庙堂和"车服礼器"等遗物。他到过今天的四川、云南一带，采访了当地少数民族的民情与习俗。后来，他做了太史令，又阅读和整理了官家收藏的各种图书资料。

公元前104年，他开始写《史记》（实际上整理史料的工作在公元前108年便已开始）。这年，他四十二岁，正是精力充沛的时候。

不料，在他进行著述的第七年，在评论一件事情的时候，触怒了汉武帝，得了欺骗皇上的罪名，被下到狱中受了"腐刑"（阉割）。这对他是极大的侮辱。他受到这样巨大的打击，非常痛苦，几乎痛不欲生。但是，他一想到自己所要完成的伟大著作时，就又坚持着活了下来。他发愤继续写他的《史记》。到了公元前93年，基本上完成了这一巨著的初稿。从这以后，直到他死，他还对他的著作做了不断的加工和修补。

《史记》原名《太史公书》，汉朝末年灵帝、献帝以后，大家才习惯地称呼其为《史记》。这是一部包括从黄帝起到汉武帝后期止，长达三千多年的纪传体历史书。全书分为"本纪""表""书""世家"和"列传"五个部分，共一百三十篇，五十二万六千五百字。

"本纪"十二篇，是以帝王世系为中心，按年月顺序，列举历代的人事，好像全书的总纲，使人读了能够了解每一朝代历史发展的重要线索。"表"十篇，分为"世表""年表""月表"（以"年表"为主）三种，是排列帝王、诸侯、将相的年代及爵位的。由于夏、商、周三代时期年次不明，故只能按世系列为"世表"；而秦楚之际，政治变化急剧复杂，"年表"不能解决问题，因此列为逐月记事的"月表"。"表"能更清楚地表明时间顺序，使读者一目了然。"书"八篇，总述了司马迁以前历代的天文、地理、文化、经济等方面的情况，价值很大；八"书"的内容虽然还不够完备，然而对我们了解这一时代社会的全貌，却有很大的帮助。"世家"三十篇，大体分为两类，一类是叙述诸侯国家兴亡的历史，另一类是叙述贵族和地位最高的大臣的事迹。不过其中有两篇例外：一篇是《孔子世家》，另一篇是《陈涉世家》。因为孔子在思想文化上有突出影响，而陈涉（陈胜）是掀起中国历史上第一次农民革命的农民领袖，所以这两人都列入了"世家"。"列传"七十篇，是全书里篇幅最多的部分，有政治、军事等各方面的重要人物传，有特殊事业传，有国内少数民族传，有属国传，有外国传等。

司马迁写出了古代帝王、将相、名医、侠客、大商人、优伶（戏曲演员）、刺客、占卜人的事迹和经济、文化等方面的情况。他的写作态度严谨，爱憎分明。他对被压迫者、被剥削者给予了同情。他热烈地歌颂了农民战争的领袖，把陈胜、吴广摆在和封建王侯同等重要的地位，专门给他们写了"世家"。他一方面肯定了汉高祖刘邦的才能和功绩，另一方面却又真实地描绘了这位皇帝的狡诈与无赖；他一方面称颂了汉武帝刘彻的丰功伟业，另一方面却又深刻地讽刺了这位天子迷信求仙的荒诞与无聊。他真诚地颂扬了那些不为私利、爱国爱民的忠臣与义士；另外，他也愤怒地谴责了那些用严刑峻法来残杀人民的刽子手。《史记》开创了用纪传体叙事的体裁，这种体裁一直为以后的史家所沿用。它的语言生动活泼，人物形象鲜明突出，具有强烈的艺术感染力，为以后的传记文学树立了典范。

司马迁无愧是我国古代最杰出的历史学家，《史记》无愧是我国古代最伟大的历史著作。

（王克骏）

# 赵过

　　我国是一个有悠久历史的国家，在农业上有很多生产经验和发明创造。赵过是古代在这方面有卓越贡献的人物之一。

　　汉武帝末年，汉武帝任命赵过为搜粟都尉，发展农业。赵过研究和总结了农民的生产经验，发明了"代田法"，创制了新农具，提高了农业的生产水平。

　　在这以前，耕作技术是比较落后的。农民们把土翻起后，就往下播种，也不分行列。这是一种原始的耕作方法，容易消耗地力。为了使地力恢复，今年耕种的土地，明年就得停止耕种，休耕一年。贫瘠的土地，甚至得连续休耕两年或三年。古时地长一百步、宽一步（一步六尺）为一亩。"代田法"是在这六尺宽的田亩中分为垄、甽（zhèn，田地中间的沟）相间的三垄三甽。垄和甽都宽一尺，甽低垄高，甽比垄深一尺。春天把种子播到甽里，长苗以后，除去垄边杂草，把翻松的泥土培盖在甽中的苗根上。等到夏天，垄土已全平，而苗根埋土已深，可以增加耐风和抗旱的能力。下次耕种，再把原来的垄改为甽，原来的甽改为垄，这样每年甽垄互相更代，叫作"代田"。用"代田法"，不必把整块土地完全休耕。由于土地时常翻动，土质松软，对于庄稼的生长也有好处。用"代田法"耕种的田地，都是"用力少而得谷多"，一岁之收，每亩常过普通不用"代田法"的田一斛（hú，当时以十斗为一斛）到两斛以上。

赵过发明的新农具有耦犁和耧车。耦犁用两头牛拉两个犁，后面两人各扶一犁，前面一人牵引两牛，共用两牛三人。用这种耦犁犁田，每年可种田五顷。赵过还做了一种人力犁，无力养牛的农民，可以使用人力犁。使用人力犁，人力多的一天能耕三十亩，人力少的也能耕十三亩。耧车是一种把耕犁和播种器结合在一起的播种工具。耧车的构造是：犁上装一个耧斗，用以盛谷种，耧斗的两足外圆中空，直伸到地里。耕地时，一面破土，一面摇动耧斗，种子就由外圆中空的耧斗足播入土中。这比耕完地再播种快多了。用耧车播种，据说一天能播地一顷。

赵过改进农业生产技术和农具，扩大了耕地面积，增加了作物产量，在农业生产上给人民做出了巨大的贡献，他的功绩是值得纪念的。

（王克骏）

# 苏武牧羊

　　汉朝时候，北方的匈奴常常侵扰边境。汉武帝时，击败了匈奴，北边才得到安定。公元前101年，匈奴且鞮（jū dī）侯单于新立，派使臣到汉朝修好，为了答礼，汉武帝派苏武出使匈奴。

　　苏武，字子卿，是一个廉洁正直、有胆量、有骨气的人。他奉武帝之命率领副使张胜、随员常惠等一百多人出塞到了匈奴。当他把出使的任务完成后，正待回国时，恰巧有汉降将卫律的部下虞常等，想趁单于出去打猎，劫单于的母亲归汉，并杀死卫律。虞常和张胜是老朋友，他们暗中商量，却不让苏武知道。后来虞常失败，单于派卫律审办这件案子。张胜怕受牵连，才把事情告诉苏武。苏武说："事已如此，一定要牵累我，我被侵辱，对不起国家。"遂拔刀自杀，由于常惠等救护，才没有死。不久，卫律奉单于之命来审问苏武。苏武说："我是汉朝的使者，如果受到审问，就是活着，还有什么脸回去！"用刀使劲自刺，鲜血直冲出来。卫律大惊，立刻飞马去找医生。医生来时，苏武已流血过多昏厥过去。医生救治了半天，苏武才转过气来。苏武这种忠于国家的精神，连单于也很钦佩。苏武的伤好了些，单于要逼他投降，通知他去观审虞常，并当场把虞常斩首。卫律举剑对张胜喝道："投降免死。"张胜跪地求降。卫律又对苏武说："副使有罪，你当连坐。"苏武说:"我不知道他们的密谋,又不是亲属,说什么连坐!"卫律举剑砍来,苏武颜色如常,稳坐不动。卫律停住手,说:"我投降匈奴,蒙单于大恩,封我做王,富贵已极。如今部下几万人,牛羊满山谷。你今天投降,明天就和我一样,不然,白白丧命,又有谁知道!"苏武毫不动摇,反而义正词严地把卫律大骂一顿。单于见他不投降,便把他关在一个大地窖里,不给他饮食。天下大雪,苏武困卧窖内,饥寒交迫,渴了饮雪水,饿了吞毡毛,一连好几天,差一点冻饿而死。单于见威胁、利诱都不成,便把他和常惠等分开,给了他一群公羊,送他到北海边去牧羊,并且说:"等公羊生了小羊,你再回去!"北海一带,当时是无人烟的荒漠,每到冬天,这里白雪皑皑,四野冰封。苏武常处于绝粮的威胁中,没有办法,只好掘取野鼠洞里的草籽充饥。后来单于又派人来劝降,他仍是忠贞不屈。每天,他一面牧羊,一面抚弄着出使时朝廷给他的"汉节"(节是古代使者拿着作为凭证的东西),表示时刻不忘汉朝。时间长了,"汉节"上的毛都脱落了。就这样,他在这穷荒苦寒的地方,艰难地熬过了十九个年头。

武帝死后,昭帝继位,匈奴和汉朝和好,汉朝要求释放苏武等人,匈奴诈说苏武已死。后来汉使又到匈奴,常惠想法子夜见汉使,教他对单于说:"汉天子在花园射雁,雁足上拴有帛书说苏武现在在北海某处。"汉使照常惠的说法质问单于,单于才允许苏武回汉朝。

昭帝始元六年(公元前81)春天,苏武、常惠等九人(同出使的人很多,这时都已死去),回到了久别的首都长安。

苏武出使的时候,才四十岁左右,正当壮年,等到历尽艰苦回来时,已经是须发全白、六十多岁的老人了。

当时的人,都非常尊敬这位大节凛然、一片丹心的英雄;千古以来,他的事迹被传为佳话。

(王克骏)

# 昭君出塞

昭君，姓王名嫱，字昭君，是汉元帝的宫女。

她被选入宫时，由于拒绝贿赂奸臣毛延寿，毛延寿故意把她的画像涂改，使元帝见了，以为她生得丑陋，把她打入了冷宫。后来元帝发现上了奸臣的当，要捉拿毛延寿。毛延寿逃入外国，怂恿那个国家的君主兴兵犯境，指名要昭君和亲。昭君在一个萧瑟的秋天，怀着对故国的深沉依恋，骑着马，弹着琵琶，唱着哀怨悲愤的歌曲，出了边塞，迎着朔风，走进了那黄沙无边的草原……

这样的王昭君，是诗歌戏曲中的形象，历史的事实可不完全是这样。

西汉元帝时代，汉朝国力还很强大。公元前33年，匈奴呼韩邪单于表示，希望和汉联姻，永结亲好。元帝将后宫宫女王昭君嫁给呼韩邪单于为妻。昭君到匈奴后，和呼韩邪单于结婚，做了阏氏（yān zhī，即单于的妻子，相当于汉人的皇后），并生了一个儿子。后来，呼韩邪单于死，大阏氏生的儿子雕陶莫皋立为单于，按照匈奴的风俗，父死娶后母，所以昭君又做了后单于的阏氏，并生了两个女儿。长女云娘，在汉平帝时，曾来汉朝拜见太皇太后，太皇太后很高兴，赏赐了她很多东西。云娘和她的丈夫，主张和汉朝友好。后来呼韩邪单于的少子咸做了匈奴的单于，云娘常劝咸跟汉朝亲善。公元14年，云娘要求会见和亲侯王歙（xī）。王歙是昭君哥哥的儿子，云娘的姑表兄弟。这时，西汉刘氏皇朝早已被王莽废掉，建立起国号叫作"新"的王氏皇朝。王莽答应了云娘的请求，随即派王歙和他的弟弟王飒两人出使匈奴，带去好多礼物，以表示对咸立为单于的祝贺。

自从呼韩邪单于与汉结亲起，以后六十多年间，汉与匈奴没有战争，双方友好往来，和睦亲善，汉北部边境呈现了"边城晏（晚）闭，牛马布野"的和平气象。昭君出塞的故事，成为汉与匈奴这两大民族和睦关系中的一段佳话。

昭君死后，匈奴人民为了表达对昭君的崇敬和爱戴之情，在大黑河畔（在今内蒙古自治区呼和浩特市南郊）特地为她修了一座独立苍穹、气象巍然的青冢，这就是传说中的昭君墓。

两千年来，昭君的美丽、善良、朴实、勤劳的形象，始终活在当地人民的心中。据内蒙古民间传说，昭君很爱护百姓，曾教给当地妇女纺纱、织布和做衣服的技术，并且传播了一些有关农业生产的知识……

（王克骏）

# 王莽

西汉后期，四川、河南、山东一带连续发生了以申屠圣、郑躬、樊并、苏令等为首的农民和铁官徒（工徒）起义，有的发展到一万多人，有的经历了十九个郡国。西汉皇朝的统治出现了严重的危机，连一部分统治阶级的人物也认为汉朝的命运已经快要完结了。王莽就是在这样的情况下，凭借外戚（帝王的母族或妻族）的地位，爬上了皇帝的宝座。

王莽的姑母王政君是汉成帝的生母。自成帝时起，王家有九个人封侯，连王莽在内共有五个人做过当时最高的军政长官——大司马。地方官也有很多是王家的党羽。成帝死后，哀帝继位。哀帝在位六年，重用别的外戚，王家不是很得意。公元前1年哀帝死，哀帝没有儿子，王政君就跟王莽合谋立成帝的弟弟中山孝王九岁的儿子做了皇帝，就是汉平帝。这时，王莽做大司马，取得了朝政的实权，还得到了"安汉公"的封号。王莽用大封官爵的办法取得了贵族、官僚们的拥护，又用小恩小惠，如出钱百万、献田三十顷分赈受灾的贫民等办法，对劳动人民实行欺骗和拉拢。另外，他还很注意笼络地主阶级知识分子。他这种假仁假义的做法，曾经在短时间内迷惑了一部分人。据说，前后曾有四十八万多吏民上书太皇太后，要求重赏王莽。平帝死后，王莽一方面挑了皇室一个两岁的婴儿来做傀儡皇帝，另一方面又利用迷信制造舆论，说武功地方掘井发现一块白石，上面有"告安汉公莽为皇帝"八个红字，要王政君下诏许他称"假皇帝"（假是代理的意思）。三年以后，即公元8年，王莽便正式做了皇帝，建立国号叫"新"。

王莽做皇帝后，为了巩固统治，打着复古的旗帜，进行变法。他下令：将全国土地改称"王田"，奴婢改称"私属"，都不准买卖。一家男子不满八个占田超过一井（九百亩）的，应将多余的田地分给本族或邻居的无田人。原来没有田的人，按男口每口给田一百亩。凡是指摘这套办法和散播反对言论的人，都被放逐到边远地区。

王莽又实行五均六筦（guǎn）。在长安城东西市设市令，在洛阳、邯郸、临淄、宛、成都五大城市设司市师，各郡县设司市，负责管理市场、物价、收税和对贫民赊贷，叫作"五均赊贷"。又实行官卖盐、酒、铁器，由政府统一铸钱，收名山大泽的生产税，加上五均赊贷，叫作"六筦"。

王莽曾多次实行币制改革，如下令废除行用已久的汉五铢钱，造金、银、龟（龟甲）、贝（贝壳）、钱、布（铜制）六类共二十八种名目的货币。严禁私铸钱币，私铸者连邻近五家都算犯罪，人口罚为官奴婢。私用五铢钱的，有罪。

但是王莽要占有田地多的人分余田给贫农的命令在豪门地主的抵制下，一开始就无法实行。他企图停止田宅、奴隶的买卖，这在阶级社会也是行不通的幻想。执行五均六筦政策的各级官吏，本身都是大商人、地主，这些政策不但没有给人民带来好处，反而增加了人民的负担。例如，市场管理规定：市官根据物价行情，定出本市每季货物的平价，五谷、布、帛等货源多时，政府按卖方成本收货；市价高过平价，政府将存货按平价卖出；市价低于平价，听人们自行交易。这从表面上看，似乎能起到平抑物价的作用，可是实际上不然。由于规定市场平价的大权都掌握在那些官僚、地主们之手，他们趁机收贱卖贵，从中取利，以致老百姓并不能得到真正的好处。工商业税按纯利额十分取一，这对大工商业不算重，然而对小工商业却很不轻，并且如捕鱼、捕鸟、养家畜、养蚕纺织、缝补都要收税，非常繁苛琐细，人民当然更受不了。官卖盐、酒、铁器，无异是一种对重要产品的垄断。币制改革更是赤裸裸的掠夺，因为这使很多持有五铢钱的小农和小生产者受到了严重损失，甚而破产。只有赊贷予民（百钱月收三钱）一事，倒是可以打击高利贷者，多少还对民有利，可是，假若过期还不出来，人民仍然要受贪暴官吏的迫害。

王莽的变法，在各方面的反对下，"王田""私属"制只实行了三年多，变法的主要部分就不得不宣告破产。五均六筦坚持得久一些，但最后也不得不下令废除。

在这期间，王莽不甘心变法的失败，还挑动对外战争来向国内人民示威。这便加速了绿林、赤眉农民大起义的爆发。公元23年，长安市民响应起义军，攻入宫中杀死王莽。

（陈继珉）

# 绿林　赤眉

王莽改制失败，人民生活更加痛苦。加以水灾、旱灾、蝗灾接二连三地出现，农民们实在活不下去，除了自己起来推翻暴政，再没有别的出路。

17年，湖北西部一带大旱，饥饿的农民们在新市（今湖北京山）人王匡、王凤的领导下发动起义。王匡、王凤起义后，闻风前来投奔的人很多，几个月光景，起义军就壮大到七八千人。他们驻扎在绿林山（今湖北当阳市）上，人们把他们称为"绿林军"。21年，王莽的荆州牧（官名）率兵两万人前来攻打绿林军，结果被打得大败而逃。绿林军乘胜攻下了几个县城，把队伍扩充到了五万多人。

第二年春天，绿林山里发生了瘟疫，农民军病死的很多。他们决定分散活动，由王常、成丹领一支人马，攻占南郡，号称"下江兵"。由王匡、王凤领一支人马开往南阳，号称"新市兵"。不久，平林（今湖北随州东北）人陈牧、廖湛等人，也聚合一千多人起来响应，这支人马被叫作"平林兵"（后与新市兵合）。

18年，琅琊（郡名，今山东东南部）人樊崇在山东莒（jǔ）县起义，带领数百人占领了泰山。不到一年，他的部众就发展到一万多人。接着，逢（páng）安、谢禄等人都领起义队伍前来投奔。于是，他们以泰山为中心，在山东一带展开活动。22年，王莽派太师王匡（与绿林军首领王匡同姓名）、更始将军廉丹率十万大军前来镇压。樊崇率领农民军迎战，为了在战斗中便于与敌军区别，大伙都把眉毛涂成红色，作为起义军的记号。从此，"赤眉军"的名号便传开了。在这次大战中，赤眉军个个奋勇当先，把官兵打得大败，王匡溜走，廉丹战死。赤眉军战胜后，人数大增，势力迅速发展到黄河中游一带。

正当农民起义军轰轰烈烈发展的时候，许多地主阶级分子也趁机而起，如南阳的汉朝皇族刘縯、刘秀兄弟，便在此时混入了绿林军。

23年，绿林军已发展到十多万人，各路联军共同推举汉朝皇族刘玄为帝，号称"更始皇帝"。农民军节节胜利，使王莽政权面临着崩溃的危机。王莽派遣王寻、王邑带着四十二万大军，围攻昆阳（今河南叶县），准备与农民军决战。绿林军奋勇抵抗，大败王莽军，王寻战死，王邑逃走。昆阳大战后，绿林军便兵分两路进攻长安，终于推翻了王莽政权。

但是刘玄进入长安以后，就完全背叛了农民军。

赤眉军樊崇等人与刘玄分裂，继续组织力量进行斗争，短期内起义力量又发展到了三十万人。25年，樊崇等立了一个十五岁的放牛娃刘盆子为帝，接着再度攻入长安，迫使刘玄投降。但这时，关中豪强地主隐藏粮食，组织反动武装，进行顽抗。第二年，赤眉军由于粮草断绝，无法在长安坚持，只得回师东归。

刘玄以前在洛阳时，曾派刘秀到河北活动。刘秀势力逐渐壮大，25年公开背叛农民军，在河北称帝。赤眉军与刘玄在关中斗争时，刘秀趁机南下渡过黄河，占领了洛阳。当赤眉军东归的时候，刘秀预先在河南西部山区埋伏大军，偷袭赤眉军。赤眉军虽然拼全力抵御，无奈寡不敌众，加上长途跋涉，筋疲力尽，最后战败。

刘秀建立的政权，因都城在洛阳，故历史上称为东汉或后汉。刘秀就是后世所称的汉光武皇帝。

　　坚持了十年斗争的绿林、赤眉起义军的胜利果实虽然被刘秀所窃取，但西汉末年和王莽时代的暴君恶政毕竟被农民军推翻。刘秀建立的东汉政权震慑于农民军的威力，为了巩固统治，不得不吸取教训，采取一些减轻租赋徭役之类的措施。因此，东汉初年人民的生活相对地有了一定的改善，社会生产也有了一定的恢复和发展。

（黎　虎）

# 党锢之祸

"党锢之祸"是东汉统治阶级内部的一次政治斗争。

东汉中期以后，外戚和宦官相继把持政权。从和帝开始到桓帝中期，是外戚把持政权的时期。后来桓帝联合宦官单超等诛灭外戚梁冀，政权又落在宦官手里。在桓帝、灵帝时期，宦官执政前后达三十年，他们独揽朝政，残虐百姓，横行地方，把东汉的政治推到了黑暗、腐败的顶点。官僚们痛恨宦官把持政权，影响了他们的权位；中小地主出身的知识分子也痛恨宦官，阻塞了他们做官的道路，尤其使他们恐惧的是，宦官残暴黑暗的统治会加深社会的动荡不安，这将会导致整个政权的覆亡，为了本身的利禄，也为了挽救阶级统治的危亡，他们要求在政治上进行改革，反对宦官的黑暗统治。世家豪族李膺、陈蕃等人和太学生（太学是当时的最高学府）郭泰、贾彪等人联合起来，向宦官集团展开猛烈的抨击。他们一方面品评人物，相互吹捧以增强声势；另一方面批评朝政，打击宦官及其亲属、宾客等为非作歹的行为。这样就自然引起了宦官们的仇视。宦官诬告他们结为朋党，并以"图谋不轨"的罪名将他们逮捕下狱，或禁锢终身不许做官，有的甚或处死。这就是历史上所说的"党锢之祸"。

东汉的"党锢之祸"共发生了两次。第一次是在桓帝延熹九年

（166）。宦官党羽张成的儿子杀人，被司隶校尉（官名，负责纠察京师百官及所辖附近各郡官吏）李膺所捕杀。宦官们便诬告李膺等人交结太学生共为朋党，诽谤朝廷，败坏风俗。桓帝下令逮捕李膺、陈寔（shí，同"实"）等二百多人入狱。后李膺等人虽因尚书霍谞（xū）和外戚窦武的力争，被赦归乡里，但却遭到禁锢终身不许做官的处罚。第二次"党锢"之争，发生在灵帝建宁二年（169）。宦官侯览依仗权势侵夺百姓田宅，强抢民女，为山阳督邮（代表郡太守督察县、乡，宣达教令，兼管讼狱捕亡等事之官）张俭上书告发，并就地将其资财没收。侯览大怒，指使党羽诬告张俭与同郡二十四人结为朋党，图谋不轨。朝廷大捕党人，连同过去的党人李膺、杜密、范滂等一并受到牵连。结果，一百多人死在狱中，被杀的、流徙的、囚禁的共达六七百人，凡是"党人"的门生、故吏、父子、兄弟以及五服以内的亲属，都免官禁锢。这次党锢范围很广，时间也很长，直到中平元年（184）黄巾起义，灵帝怕他们与黄巾联合，才赦放党人，"党锢之祸"才宣告结束。

　　"党锢之祸"虽是东汉统治阶级内部的斗争，但在宦官黑暗、腐败的统治下，官僚和太学生能揭露、打击他们的罪恶和暴行。有些人，如范滂等，被逮捕后表现出与恶势力斗争的不屈精神，也给予人们鼓舞。不过，等到黄巾起义以后，在面对着对抗共同的敌人——起义的人民这一前提下，统治阶级内部的矛盾便得到缓和，互相妥协了，有些党人便直接参加了镇压农民起义的罪恶活动，成为屠杀农民的刽子手。

　　东汉时期，政权为什么常把持在外戚和宦官手里呢？原来东汉的皇帝从和帝起，都是幼年继位，由母后临朝辅政，母后照例依靠自己的父兄——外戚，帮助处理政事。外戚既然控制着中央政府，便大批派遣自己的子弟、亲戚和宾客到各地做官，发展自己的政治势力。等到皇帝长大了，要亲自执政时，便与外戚的权力发生了冲突，这时，朝臣上下多是外戚的亲信或依附外戚的人，皇帝可以依靠的人便只有身旁的宦官。这些宦官在消灭外戚势力的过程中，立了功，控制了中央政府，也同样要派遣自己的亲戚和亲信到各地做官，来发展自己的政治势力。东汉的皇帝又大多短命而死，母后和外戚就利用这个机会，选立幼小的皇子继位，借此把政权掌握到自己手里。这样，斗争便反复地循环下去，形成了外戚和宦官相继把持政权的局面。

（李书兰）

# 佛教　道教

　　佛教传入中国的具体时间，到现在还有所争论。但可以肯定的是，一定是在汉武帝以后。一般认为约在西汉末期。关于周时或秦始皇时中国人就已经知道有佛教的后代记载，是不可靠的。

　　汉武帝时，汉朝的使者张骞到过大夏国（今阿富汗北部）。张骞在大夏时，曾听说大夏西南有个身毒（yuān dú，是当时中国人民对印度和巴基斯坦一带的称呼）国，并看到我国巴蜀地区出产的物品由身毒转销到大夏。当时，佛教已在身毒盛行，大夏和身毒国又是紧邻，张骞也就很有可能听说过佛教。只是《史记》《汉书》都没有记载而已。

　　到东汉初年，中国已经有人信仰佛教，而且已见诸正史记载。东汉第一个皇帝刘秀，他的儿子刘英，被封为楚王，都彭城（今江苏徐州）。楚王英就崇信佛教，他有供养"浮屠"（佛）的"仁祠"，而且还供养着"伊蒲塞"（佛教信徒）和"桑门"（沙门、和尚）。

　　东汉以后，佛教就在中国传开。

　　道教创立于东汉中期。相传，顺帝时，琅琊人宫崇，曾把他的老师于吉传给他的所谓神书——《太平清领书》一百七十卷献给皇帝。顺帝因为他的书"妖妄不经"，没有接受。

这部《太平清领书》就是道教最早的经典，于吉大约就是第一个集结道教经典，开始传布道教的人。

佛教是从外国传来的，道教是在中国本土土生土长的。作为宗教组织，道教虽然在东汉中期才创立，但它的教义却继承了先秦阴阳五行、巫觋（xí，指男巫）杂语、方术之士的一套理论。道教正是杂合这些东西，又模仿佛教的组织形式而创立起来的。

佛教、道教两种宗教在中国历史上都有很大的影响。佛教讲轮回，行善积来世；道教讲炼丹、修仙、长生不老。都是把解脱痛苦的希望寄托于来世天堂，主张脱离现实。这正符合统治者的利益，历代统治者都大力提倡佛教、道教，将之作为麻痹人民的工具。南北朝和隋唐是佛教鼎盛的时代。北朝时期，佛庙有两三万所，和尚多到两三百万。南朝梁武帝信佛，定佛教为国教。他本人曾三次舍身到佛庙去做寺奴。仅建康一地，就有佛庙五百多所，和尚十万多人。当时人说佛教僧众和佛庙里所占有的劳动力之多，使"天下户口，几亡其半"。佛庙都很富有，占有大量土地和金银财货，好多佛庙都放高利贷、开质店（当铺），与世俗地主豪强一样地盘剥人民。道教虽然没有佛教盛行，性质则是一样，有道观，有道士，也拥有土地、财产。

统治者利用宗教，人民也利用宗教。统治者为了提倡宗教，曾给佛教、道教一些特权，如和尚、道士可以免除租税徭役。因此，人民就逃到寺观做和尚、道士，以逃避租税。人民还利用宗教作为起义的组织工具，如东汉末年的黄巾起义，就是利用道教进行秘密组织活动的。南北朝以及后世，不少农民起义，也都是利用佛教、道教来组织活动的，北朝的大乘教起义、弥勒佛起义、元代的白莲教起义等，就是历史上著名的例子。

（何兹全）

# 《论衡》

《论衡》是东汉初年人王充写的一部杰出的哲学著作。

王充是我国古代伟大的思想家，毕生从事战斗的唯物主义者。他生活的东汉前期，"谶纬"非常流行。"谶"是预卜言凶的宗教预言，"纬"则是用宗教预言的观点来解释儒家经典的书。谶纬的内容多是牵强附会的一些神学迷信，谶纬家专门宣传所谓"天人感应"一套学说，用天象来比附人事，好直接为统治者服务。这种妖妄的迷信图谶，西汉末年已经在发展。到了东汉，统治者更是大加提倡，好借此来提高皇帝的权威。由是，谶纬之说一度成为两汉封建统治思想的政治工具。

所谓《论衡》，意思就是说，他阐述的道理都是很公平的。

《论衡》，总计八十五篇，共二十多万字。在这部书中，王充针对当时流行的官方思想，提出了许多精辟的见解。他首先否定了天的神秘性，认为世界万事万物都是自然存在的，并不是由于天意的创造。他指出天没有口目（感官），也就不可能有什么嗜欲感觉，更不可能会有什么意识活动。这样就把所谓天能安排世界上一切事物的迷信彻底揭穿。

在《论衡》里，王充根据当时科学认识的水平，对当时社会流行的神仙、鬼怪、迷信也进行了严厉的批判。王充说，人是物，即使贵为王侯，本性跟物也没有差异。既然物没有不死灭的，那么人怎么就能够成神、成仙长生不死呢？物死了不为鬼，人死了为什么会独能为鬼？人死了，精气消灭，血脉枯竭，形体腐朽，成为灰土，哪里来的鬼呢？他还拿睡着了的人作例，来驳斥那种"人死为鬼，有知，能害人"的谬说。他说：睡着了的人尽管躯体精神都在，但由于暂时没有知觉，自然也就不能害人。死人的精神形体都灭亡了，又怎么能够为害于人呢？可见"人死不为鬼，无知，不能害人"，道理原是很明显的。像这种无鬼的理论和神灭的思想，能在当时那种迷信空气十分浓厚的情况下提出来，的确很了不起。

此外，在《论衡》里，有《书虚》《儒增》《问孔》《刺孟》等篇。《书虚》和《儒增》明白地指出，包括经、传、纬书在内的许多书籍，记载有很多地方不符事实。《问孔》篇认为孔子的话多前后矛盾。《刺孟》篇指责孟子的行为前后不同，始终不一，对于孟子所说的"五百年必有王者兴"的话，还特别依据古史加以驳斥。像这种对封建统治者捧为"圣贤"的孔孟的大胆怀疑与批判，在封建社会是很难得的，是需要极大勇气的。

总之，从王充的哲学观点到政治观点，都可以看出，他不愧是一个进步的思想家。当然也应该指出，限于当时的历史条件和自然科学水平，王充对事物的认识也还有其局限性。例如，雷电击毁人物，俗说是天神取龙。他固然一方面指出了俗说的虚妄，可是另一方面却对于龙的存在一点也不怀疑。对社会历史现象的认识，他认为，人事的贵贱福祸，国家的治乱安危，都受"时命"的支配，人力不能变动。显然，这种看法仍旧是一种落后的命定论观点。

王充出身"细族孤门"，是一个没有社会地位的平民。他青年时在洛阳太学读书，买不起书，只好常到书铺里去看。后来他虽然也做过几任小官，可是直到晚年，生活仍然十分贫困，但他始终"居贫苦而志不倦"。他花了三十多年的工夫，才完成《论衡》这部巨著。

（陈继珉）

# 班昭

班昭是我国古代第一位女历史学家。她是扶风安陵（今陕西咸阳）人，大约生于东汉光武帝建武年间至安帝永宁年间，活了七十余岁。

班昭在史学上的主要贡献，是整理并最后写成《汉书》。她的父亲班彪是当时很有名的学者，曾经发愿继续司马迁的《史记》，作《史记后传》六十五篇，写成西汉一代的历史（司马迁的《史记》只写到汉初），没有完成便死去了。她的哥哥班固继承父亲的事业，根据父亲所积累的材料，经过整理和补充，写成了一部上起汉高祖、下迄王莽共二百三十年的西汉历史，这就是我国第一部纪传体的断代史——《汉书》。但是，其中的"八表"和"天文志"还没有完成，班固也逝世了。班固死后，继续完成《汉书》的任务便落到班昭的肩上。

当时，《汉书》虽然已经初具规模，可是还有一些散乱的篇章。汉和帝便命班昭到当时的皇家藏书处"东观藏书阁"继续完成班固未竟的工作。她在这里进行了"八表"和"天文志"的写作，并整理校对了父兄的初稿，后来马续也协助班昭撰述"天文志"。《汉书》至此才算大功告成。

《汉书》初出时，一般人不易通晓，东汉政府便选拔马融等十人，在"东观藏书阁"中，跟从班昭学习《汉书》。汉和帝还命皇后和妃嫔们拜班昭为师，向她学习儒家经典，乃至天文算术。因此，大家都尊称她为"曹大家"。

班昭除了编撰《汉书》以外，还写了不少文章和辞赋，大都失传。现在传世的，尚有《女诫》七篇及《东征赋》等。

（黎　虎）

# 张衡　张机

　　张衡是南阳郡西鄂县（今河南省南阳县城北）[①]人，生于东汉章帝建初三年（78），卒于顺帝永和四年（139），是我国古代一位伟大的科学家。他好学深思，肯于刻苦钻研。他的好友崔瑗说他研究学问的态度就像大江里的水一样，日夜奔流，片刻不停。他有广博的学识和多方面的才能，对文学、哲学、地理、机械制造等都有研究，特别精通天文、历算。

　　我国很早就重视天文学的研究。东汉时期，天文学主要有"盖天说"和"浑天说"两派。盖天说认为天圆地方，天在上，像伞盖，地在下，像棋盘，是一种旧的传统说法。浑天说认为天地都是圆的，像一个鸡蛋，天在外，像鸡蛋壳，地在内，像鸡蛋黄。这种说法在当时比较进步。张衡经过精密的研究和对天象的实际观测，继承并发展了浑天学说，写成了他的重要的天文学理论著作——《灵宪》。在这部著作里，他指出日有光，月亮自身不会发光，月光是由日光照射而来的；月亮向着太阳时，我们在地球上就能看见圆圆的明月，背着太阳时则看不见。他还推测出月食是由于地体遮蔽的缘故。这些都是十分卓越的见解。他约计天空中的星体，常明的有124个，有

---

① 今河南省南阳市北。

定名的320个，连同所有可见的星体共有2500个，海外看见的星体没有计算在内。他绘制了一部星图叫《灵宪图》。据现在天文学家统计，肉眼能看见的六等星总数6000多颗，在同一地方同一时间所看到的星数，也不过2500颗到3000颗。

张衡发明了很多重要的天文仪器。他根据浑天学说的理论创制了浑天仪。浑天仪用铜铸成，内外分作几层圆圈，各层铜圈上分别刻着赤道、黄道、南北极、日、月、五星、二十八星宿及其他星体，用漏壶滴水的力量使它按着一定的时刻慢慢地转动，人们就可以从浑天仪上看到星体的出没，与实际天象十分符合。张衡这项发明，经过唐、宋科学家们的发展，就成为世界上最早的天文钟。张衡又创制了地动仪，这是世界上第一部测定地震的仪器。它也是用铜铸成，圆径八尺，顶上有凸起的盖子，像个大酒樽；内部有个铜柱，叫作"都柱"，连着八个方向的机械，外面有八个龙头，按东、南、西、北、东北、东南、西北、西南八个方向排列着。每个龙嘴里衔着一枚铜球，下面蹲着一个铜制蛤蟆，向上张着嘴巴。哪个方向发生地震，那个方向的龙嘴就吐出铜球，落在蛤蟆嘴里，发出清脆的声音，看守仪器的人就能知道地震的日期和方向，把它记录下来。这架仪器测定很准确，有一次，西方龙嘴里的铜球忽然落了下来，而洛阳的人并未感到地动，可是没过几天，甘肃来人报告，说那里发生了地震。这架精巧的仪器是132年发明的，比欧洲创造的地震仪要早一千七百多年。

张衡除精通天文外，对历算学也有很深的研究。他制造了一部类似活动日历的机器，叫作"瑞轮蓂（míng）荚"，用它可以表示出每月从月初到月终的日数，既能知道日期，又能知道月相，很是方便。在数学方面，他著有《算罔论》，对圆周率也有研究，可惜已失传，只能从后代数学著作中知其一二。在木制机械方面，他的制作有"三轮自转"和"木雕独飞"。其中，"三轮自转"是有关指南车和记里鼓车的主要机械，"木雕独飞"是一种利用机械发动能够飞翔的木鸟，相传能飞数里。

张衡对我国以及世界科学的发展，做出了重大的贡献。

张机，字仲景，南阳郡涅阳县（今河南南阳）人，约生于东汉桓帝和平元年（150），卒于献帝建安二十四年（219）左右。他是我国古代一位卓越的医学家。东汉末年，战争频繁，疫病流行，人民死亡的很多。他的家族原有两百多人，不到十年时间，死了三分之二，其中因患伤寒而死的占十分之七。他同情人民的疾苦，精心研究医学，整理和总结前代医学的理论和经验，广泛收集民间的药方，结合自己的临床经验，写成了他的医学巨著《伤寒杂病论》十六卷。后来，流传下来的只有《伤寒论》和《金匮要略》两书。伤寒在当时是一切热性病的总称，《伤寒论》几乎是一切传染病的概论，内容包括病理、诊断、治疗、用药等方面。《金匮要略》是治疗杂病的专书，包括内科、外科、妇产科等方面的病理和药方。

张仲景在病理方面，根据对病人病情的分析，通过望色、闻声、问症、切脉的诊断过程，找出病源；在治疗方面，提出发汗、催吐、下泻、解病毒四种方法以及"寒病热治"和"热病寒治"两大原则。他是一位有丰富理论和实际经验的多能的医师。他能兼用针灸术、灌肠法等技术治病，又能使用人工呼吸法急救昏厥。在医学观点上，他主张疾病要早期预防，提出只要保养身体，饮食有节，劳逸适当，就可以保持身体健康，预防疾病。

张仲景的医学，奠定了中医治疗学的基础。他的著作至今仍被视为中医的可贵财富，有些药方在今天仍有实用价值，有着显著疗效。他对中国医学的发展有着巨大贡献和深远影响。

（李书兰）

# 扁鹊再世　华佗重生

以前在许多医院里，我们常常可以看到"扁鹊再世""华佗重生"的匾额，这些匾额大都是曾经患过重病，而后被治好的病人赠送的。他们以"扁鹊再世""华佗重生"来赞扬大夫的高明医术，表达自己的由衷谢意。

扁鹊是战国时期齐国人，姓秦，名越人。扁鹊是他在赵国行医时的绰号。他是个民间医生，长于内科、妇科、小儿科、耳目科等。他的医术很高明，治好过许多患重病的人。相传虢（guó）国的太子患了重病，四肢冰冷，人事不省，失去知觉已经半天。许多人都认为太子已死，只等着殡殓了。适巧扁鹊由这里经过，他诊治后断定太子并未死去，而是患了"尸蹶症"。他立即先以针法急救，使病人恢复知觉，再以熨法温暖病人身体，然后又用汤药调养，经过二十多天，终于使太子恢复了健康。因此，当时的人都称赞扁鹊能"起死回生"。

他治病除了切脉之外，还用望色、听声和观形等方法诊断病症。据说，有一回他到了齐国都城，齐桓侯接待了他。当他第一次朝见齐桓侯的时候，就发现桓侯有病在"腠理（指皮肤之间）"。他劝桓侯早点医治，桓侯不信。过了几天，他又见到桓侯，发现桓侯的病已到血脉，桓侯仍然说："我没病。"又过了几天，他再见到桓侯时，桓侯的病已到了肠胃，但桓侯还认为自己没病，不肯治疗。又过了几天，扁鹊发现桓侯的病已深入骨髓，不可救治，他便离开了齐国。扁鹊走后，桓侯的病果然发作，不久就死了。

扁鹊以他高超的医术和对待病人负责的精神，为人们所仰慕，也为后来医家所崇敬。他是我国古代最有声望的名医之一，人们把他说成是中国的"医圣"。

华佗是东汉末年沛国谯县（今安徽亳县）①人。他勤奋好学，学识非常渊博，既通儒家的经术，又酷好医学，精通内科、外科、妇产科、小儿科和针灸科等，尤擅长外科手术。

华佗是个不贪图功名利禄的人。他两次拒绝汉朝地方官吏要他做官的举荐，只肯做一个普通的民间医生。他走遍了今江苏、山东、河南、安徽的部分地区，最后，他因不愿做曹操的侍医而被曹操杀死。

华佗的医学知识和临床经验都很丰富，经他治好的病人很多。例如，广陵太守陈登得病，胸中烦闷，面色发赤，食欲不振。华佗给他诊脉后，断定他肚里有虫，给他配了些汤药，喝下去后便吐出许多虫来。再如，有位李将军的妻子病得很重，请华佗诊脉。华佗说："这是由于伤身而胎未去的缘故。"将军说："的确曾经伤身，但是胎已去了。"华佗说："以脉来看，胎并没去。"将军却不相信。过了一百天左右，病人的病势更重了，再请华佗诊视，他说："脉如从前，可能因为是双胎，生第一个孩子时失血过多，以致影响第二个孩子生不下来。现在胎儿已死，只好用针灸与汤药催死胎快点下来。"将军的妻子在针灸和服药后，肚子痛得厉害。华佗说这是死胎久枯，不能自出，可找一个人把它取出来。那人按照华佗所说的方法，果然取出了一个死胎。

华佗不仅善于采用诊脉的方法治疗疾病，而且善于通过对病人的面容形

---

① 今安徽亳州。

色、病状的观察，判断病人患的是什么病，并能推知以后的发展情况。有一次他在盐渎（今江苏盐城）一家酒店里看见几个饮酒的人，他仔细地观察了其中一位名叫严昕的男子，然后问道："你身体好吗？"严昕回答说："和平常一样。"华佗对他说："从你脸上可看出你有急病，最好不要多饮酒，快回家去。"果然严昕在回家的路上头晕，从车上跌下，到家不久就死了。

华佗除了在内科诊断和治疗方面有很大成就外，他对医学的更大贡献是在外科手术方面。他发明用全身麻醉的方法进行外科手术，是我国也是世界上第一个使用全身麻醉的医生。华佗为了消除和减轻人们在进行外科手术时所感到的剧烈疼痛，发明了一种名叫"麻沸散"的麻醉剂，动手术之前，叫病人用酒冲服，等病人失去知觉，然后开腹治疗，若是肿瘤就割去肿瘤，若是病在肠胃，就断肠湔（jiān）洗，最后再缝合伤口，在伤口上敷上药膏，四五天后开刀处即可愈合，一个月左右病人就可和健康人一样了。由于他的医道高明，技巧纯熟，以至后来的人常常把当时一些名人的治病事例和他的名字联系在一起。比如，《三国演义》中的"关云长刮骨疗毒"的故事，便是这样附会出来的。

华佗也很重视积极锻炼身体，预防疾病。他创造了一种新的运动方法，名叫"五禽之戏"，模仿虎、鹿、熊、猿和鸟类五种动物的动作姿态，来锻炼人的身体各部。

（李秋媛）

# 黄巾起义

东汉刘秀（光武帝）建国不久，皇亲国戚和开国功臣就在河南一带大量侵占民间土地。中期以后，外戚、宦官相继当权，侵夺土地更加猖狂，如章帝时的外戚窦宪，倚仗权势霸占土地，甚至以低价强夺沁水公主的园田。后来被章帝发觉，责骂他说："公主的土地你还敢强占，何况百姓！"桓帝时，宦官侯览前后夺人住宅三百八十一所，田地一百一十八顷。除外戚、宦官外，一般商人、地主也大量兼并土地。东汉后期，社会危机更加严重：贵族、官僚、商人、地主日益加剧土地的兼并，农民大批破产、流亡，或依附豪族做佃客，或卖身为奴，离乡背井、流散道路的人，触目皆是。

政治的黑暗和腐败，是东汉中期以来加深人民痛苦的一个很重要的原因。不管是外戚当政，还是宦官当权，百姓都受尽欺凌和迫害。桓帝时，外戚梁冀独揽朝政，他的亲戚布满州郡，爪牙横行地方。为了搜刮钱财，他把地方上的富户关入狱中拷打，敲诈勒索，出钱多的可以赎身，给钱少的或被杀死，或被流放远地；数千百姓被迫为他做奴做婢，受尽剥削压迫，苦不堪言。梁冀死后，朝廷没收他的家产，资财达三十多亿，相当于政府全年税收的一半。宦官执政也是同样的凶残。单超、左悺、具瑗、徐璜、唐衡因谋诛梁冀有功，五人同日封侯，世号为"五侯"。单超死后，四侯势力更盛，到处欺压百姓，胡作非为，当时人刘陶上书指责宦官的残暴，认为他们与虎狼没有什么差别。

再加上东汉不断和羌族统治者发生战争，耗费几百亿钱财，负担也都落在百姓身上。人民不堪这种惨重的经济剥削和黑暗的政治压迫，纷纷起来反抗。从安帝时开始，各地大小规模不等的起义，就已陆续爆发，而且此起彼伏，散而复聚。"发如韭，剪复生；头如鸡，割复鸣；吏不必畏，小民从来不可轻。"这支表现人民坚强不屈的、充满革命气概的民谣在到处流传。全国在酝酿着一次更大规模的革命风暴。灵帝时，修建宫殿，加重赋敛，卖官卖爵，吏治更加败坏，剥削更加残酷，人民实在忍无可忍，终于，在中平元年（184），波澜壮阔的黄巾大起义爆发了。

起义军以黄巾包头，称为"黄巾军"。他们在张角、张宝兄弟的领导下，焚烧官府，捕杀贪官污吏，打击地主豪强，声势浩大，革命的火焰迅速燃遍了广大地区。后来，虽然起义各部都被东汉政府和地方豪强的联合武装镇压下去，然而东汉的统治经过这次暴风式的革命力量的打击，也到了奄奄一息的地步。

黄巾起义是中国历史上第一次利用宗教组织的农民大起义。起义军利用太平道教作为组织起义的工具，并且提出了要求政治平等、财富平均的"太平"理想。起义失败后，道教向两极分化：一部分上升变成封建统治阶级麻痹人民、维护其统治秩序的有力工具；另一部分则仍旧与农民群众相结合，成为组织农民暴动、宣传革命思想的武器。太平道的革命思想，成为后代农民起义"等贵贱，均贫富"思想的渊源。

（李书兰）

# 赤壁鏖兵

东汉末年，各处地方官吏和豪门大族在绞杀农民起义的过程中，造就了自己庞大的军事势力，各霸一方，互相攻伐，形成了3世纪初期封建割据的混战局面。在这些割据一方的势力中，力量比较强大的，在北方，有河北（黄河以北）的袁绍和河南（黄河以南）的曹操；在长江流域，有江东（长江下游一带）的孙权、荆州（今湖北、湖南）的刘表和益州（今四川、云南、贵州）的刘璋。

汉献帝建安五年（200），曹操在官渡（今河南中牟县东北）打败了袁绍，统一了北方。建安十三年（208）秋天，他又率军南下，打算统一全国。

这时，占据荆州的刘表刚刚死去，他的次子刘琮继位，在曹操大军的威慑下，投降了曹操。原来投靠刘表的刘备，则与刘表的长子刘琦一道，率领大约两万的兵力，退守夏口（今湖北武汉）。

曹操率领着号称八十万的大军（实际只有二十多万），自江陵（今湖北江陵）沿江东下，直逼夏口。刘备的情况十分危急，他派了诸葛亮到江东去联合孙权，共同抗曹。

孙权和刘表原来也有矛盾，只是这时见到曹操势盛，如果荆州真为曹兵占据，江东也就很难保全，鉴于这种形势，他同意了诸葛亮的意见，答应派大将周瑜、程普等人率军三万与刘备联合，共同抵抗曹兵。

曹操的大军自江陵顺流而下，舳舻（指船）千里，旌旗蔽空，声势十分浩大。曹操自以为在军事上占绝对优势，打败刘备乃至孙权，是不成问题的。官渡之战的胜利、刘琮的乞降，使得他变得骄傲起来。他不再能冷静地考虑双方的有利和不利条件。事实上，这时曹操的军队虽有二十多万，可是其中就有七八万人（主要是水军，是作战的主力）是刚刚投降过来尚怀疑惧的荆州水兵，而从北方来的兵士由于远来疲敝、不服水土，生病的很多。再加上刘琮初降，荆州民心未定，后方很不稳固。所以尽管曹操善于用兵，也并不是有全胜的把握的。

曹操的军队和孙、刘联军在赤壁（今湖北嘉鱼县东北）[①]相遇。曹操鉴于北方军队不惯水战，下令用铁索把战舰连锁在一起，以便兵士在船上行走如履平地，这就给了孙、刘联军采用火攻的机会。一天夜里，东南风大起，周瑜的部将黄盖假称投降曹操，带了一艘艨艟（méng chōng，古代的一种战船）斗舰，里面满载着灌了油的柴草，顺着风势直向曹营驶去。在离曹营不远处，船上一齐燃起火来，迅疾地向曹操的水军船舰冲去，火烈风猛，霎时间，曹军船舰就被延烧起来。那些船舰因有铁索连锁，仓促间无法拆开，一时烈焰冲天，曹操的水寨化成了火海。一会儿工夫，曹操的岸上营寨，也被延烧着了。曹军人马烧死溺死的不可胜计。孙、刘联军分水、陆两路乘势进击，曹操损失惨重。

赤壁之战后，曹操经过这次挫败，退回到北方，势力局限在中国北部，再也无力南下。220年，曹操病死，他的儿子曹丕废掉汉献帝自立为皇帝，国号魏，建都洛阳。刘备通过这次战争，趁机占据了荆州的大部分地方，有了立足之地，随即又向西发展，夺取了刘璋的益州。曹丕称帝的次年

---

① 今湖北武汉市赤矶山。

（221），刘备也自立为皇帝，国号汉（史称"蜀"，或"蜀汉"），建都成都。孙权经过这次战争，在长江中下游一带的势力得到巩固，力量比以前更加强大。229年，孙权称帝，国号吴，建都建业（今南京）。这就是历史上所说的魏、蜀、吴三国。三国鼎立的局势出现后，战争虽然仍旧继续进行，但是由于各国统治者都比较注意各自统治区内社会生产的发展和社会秩序的安定，所以，这时比起东汉末年时，由于军阀混战所造成的"出门无所见，白骨蔽平原"的局面，相对地要好得多。

　　"赤壁鏖（áo，形容战争激烈）兵"，指的就是这一次对三国鼎立局势的形成具有决定意义的大战役。

（李秋嫒）

# 曹操

　　曹操（155—220），字孟德，小名阿瞒，沛国谯县（今安徽亳县）①人，出身于宦官集团的大官僚家庭。二十岁时，他被地方官以"孝廉"名义推选为郎（官名），不久升为洛阳北部尉，负责管理京都地方的治安。洛阳是首都，豪强贵族很多，不好治理。曹操到任后，造了几十根五色棒悬挂在大门两旁，有违犯禁令的就用棒打死，以此来惩办那些触犯法令的豪强。后来，他在济南任相时，有十几个县官贪赃枉法，欺压百姓，被他奏免了八个。为此，当时豪强都非常恨他。

　　184年，黄巾起义爆发，曹操领兵镇压黄巾起义，并不断扩充自己的军事力量。192年，青州（今山东中、东部）黄巾军再起，攻到兖（yǎn）州（今山东西部）各地。曹操纵兵追击，打败了青州黄巾军，得降兵三十余万，男女百余万口。他从中挑选精锐，充实和扩大自己的队伍，号为"青州兵"，成为自己的军事主力。

　　196年，汉献帝从长安军阀董卓残部的控制中逃回洛阳，曹操要汉献帝迁都到许（今河南许昌），把这个傀儡皇帝直接放在自己的势力控制之下，

---

① 今安徽亳州。

然后利用他的名义发号施令。

军阀的连年混战，使北方社会经济遭到严重的破坏，人民生活困苦，军粮供应也很缺乏。为了安定社会，解决军粮问题，曹操在迎献帝迁都于许的这一年，在许的附近实行屯田，兴修水利，招抚流民开垦，第一年就取得了很大成绩，获得了一百万斛粮食。此后，他又把屯田推行到其他各地。几年的工夫，今河南一带地方农业生产便逐渐恢复起来。屯田地区的粮仓都堆得满满的，保证了军粮的供应。这是曹操迅速统一北方的可靠的经济基础。

赤壁之战后，曹操感到自己的力量还不够雄厚，一时还不能统一全国，还必须努力积聚力量。因此，他一面继续推行屯田政策，减轻赋税，发展农业；一面积极整顿内政，抑制豪强，加强中央集权。在政治上，他曾先后三次下令求贤，只要有真才实学，即使"出身微贱""门第低下"，也可以被量才录用。这一措施打破了长期以来豪族垄断政权的局面，使许多奋发有为的人得到了破格提拔的机会。同时，他还积极提倡文学，对当时知名的文人极力争取，加以重用。流落匈奴十多年的女文学家蔡文姬，就是由于他的招揽被赎回来的。曹操本人就是一个杰出的诗人，诗歌写得很好。他的两个儿子——曹丕（魏文帝）、曹植（曹子建），一个是当时著名的文学评论家，一个是当时才华横溢的大诗人。父子三人在文学史上都占有很重要的地位。曹操是一个有多方面才能的人，他不仅会打仗，而且还精通兵法，《孙子》十三篇，就是经过他的整理流传至今。

总之，从上面的叙述来看，曹操虽然曾经镇压过黄巾起义军，但是他做过许多有益于当时生产发展和社会进步的好事情，就他一生主要的活动来讲，是功大于过。他是我国封建时代杰出的政治家、军事家和文学家。

（唐赞功）

# 文姬归汉

蔡文姬，名琰，是东汉末年大文学家蔡邕的女儿。她博学多才，记忆力很强，尤其对于音律有极高的造诣。《后汉书·列女传》引刘昭的《幼童传》说：她小时，有一次听父亲夜里鼓琴，忽然断了一根弦，她只听声音就知道断的是第几根。父亲不相信她真的能辨别，认为是偶然猜中的，于是又故意弄断了一根来试她，结果又说得一点不差，这才知道她是真的能辨琴音，并不是瞎猜。

她一生的遭遇是十分悲惨的。她幼年时跟随父亲亡命在外，吃尽苦头；后来回到洛阳，嫁给河东卫仲道。192年，父亲在长安遇害，接着，母亲和丈夫也相继死亡，她一个人过着孤苦伶仃的生活。汉献帝兴平二年（195），她为南匈奴骑兵俘虏，被迫嫁给南匈奴左贤王。她在匈奴留居了十二年，生了两个孩子。但是，她日夜思念着自己的家乡，正如她自己所说，"无日无夜兮，不思我乡土"。

十二年过去了，中原地区发生了很大的变化。曹操先后打败了各地的军阀，统一了北方，基本上结束了北中国的战乱局面。曹操是一个有远大抱负的政治家，他想统一全国，希望人民能过安定的生活，国家能够富裕繁荣。他不仅注重积极发展生产，而且注重努力提倡文化建设。在他的周围，汇聚了许多方面的人才。蔡文姬是蔡邕的女儿，曹操和蔡邕是很好的朋友，蔡邕被王允所杀，只有蔡文姬这个女儿。加上文姬本人又是才女，曹操同情她的遭遇，更爱惜她的才能，因此决定把她接回来，好让她为文化事业做出一番贡献。

建安十三年（208），曹操派遣使者，携带着厚重的礼物，到匈奴把蔡文姬赎了回来。至此，流落匈奴十余年的蔡文姬，终于回到了故乡。文姬归汉后，曹操问她："夫人家中原先藏有很多古书，还能记得内容吗？"文姬回答道："从前亡父藏书四千多卷，因流离散失，一无所存，如今还记得内容的才四百多篇。"曹操说："很好。我派十个人，夫人口授，让他们记录。"蔡文姬说："不必。我自己缮写好，再给您送上。"果然，她凭着自己的记忆，默写出了四百多篇古代珍贵的典籍。

蔡文姬很有才华，她不但懂音律，而且诗作得很好，据说有名的长篇抒情诗《胡笳十八拍》就是她的作品。

（唐赞功）

# 三顾茅庐

"三顾茅庐"说的是207年刘备拜访诸葛亮的故事。

诸葛亮（181—234），字孔明，东汉末琅琊阳都（今山东沂水南）人，是一位杰出的政治家和军事家。童年时候，因父母先后去世，他跟随叔父寄住荆州，后来隐居在襄阳隆中（今湖北襄阳西），刻苦学习。他在隐居期间，常和许多好友在一起谈论国内的政治形势，对当时那些割据称雄的军阀们的情况都比较熟悉。他是一个有远大志向的人，常自比为春秋战国时期的管仲和乐毅。显然，他的隐居，并不是为了逃避现实，而是在等候机会，待时而起。熟悉他为人的人，都很敬重他，称他为"卧龙"先生。

刘备在多年军阀混战中，始终没有占据到稳固的地盘，后来被迫跑到荆州去依靠刘表。在荆州时，刘备认识了当时的很多知名人士。司马徽和徐庶，就是他十分钦佩的人物。这两个人也都是诸葛亮的好朋友，他们在刘备面前极力推荐诸葛亮，认为只有他才是当今真正有学问、识时务的俊杰。经过他们的介绍和推崇，刘备十分渴望这位"卧龙"先生能够出山来辅佐自己。207年，刘备为了表示推崇的诚意，一连三次，冒着严寒亲自到隆中去敦请诸葛亮。前两次都未见到诸葛亮的面，直到第三次，诸葛亮深感他的热诚，才出来接见。这就是历史上被传为美谈的"三顾茅庐"的故事。

在隆中草房里，刘备坦率地倾吐了自己的抱负与目前所处的困境。诸葛亮也纵谈天下的形势与自己对形势的见解，他说："现在曹操占据着北方，拥有百万之众，挟天子以令诸侯，暂时还不能跟他争锋。孙权占据江东，已经统治了三代，国势稳定，不能与他为敌，最好是与他联合。现在只有占据荆州、益州作为根本，然后内则励精图治，充实国力，外则联合孙权，团结西南各族。等待时机成熟，命令一名上将率领荆州军，北向攻取南阳和洛阳，将军您则亲自率领益州主力西出秦川（陕西），取长安，夺中原。如果能照这样做，当可以统一全国。"这一席话就是有名的"隆中对策"。这段话对当时天下形势的分析是很有见识的。刘备听了，极为佩服。从此，诸葛亮就结束了自己的隐居生活，成了刘备的主要谋士，正式登上了政治的舞台。

208年，曹操率领二十多万大军（号称八十万），准备统一南方，这时刘备刚从樊城逃往夏口，兵力只有两万余人。在这大军压境、危在旦夕的形势下，诸葛亮初出茅庐就表现出了卓越的政治、军事才能。他分析了敌我形势和双方的各种条件，认为只有联合孙权，共同抗曹，才有出路；他只身赴东吴，说服孙权，成立孙刘联军，采用火攻办法，在赤壁一战，大破曹军。脍炙人口的"舌战群儒""借东风"等传说，就是根据诸葛亮在这次战争中的杰出活动而虚构、夸张出来的。

赤壁之战奠定了三国鼎立的局面。赤壁之战后，刘备占领了荆州，以后又占据了益州。221年，刘备在成都称帝，国号汉；诸葛亮为丞相，负责管理蜀国的政治、经济和军事。223年刘备死后，诸葛亮又辅助他的儿子刘禅（阿斗），更是兢兢业业。

在诸葛亮任丞相期间，蜀汉一方面励精图治，严明赏罚，减少冗官浮员；另一方面注意奖励农业，恢复生产，推行屯田政策。诸葛亮自己也能够虚心纳谏，谦虚谨慎，生活也比较俭朴。因而，蜀汉成为当时一个政治上比较清明的国家。为了巩固后方，蜀汉对西南少数民族，采取了和好政策，从而使彼此的关系得到了改善和加强。

在做好了上面的准备工作以后，蜀汉开始了北伐曹魏的军事行动。诸葛亮亲自率领部队，六次北伐，两次出祁山（今甘肃西和县西北）。在历次战斗中，诸葛亮表现出了足智多谋的军事才能和坚韧不拔、苦干实干的精神。234年，他因为操劳过度病死在五丈原（陕西眉县西南）前线。据说他死前吐血不止，还带病坚持工作，真正做到了他自己所讲的"鞠躬尽瘁，死而后已"。

在二十几年的战争生活中，诸葛亮积累了丰富的战斗经验。他善用计谋，精通兵法，出色地改善和运用了"八阵图"法，连他的敌手司马懿也称赞他是"天下奇才"。据说，他还创制了一些新式武器和运输工具，如经他革新的"连弩"，能同时发射十箭，威力比旧式连弩大得多；再如，为了适应蜀陇山区运输的需要而制造的"木牛流马"，使用起来非常灵活方便。

由于这些，在后来的小说《三国演义》以及各种戏曲传说中，诸葛亮被塑造成了一个忠贞、智慧的典型角色，并且被渲染、夸张成为一个能掐会算、呼风唤雨、充满传奇色彩的神话人物。我国民间有句谚语，"三个小皮匠，胜过诸葛亮"，这两句话一方面表明了人多智慧大、主意多这一真理，另一方面也表明了人们对诸葛亮的杰出才能的颂扬。

（黎　虎）

# 晋朝的建立

司马氏的晋朝，是东汉以来逐渐强大起来的世家豪族这一阶层，在司马氏家族的领导下，篡夺了主张中央集权的曹魏政权而建立起来的。

东汉以来，世家豪族的势力非常强大。在经济上，他们占有大量土地，占有劳动力，一家大豪族，常是"膏田满野，奴婢千群，徒附（一种依附性很强的农民，类似农奴）万计"；在政治上，他们独占官位，一家豪族常是"四世三公（四代都做三公大官）"。东汉末年的政府，就是依靠这个阶层的势力才把黄巾起义镇压下去的。黄巾起义失败以后，东汉中央政府的力量更加薄弱，世家豪族的力量也就更加强大。

曹操以镇压黄巾起义起家，他在逐个消灭了黄河流域的地方割据势力后，统一了北方。曹操不喜欢这些世家豪族。这些世家豪族都是些大大小小的地方割据势力，大的想占郡占县、称王称霸，小的也想占土地占人口、武断乡曲。曹操想建立起有力量的集中权力的政府。曹操的想法和这些世家豪族的想法，是对立的。曹操采取了很多措施，在政治上、经济上打压世家豪族的势力，曹操所任用的一些地方官也都以能够打压世家豪族的势力而得到曹操的喜欢。

司马氏和曹氏相反，他在政治上是代表世家豪族的利益的，司马氏家族本身就是河内温县（今河南温县）的大豪族。

晋朝第一个皇帝——武帝的祖父司马懿是司马氏取得政权的一个重要人物。

司马懿原在魏朝政府里做官。249年，他发动了一次政变，杀死魏朝执政大臣曹爽和一些曹爽的同党，就实际上掌握了大权。不过，这个时期曹家的势力还很大，司马懿还没敢一下就废掉曹氏皇帝。

司马懿集中力量在两方面做工作，来为他夺取政权铺平道路。他一方面逐个消灭和曹魏关系密切的一些实力派人物，一方面建立五等爵，承认世家豪族的政治、经济特权，以此来取得世家豪族的欢心和支持。司马懿死后，他的儿子司马师、司马昭继续执政，也就继续做这些工作。265年，一切条件成熟了，司马昭的儿子司马炎就夺取了魏朝的皇位，自己做起皇帝来，这就是晋武帝。司马炎建立的晋朝都城在洛阳，历史上称为西晋。

司马氏的晋朝，就是这样建立起来的。

（何兹全）

# 石崇、王恺斗富

这是西晋武帝时候的事情。

当时统治阶级生活极端腐朽，他们荒淫无耻，纵情享乐，以豪华奢侈为荣耀，以比赛浪费为乐趣。石崇与王恺斗富的丑剧，就是统治阶级腐朽生活的典型。

王恺是武帝的舅父，石崇是个大官僚，两人都是依靠剥削、压迫劳动人民而发财的大富翁。王恺家里用麦糖洗锅，石崇家里就把白蜡当柴烧；王恺出门，在道路两旁用紫丝布做成步障四十里，石崇就用锦缎做成步障五十里；王恺用赤石脂泥墙，石崇就用香料泥墙。武帝看到舅父比不过石崇，就赐给他一株珍贵的珊瑚树，高三尺多。王恺自谓无比，请石崇观赏。不料，石崇一下把它打得粉碎。王恺非常惋惜，石崇说："你用不着惋惜，马上可以奉还。"接着叫左右的人搬出家藏的珊瑚树，高三四尺的就有六七株之多。这两个荒诞的贵族，就是这样肆无忌惮地糟蹋劳动人民辛劳创造的财富！

王恺和石崇还常常大宴宾客。王恺同客人喝酒时要美女在席旁吹笛，如果吹得稍失音韵，就把美女杀掉。石崇用美女劝客饮酒，如果客人喝得不高兴，或喝得不多，就杀美女。在一次酒席上，一个残忍的客人故意不喝，石崇就连杀三个美女，真是残暴到绝灭人性的地步！这些美女是他们家里蓄养的婢女。他们为了自己的荒淫纵乐，竟任意杀死她们。

西晋统治集团的丑恶行为是数不尽的，岂止石崇和王恺如此？最高统治者晋武帝就是一个荒淫无耻的家伙！他差不多把民间长得好看一点的女子都选入了宫廷。灭吴国后，他又选取了吴国宫女数千。据说，他宫中总共有宫女一万人以上。平日，他乘着羊车，便任羊车拖他到后宫随便什么地方，车停到哪里，便在哪里宴寝，整天沉浸在荒淫的生活中。有皇帝带头，这就无怪一般豪门贵族跟着奢侈放纵。大官僚何曾，每天吃饭要花一万钱，还说没有下筷子的地方。他的儿子何劭，一天膳费达两万钱，奢侈又甚于父亲。贵族子弟常常披着头发，脱光衣服，一起狂饮，戏弄婢妾。他们的行为，就是这样无耻和放荡！

西晋上自皇帝，下至所有官僚贵族，都十分贪财，晋武帝就公开卖官营利。司徒王戎，贪污勒索，积财无数，田园遍天下；每天晚上，还亲自和老婆在灯下拿着筹码算账，分毫必较。他家里有好李子，怕卖出以后，别人得到好种和他争利，于是先把李核钻了再拿到市场上去卖。石崇做荆州刺史时，竟然指使部属公开抢劫过路行旅。

西晋统治阶级当权派大都是地主阶级中的门阀豪族，朝廷规定他们有免除课役和世代做大官的特权。他们占有无数良田耕地和大量佃客（为他们种地的农民），无情地对广大劳动人民进行奴役和剥削，以此来积累财富，维持自己极端可耻的生活。

（严志学）

# 八王之乱

　　"八王之乱"是西晋皇族之间的一场争夺权力的斗争。

　　265年，司马炎（晋武帝）称帝，随后大封同姓子弟为王。他改变汉魏以来虚封王侯的办法，给予诸王军政实权。诸王不仅在封国之内权力很大，有的还兼理一方军务，如汝南王司马亮都督豫州诸军事，楚王司马玮都督荆州诸军事……这样，诸王既有封土，又有军队，势力逐步扩充，野心自然随之滋长。

　　290年，晋武帝死，惠帝继位，由皇太后的父亲杨骏辅政。惠帝是个白痴，当时，天下荒乱，人民饿死的很多，而他却问："那些人为什么不吃肉粥？"这个白痴做皇帝，大权旁落。于是，野心勃勃的诸王就想趁机争夺政权。

　　战乱的开始是从宫廷发动的。惠帝的皇后贾南风与杨骏争权。291年，她使楚王司马玮带兵入朝，杀了杨骏，并请汝南王司马亮辅政。不久她又指使司马玮杀死司马亮，接着就用矫诏擅杀的罪名，杀死楚王司马玮，夺得全部政权。300年，赵王司马伦起兵杀死贾后，第二年废掉惠帝，自己称帝。从此，大乱由宫廷内乱发展到诸王间的大混战。

　　这时，齐王司马冏镇许昌，成都王司马颖镇邺，河间王司马颙（yóng）

镇关中，这三镇都是军事要地，力量最强。这年三月（阴历），齐王司马冏联合成都王司马颖、河间王司马颙共同起兵反对赵王司马伦。经过六十多天的厮杀，战死近十万人。最后，赵王司马伦战败被杀，齐王司马冏入洛阳，惠帝复位，齐王专政。

302年，河间王司马颙派兵两万进攻洛阳，并约长沙王司马乂（yì）进攻齐王司马冏。长沙王司马乂和齐王司马冏在洛阳城内连战三日，齐王司马冏战败，长沙王司马乂割下齐王的头，徇示（巡行示众）三军，朝政又落在长沙王司马乂手里。

303年，成都王司马颖和河间王司马颙以长沙王司马乂"论功不平，专擅朝政"为口号，联兵反对长沙王司马乂。司马颙派部将张方率精兵七万出关东趋洛阳，司马颖派陆机等率二十万军队从北向洛阳进攻，惠帝和长沙王司马乂退出洛阳。张方进入京城，纵兵大掠，杀人万计。后张方退屯洛阳附近，惠帝还宫，但不能打退张方的包围。京城男子十三岁以上的都被拉去当兵，一石米值万钱，许多人因此饿死。东海王司马越在洛阳城中勾结部分禁军，把长沙王司马乂擒住，交给张方，为张方烧死。成都王司马颖旋即进入洛阳，做了丞相，但不久，仍回到他的老巢邺城，张方则在洛阳掠夺了官私奴婢万余人西还长安，军中没有粮食，就杀人和在牛马肉里一起吃。真是一群吃人的野兽！

304年，东海王司马越带领禁军和惠帝，讨伐成都王司马颖。在荡阴（今河南汤阴县西南）一役，被司马颖杀败。惠帝身中三箭，被俘入邺城，东海王司马越逃到自己的封国（山东郯城县）。河间王司马颙令张方率兵占据洛阳。

幽州刺史王浚曾和成都王司马颖有仇隙，这时，他便联合并州都督司马腾反对司马颖，并勾结一部分鲜卑、乌桓人充当骑兵。司马颖也求匈奴左贤王刘渊助战。刘渊派骑兵五千助司马颖。司马颖被王浚打败，奉惠帝逃入洛阳，王浚军队进入邺城，大肆抢掠杀人，鲜卑兵还掠走许多妇女。由是，诸王间的混战便扩展为各族统治者间的混战。

占据洛阳的张方看到洛阳已经被劫掠一空，便强迫惠帝和成都王司马颖迁往长安。到长安后，成都王司马颖被废，司马颙独掌朝政。

305年，东海王司马越又在山东起兵，并联合王浚进攻关中，攻入长安，又大肆杀掠。司马越送惠帝返还洛阳。306年，司马越先后杀死司马颖、司马颙和惠帝，立晋怀帝，大权最后完全落在他手里，战乱才宣告结束。

从291年贾后杀杨骏，到306年司马越立晋怀帝，战乱达十六年之久。参加战乱的，除贾后外，共有八王，所以史称"八王之乱"。

（严志学）

# 南北朝　六朝

自东汉以来，匈奴、鲜卑、羯、氐、羌等少数民族不断地向长城以内和黄河流域一带迁徙，到西晋时，有的已经徙居内地很久。由于长期与汉族交往，他们逐渐走向定居的农业生活，经济文化有了迅速的发展。

西晋末年，腐朽的统治阶级内部爆发了"八王之乱"，长达十六年之久的激烈的混战，给人民带来了巨大的灾难，人民无法生活，走投无路，不断掀起反对西晋统治阶级的英勇斗争。各少数民族也都乘机起来反抗晋朝的统治，最先起兵的是匈奴族的刘渊。刘渊是匈奴贵族，304年，在左国城（今山西离石）称汉王，308年称帝，建都平阳（今山西临汾）。刘渊连败晋军，很快占领了山西中部和南部一带地方。310年，刘渊死，刘聪继位。次年，刘聪派刘曜、石勒攻进洛阳，俘晋怀帝，杀晋王公、士民三万余人，纵兵焚掠，洛阳城遭到严重破坏。怀帝被杀以后，晋愍（mǐn）帝即位长安。316年，刘曜攻破长安，晋愍帝投降，西晋灭亡。

西晋灭亡以后，中国出现了各族统治者长期割据混战的局面。从304年刘渊称王起，到439年北魏统一中国北部止，一百三十五年间，各族先后在北方和巴蜀建立了十几个国家。

中国北部这种分裂的局面，最后为鲜卑族拓跋氏建立的北魏所统一。

494年北魏孝文帝自平城（今山西大同）迁都洛阳，改姓元，实行改革，推行均田制，并加强鲜卑贵族和汉族大地主的结合。各族人民在北魏政权的统治下逐渐融合。534年，北魏分裂为东魏和西魏，以后东魏为北齐所代，西魏为北周所代。

西晋亡后，317年，司马睿在江东建康（今南京市）建立政权，历史上称为东晋。东晋从建国起到420年灭亡止，共经历了一百零四年。东晋以后，紧接着有宋、齐、梁、陈四个朝代，它们都建都在建康。

这样，从420年东晋灭亡，到隋统一的一百七十年间，中国历史上形成南北对立的局面，这一时期，历史上称作南北朝。南方的东晋、宋、齐、梁、陈加上三国时候的东吴，都是建都在建康（东吴时称建业），历史上又把它们称作六朝。

（唐赞功）

# 闻鸡起舞

西晋灭亡后，司马睿（历史上所称的晋元帝）在建康建立东晋政权，北方陷入了各族统治者的混战中。北方各族统治者非常残暴，他们任意烧杀掳掠，北方生产遭到严重破坏。人民不断地起来反抗，他们到处建立坞堡，夺取城镇，在反抗统治阶级的斗争中，汉族人民和各族人民的命运密切结合起来了。

祖逖（tì）是这一时期的一位英雄，他是范阳（今河北涿县北）①人，和刘琨是很好的朋友。他们俩在青年时代就很有抱负。每当他们谈论到天下大势、讨论起当时的政局时，总是慷慨激昂，义愤满怀。有时，在半夜里，他们听到鸡叫，就披衣起床，拔剑起舞，来磨砺自己的意志，锻炼自己的身体。祖逖眼看到晋朝统治者相互争战，把中原闹得乌烟瘴气，心中非常难过。他对刘琨说："万一天下大乱，豪杰并起，我们决不能总待在中原，没有作为啊！"

匈奴贵族刘渊起兵以后，中原陷入了非常混乱的状态。祖逖率领亲族和部属、家人南下，后来到达了京口（今江苏镇江市）。

---

① 今河北省涿州市北。

那时，东晋王朝中以晋元帝为首的统治集团，只把目光集中在巩固江南的统治上，从来不想改革政治，也从来不做北伐的准备。谁主张北伐，谁就受到排斥和打击。大臣周嵩劝晋元帝整顿军事，加强武备，收复中原后再称皇帝，几乎被晋元帝杀死。祖逖要求晋元帝允许他带兵北伐，说："各族统治者趁晋朝皇族自相残杀，兴兵扰乱中原，人民遭受残害。如果让我带兵北伐，必定会得到天下的响应。"晋元帝不好直接拒绝他，但只给了他一个豫州刺史的空头衔，一千人的食粮和三千匹布，要他自己去招募军队和制造兵器。在这样艰困的情况下，祖逖丝毫不灰心，他带领随从他的一百多人渡江到北岸去。当船到江中时，他取楫（船桨）击水，当众起誓说："我祖逖不能肃清中原，决不回头！"态度坚定，声音激昂，和他一同渡江的人都非常感动。他到北方后，不久就组成了一支两千多人的队伍。祖逖的军队既缺乏粮食，又受到敌人的袭击，处境非常困难。可是人民支持他，给他送粮送信，欢迎北伐军就像欢迎自己的亲人。祖逖没有一刻忘记过渡江击楫的誓言，他紧紧地依靠人民，和敌人展开了不屈的斗争。317年，他带领大军在谯城（今安徽亳州）打败石勒的军队。三年以后，收复了黄河以南的大部分地区。他团结人民，保卫收复的土地，得到了人民真诚而热烈的拥护。他继续练兵，准备向黄河以北推进。

但是，他的胜利引起了东晋政府的敌视。东晋政府不仅不支持他，还派人监视他。他看见东晋君臣只是争权夺利，晋元帝只想做一个偏安江南的皇帝，权臣王导只想建立一个王氏当权的小朝廷，尤其是权臣王敦非常专横，还准备发动叛乱，知道收复全部失地已经没有希望，他感到愤恨，感到痛苦。321年，他在忧愤中病死。收复的失地，很快又被石勒完全占领。他的死，引起了人们极大的悲痛，人们到处修祠纪念他。据史书上说，豫州地方的人民听到他逝世的消息，都不禁痛哭流涕。

（吴雁南）

# 风声鹤唳　草木皆兵

4世纪中叶，氐人占据了关中，建立了前秦。后来，苻坚做了前秦的皇帝，他任用王猛，打击豪强，休息民力，国势日益充裕。前秦渐成为北方强大的国家，它先后灭掉前燕、前凉，统一了北方。

382年，苻坚召集满朝文武官吏，对他们说："我做皇帝将近三十年（实际只有二十五年），四方大体上已经平定，只有东南一角的东晋不肯听从命令。我准备亲自率领大军灭晋，你们看行不行？"除个别人外，多数大臣都不同意出兵攻晋，认为攻晋不会讨得什么便宜。大家讨论了很久，始终不能得出苻坚所希望的结论。苻坚很不耐烦地说："这样议论纷纷，哪能有什么成果！让我自己做决定好了。"

苻坚同他的弟弟苻融单独商议，苻融指出：前秦的军队长期攻战，士卒疲劳，军民存在畏惧东晋的情绪；鲜卑人、羌人、羯人布满长安附近一带，他们并没有真正归顺前秦，大军一旦东下，关中会发生很大的危险。苻融还说，凡是说不可伐晋的人都是忠臣。苻坚听了，不高兴地说："怎么你也会说这样的话，真使我感到失望。"

大臣们不断苦谏，劝他不可攻晋。而鲜卑贵族慕容垂等却希望苻坚在战争中失败，好趁机恢复前燕的统治，都私下劝苻坚出兵。

383年秋，苻坚派苻融为前锋带领二十五万人，大举攻晋。前秦的兵力共有步兵六十万，骑兵二十七万，这里面有鲜卑人、羯人、匈奴人、氐人、羌人，其中大部分是汉人。进军的声势看起来很大，旌旗相望，首尾一千多里，先头部队已经抵达淝水附近，而后继部队才从咸阳出发。实际上这是一支七拼八凑、内部很不稳固的队伍。

东晋派谢玄、谢石等率领八万人迎击前秦军。谢玄、谢石等人决定趁前秦军主力还没有集结的时机袭击它的前锋，一举击溃前秦军。他们首先派刘牢之率兵五千在洛涧（在今安徽定远县西）打败前秦军，随即指挥各路兵马乘胜前进，直逼淝水右岸，和前秦军隔河相对。秦王苻坚和他的弟弟苻融登上寿阳城，远远望见晋兵阵势非常严整，又望见前面八公山上的草木，以为都是晋兵。他对苻融说道："敌人相当强劲啊！"说时不觉脸上流露出了畏惧的神色。

东晋和前秦军在淝水对峙，晋军请求前秦军稍往后退，愿意渡河同前秦军决一胜负。苻坚企图趁晋军半渡的时候歼灭晋军，就答应了晋军的要求。前秦军士气低沉，见前面军队移动，以为是打了败仗，又听到有人喊："秦兵败了，秦兵败了。"军心由是大乱，士兵们都不顾苻坚的命令，一个劲儿往后退却。晋军渡河，乘势猛追，前秦军大败。溃退的前秦军争先恐后，自相践踏，金鼓旗帜，抛弃满地，残尸断骸，蔽野塞川。逃命的前秦兵，不敢停下来休息，听到风声、鹤唳，都以为是晋兵追到，昼夜不停地奔跑，十分之七八饿死、冻死在路上。苻坚狼狈逃回北方，苻融被晋兵杀死。晋军取得了辉煌的胜利。

淝水之战是东晋十六国时期最大的一次战争，也是决定南北朝对立局面形成的一次战争。

（吴雁南）

# 魏孝文帝

淝水之战后，前秦很快地崩溃了，北方又走向了分裂。386年，鲜卑族拓跋部在山西北部建立了政权，并逐渐向南发展。拓跋部建立的政权最初称代，被灭后，燕取得河北，后又改称魏，历史上称作北魏。439年，北魏统一了北方。

当时，在黄河流域，大地主田庄进一步发展起来，许多大地主往往控制几百家、几千家的农民，甚而还拥有武装，成为北魏政府加强对各地方控制的对抗势力。在这种情况下，北魏政府不得不承认大地主在地方上的势力，拉拢他们到政府里去做官，承认他们对其所控制的农民的剥削权力。农民在北魏统治者和大地主的压迫下，非常困苦，不断举行起义。

北魏统治者认为，为了缓和自己统治下各族人民的反抗和增加国家财政的收入，就必须把劳动人口从大地主手里夺过来。485年，大臣李安世向北魏孝文帝拓跋宏上书说：在荒年里，人民逃亡，他们的土地多半被豪强地主霸占，现在应当均量土地。孝文帝采纳了这个意见，派大臣巡行州郡，会同地方官吏实行均田。根据均田规定：男丁十五岁以上受露田（耕种谷物的田）四十亩，妇女二十亩，种植各种谷物。因为土地要休耕，故实际上都得加倍受田。休耕两年的，三倍受田。此外，男丁给桑田二十亩，种桑树、枣树和榆树。农民年老或死亡，露田要归还政府，桑田由农民永远使用，不还。

受田农民，一夫一妇每年要交纳租税粟二石，帛一匹，男子还要服徭役和兵役。

那时候，往往三五十家共立一个户籍，大地主隐匿的农户很多，妨碍着均田制的实行。孝文帝颁布均田制的第二年，大臣李冲建议，实行三长法：五家组成一邻，五邻组成一里，五里组成一党。邻有邻长，里有里长，党有党长，合起来称作三长。三长负责检查户口，征收租税和征发徭役等。许多大臣本身就是大地主，隐匿的农户很多，他们群起反对李冲的主张。文明太后（太皇太后）和孝文帝为了加强自己的统治力量，坚决支持李冲。他们说："立三长制使租税有一定的准则，可以把逃避租税的人口清查出来，为什么不能实行呢？"结果，三长法在文明太后和孝文帝的坚决主张下实行了。

均田制、三长法实行以后，许多被大地主隐匿的不交租税的人口清查出来了。北方农民有了一定的土地，生活和生产比以前安定了，更多的荒地随之被开垦出来。北魏的农业得到了迅速的恢复和发展。

为了同黄河流域的汉族大地主取得联系，进一步巩固北魏的政权，孝文帝决心把都城从平城（今山西大同）迁到洛阳。孝文帝知道，迁都一定会遭到各方面阻挠。他召集文武大臣，宣称要大举进攻南朝。以任城王拓跋澄为首的大臣纷纷反对。退朝后，孝文帝召任城王入宫，对他说："我们鲜卑人起自北方，首都平城，这是用武的地方，不能作为'文治'的中心。我想以进攻南朝的名义，带领大家南下，迁都中原。你的意见怎样？"拓跋澄领会了孝文帝的意思，知道单凭武力不能长久维持北魏的统治，必须拉拢汉族地主，用政治来维持国家。他全力拥护迁都的计划。493年，孝文帝带领步骑三十万南下，到了洛阳，还表示要继续南进，群臣要求停止南伐，孝文帝借此对大家说：“你们既然不愿意南下攻伐南朝，就得听我的话，迁都洛阳。”第二年，北魏正式迁都。迁都洛阳后，孝文帝对于改革鲜卑风俗、推行汉化政策更加积极。他下令鲜卑贵族采用汉姓，同汉族大地主通婚，改穿汉人的服装，说汉语。他自己带头改拓跋氏为元氏，并要所有迁到洛阳的拓跋贵族，都算作洛阳人。他还全部采用了汉族统治封建制度。

北魏孝文帝的改革，增加了国家的财政收入，巩固了封建统治，加速了鲜卑族和汉族人民的融合。

（吴雁南）

# 葛荣起义

北魏后期，统治者日趋腐化。高阳王元雍的宫室园林，可以同皇宫、禁苑相比。他家役使的童仆就有六千多人，他吃一顿饭，就要花好几万钱。河间王元琛同他比富，用银槽喂马。胡太后在皇宫旁边修建永宁寺，极其壮丽豪华，寺里到处陈设着珠玉锦绣。

统治者的挥霍浪费，加重了对农民的敲诈勒索。比如，调绢原规定每匹长四丈，可是有的官吏却强迫人民交七八丈算作一匹，租米也往往加倍征收，以致农民的生活越来越困苦。

北魏初期，在北方边缘设沃野、怀朔、武川、抚冥、柔玄、怀荒六镇（以后又增设三镇），驻重兵防止柔然人的进攻。边镇将领非常贪暴，任意奴役士兵，因而激起了以破六韩拔陵为首的军民起义，起义军屡次打败北魏军队。白道（今内蒙古呼和浩特市北）一战，使广阳王元深带领的军队几乎全军覆没。后来，北魏统治者借柔然人的兵力，才把起义镇压下去。北魏军队俘虏了参加起义的军民二十多万人，强行把他们押送到河北去。这批人才到河北，就同各族人民结合起来，举行了声势更为浩大的起义。

526年，大起义爆发。葛荣领导的一支起义军日益壮大起来。葛荣，鲜卑人，曾经做过北魏怀朔镇的镇将，以后参加了起义军。起义军在博野县

（今河北博野）袭击章武王元融，经过一天的激战，大败北魏军，元融被起义军杀死。不久，起义军又在定州（今河北定州）的一次战斗里，擒杀北魏军统帅广阳王元深。528年，河北的起义军集中在葛荣的领导下，控制了河北广大地区。起义军发展到近百万人，"锋不可当"。

葛荣领导的起义军包围了相州（今河南安阳），准备攻克相州以后就向洛阳进攻。起义军的前锋越过汲郡（今河南卫辉），他们沿途处死官僚地主，夺取大地主的财产，得到人民的热烈拥护。北魏的大将尔朱荣带领七千骑兵，急忙奔扑相州。胜利使葛荣产生了轻敌的情绪。得到北魏军来攻的消息后，他对部将说："你们准备一些长绳，等尔朱荣一来，就跟我抓俘虏。"葛荣的大军向前迎敌，列阵几十里。尔朱荣集中兵力袭击起义军，两军在相州城下展开激战。起义军失败了，葛荣战败被俘，送到洛阳后被害。

（吴雁南）

# 王羲之

　　王羲之，字逸少，是东晋时代杰出的书法家。他做过右军将军，所以后人也叫他王右军。他的书法艺术在我国历史上享有极高的声誉，后人把他称为"书圣"。

　　王羲之写的字既秀丽，又苍劲，在当时就很闻名，受到许多人的喜爱。据说，在山阴（今浙江绍兴）地方，有一位道士想求王羲之写一本《黄庭经》，怕他不答应，便想了个巧妙的办法。他打听到王羲之最喜欢鹅，就买了一群鹅，把它们养得又肥又白，十分讨人喜爱。一天，王羲之路过那里，看见这一群羽毛洁白、姿态美丽的鹅后，心里有说不出的喜欢，看了又看，舍不得离去，他要道士把鹅卖给他。这时，道士故意不肯卖，说："鹅是不卖的，要么你给我写一本经来换还可以。"王羲之一听这话，马上答应，就聚精会神地写好一卷《黄庭经》，交给了道士，才把一笼子鹅带走。这就是人们历来传颂的"书成换白鹅"的佳话。

　　王羲之的书法艺术，不仅吸收了汉魏以来许多书法家的精华，更重要的是他能摆脱传统的束缚，开创一种新的境界。他书写的有名的《兰亭序》，笔飞墨舞，气象万千，是他书法艺术的代表作。人们评论他所写的字是"飘若浮云，矫若惊龙"。这两句话正好说明了他的书法艺术的风格。到了唐朝，唐太宗李世民对他的书法推崇到了极点，并且号召大家学习他的书法。经唐太宗这么一提倡，唐、宋以后，所有的书法家几乎没有一个人不临摹王羲之的书法。

王羲之在书法艺术上之所以有这样高的成就，和他的勤学苦练是分不开的。据说，他即使在走路和休息的时候，也在揣摩字体的结构、间架和气势，心里想着，手指也随着在自己身上一横一竖地画着，日子久了，连衣服都画破了。他每天练习完了字，要到门前的池塘里去洗笔砚，时间久了，池塘里的水都变成黑色的了。

据《寰宇记》记载，在会稽戢山下，有王右军的洗砚池。戢山在今浙江省绍兴市东北，是王羲之的故乡。

（张福裕）

# 顾恺之

　　顾恺之（341—402），字长康，无锡人，是东晋时代一位杰出的画家，在绘画创作和绘画理论两方面都有很高的成就。

　　这位大艺术家，年轻时候诗、文、书、画都很精通；加上他性情坦率、自负，为人诙谐、古怪，所以被人称为"才绝、画绝、痴绝"三绝。

　　顾恺之确是一个多才多艺的人，特别是在绘画上的造诣尤其突出。在历史上有这样一则动人的故事：据说，兴宁二年（364）时，江宁（今南京）要修建一所大庙，和尚们到处向各方人士化缘募款。当时，一般士大夫官僚捐的钱没有一个超过十万的，而顾恺之却满口答应要一个人乐捐一百万。大家见他承诺捐的这个数太多，都不太相信，以为他可能是在说大话，或者是在开玩笑。过了一些时候，和尚们果真拿着缘簿来找他，向他要一百万钱。这时顾恺之不慌不忙地对和尚们说："请你们在新建的庙里，准备好一堵白墙，我自有道理。"和尚们也不知他要做什么，只好照着他说的这么办。顾恺之在庙里住了一个多月，专心一意地在那堵白粉墙上画一尊维摩诘（佛教故事中的人物）像。快完工时他对和尚们说："明天可以请人来看一幅画，告诉大家：头一天来看的人，要捐十万钱；第二天来看的人可以减半，只捐五万钱；第三天以后，捐多捐少可以随便。"这消息传出后，轰动远近。许多人都想来看看究竟是一幅什么画。到了这天，来的人不少。那幅维摩诘像的清瘦面容，满含着慈祥庄严的神情，既像在入定，又像在沉思，使人看了有一种宁静圣洁的感觉。顾恺之的艺术魅力，使人受到了深刻的感染。果然，和尚们趁这机会募了一大笔钱，很快就凑足了一百万钱的数目。这个故事不仅说明了顾恺之绘画艺术的高度成就，而且也说明了人们对他的艺术的尊敬与喜爱。

顾恺之绘画创作的真迹，现在已经失传了，流传下来的只有后人摹本，如《列女图》《女史箴图》《洛神赋图》等几幅。

顾恺之在绘画理论上的成就也是非常突出的。根据他留下的《论画》《魏晋胜流画赞》和《画云台山记》三篇著作，可以看出他在人物画和山水画方面，有许多卓越的见解。比如，他认为画人物必须把丰富的想象和敏锐的观察结合起来，才能够把人物的精神状态表现得准确而微妙；并且主张人物的神气必须通过外形表现出来。这些论点，就是在今天，也还是有一定的参考价值的。

（张福裕）

# 祖冲之

祖冲之（429—500），是我国南北朝时候的一位伟大的科学家，他生活在南朝的宋朝和以后的齐朝。他在天文、数学、物理等方面，都做出了巨大的成绩。

他在天文历法上的贡献，主要是修订新历法。为了研究天文历法，他参考了历代所有的历书。为了证明前人说得对不对，他常常拿着仪器去观察日月星辰的运行，测量太阳影子的长短。经过这样仔细的研究和实地的测验，他发现过去的历法有很多地方不够精确。比如，关于闰年，在旧的历法里，每19年中有7个闰年，用这种历法每过两百年就要比实际天数相差一天。于是，他根据自己研究的结果，编了一部新的历法，叫作《大明历》，纠正了旧历法中的许多错误。在这部历法中，他把19年7闰改为391年中设置144个闰年，就比旧历法合理得多。同时，他还注意到了"岁差"（太阳从上一年冬至到下一年冬至，并没有回到原来的位置，这种现象在天文学上叫"岁差"）现象，并且把岁差应用到了《大明历》中。这是我国历法史上一件划时代的事情。由于在历法中应用了"岁差"，就使"回归年"（指太阳连续两次经过春分点所需要的时间）和"恒星年"（指地球绕太阳真正公转的一个周期）有了区别。祖冲之非常精确地测出了一回归年的日数是365.242 814 81

日，这和近代科学测量所得的日数相比，只差50秒，即仅有六十万分之一的误差。这个结果该是多么惊人的精密啊！

祖冲之在数学方面，把前人对"圆周率"的研究，大大往前推进了一步。圆周率指的是圆的周长和它的直径之比，这是一个常数。也就是说，任何大小的圆，它的周长和它的直径的比，都会得出这个常数。如果我们知道了这个常数，知道了圆的直径（或半径），再求圆的周长，就很方便了，只要将直径（或二倍半径）乘上这个常数就可以得出。我国古代许多数学家，为了推算这个常数，做出了不少的贡献。特别是晋朝的大数学家刘徽，创造了用"割圆术"（用圆内作内接正多边形以求圆周长的一种方法）来计算圆周率值的科学方法，更是取得了辉煌的成绩。祖冲之为了天文、历法上的推算和度量衡的考核需要，也研究了圆周率。他在刘徽"割圆术"的基础上，继续精心推求，最后精确地算出圆周率是在3.141 592 6和3.141 592 7之间。把圆周率的数值推算到小数点后七位数字，他在全世界上是第一人。欧洲的科学家一直到他死后1000多年，才算出这个数值来。日本的学者曾建议，为了纪念祖冲之的贡献，把圆周率改名为"祖率"。

在物理学上，祖冲之也有重要的发明和创造。他曾经成功制造一艘"千里船"，放在江里试航，速度比一般船快得多。他还根据古人的发明加以改进，成功制造了一个利用水力转动的水碓磨，可以用来碾米、磨面。另外，他还为萧道成（齐朝的齐高帝）修理了一辆指南车，十分灵敏准确。这辆指南车原本是南朝的宋武帝在长安缴获的战利品，只有一个架子，内部的机械已散失，指南的性能已失灵，一直搁起来没有用，只做做样子。直到宋末，萧道成才要祖冲之想办法来修理这辆指南车。经过祖冲之修理之后，这辆车果然恢复了它的指南性能。据说，比原来造的那辆还好，无论车子怎样转弯，车的指南效能没有一点错误。

（张福裕）

# 范缜

　　范缜，南朝齐、梁时人。他年轻时非常用功，博学多才，常常发表一些不平常的议论。他三十五岁时开始做官，为人廉洁正直，在当时有很高的声誉。

　　在他生活的时代，封建迷信把整个社会闹得乌烟瘴气。竟陵王萧子良大力提倡佛教，范缜不畏权贵，当面反驳佛教迷信，萧子良和一些佛教徒常常被他驳得目瞪口呆。后来，范缜著《神灭论》揭露佛教迷信的虚妄，和佛教徒在思想上展开了尖锐的斗争。

　　《神灭论》全文虽然不长，可是没有一个佛教徒能真正把它驳倒。范缜在《神灭论》中指出：人的精神和肉体是结合的。只有人的形体存在，精神才能存在；形体死亡后，精神是绝不会存在的。精神和肉体只是名称上的不同，决不能彼此分离。他打了一个很好的比方，说："形体和精神的关系，就好像刀和锋利的关系，离开了刀，就谈不上锋利。从来没有听说刀没有了，锋利还可以存在；所以离开了肉体，精神也就不存在。精神是肉体产生的。"范缜在《神灭论》里还谴责了统治阶级利用佛教迷信危害人民的罪恶。他指出统治者用渺茫不可知的东西欺骗人民，用地狱的痛苦来威吓人民，用天堂的快乐来引诱人民，结果是粮食被游手好闲的和尚吃尽，财物在兴修寺庙的名义下被耗费尽。

　　《神灭论》发表后，触怒了以萧子良为首的佛教徒。萧子良招来了全国最有名的和尚来同范缜争辩，企图驳倒《神灭论》。鬼神根本不存在，萧子良和许多佛教徒硬说有什么鬼神，虽然绞尽脑汁，也找不出像样的道理来。相反，范缜一个人，却是"辩摧众口，日服千人"，越来越多的人相信范缜了。

　　萧子良使王融拜访范缜，王融转弯抹角地提到关于《神灭论》辩论的事后，对范缜说："范先生坚持没有鬼神的言论，是违反我们向来遵守的教训的。像你这样才德双全的人，哪愁做不上中书郎那样的高官！你故意坚持错误，不怕断送自己的前途吗？"

　　范缜听了，大笑道："假如我范缜卖论取官，早已做到更高更大的官了，何止中书郎！"他正颜厉色地拒绝了萧子良的无耻收买。这些人妄想用利诱的办法要范缜放弃《神灭论》的观点，结果遭到了可耻的失败。

　　后来，军阀萧衍夺取了齐朝的政权，做了皇帝，历史上称为梁武帝。他进一步利用佛教欺骗人民，巩固他的统治。为了叫人们相信他拜佛的诚意，他还假惺惺地要"舍身"到同泰寺去当和尚。他每到同泰寺"舍身"一次，大臣们就得拿出很多钱送到同泰寺去，把他"赎回"来。他玩弄了三次到同泰寺当和尚的手法，这里的和尚发了三次横财，自然也就更加卖命地来替梁武帝欺骗人民。

　　梁武帝自然不容许范缜揭穿他们欺骗人民的罪恶面目，他做皇帝后不久，就找了一些借口来打击范缜，范缜不肯屈服。

　　梁武帝写了一篇《敕答臣下神灭论》的诏书，诬蔑范缜的理论违背经典，脱离常规，忘掉祖先，并且发动六十多位有学问的人写文章来反对他。但是，谁也提不出像样的道理来和范缜论辩，只不过凭借着政治的势力骂他一顿罢了。梁武帝怕《神灭论》的思想在论战中得到传播的机会，只好宣布论战结束，草草收场。

（吴雁南）

# 《文选》《文心雕龙》

《文选》是南北朝时候梁朝梁武帝的长子——萧统（昭明太子）编选的一部文学总集。萧统（501—531）是一位博学的文学家，他聚集了将近三万卷书籍，日夜勤学研读，从不厌倦。他很看重当时的学者，注意吸取他们的长处。那时候，国内许多有才华的文人学士，都被召集在他门下。他和他们经常在一起讨论文学上的各类问题。《文选》这部书，就是他集中了众人的才智，编选出来的。

《文选》原序作三十卷，唐朝人李善注《文选》时，分成六十卷。全集选录了从战国到梁朝各种体裁、风格的优秀诗文作品。据萧统讲，选录作品的标准是"事出于沉思，义归乎翰藻"。就是说，选取的诗文，不仅要有独到的见解，立论精确，而且辞藻也要很优美。萧统认为文章是随时变改、不断发展的，因此，他在《文选》中，把诗文分成很多类，按时代编排，使人们能看出一些变化的大概。

《文选》是我国现存最早的规模最大的文学总集，它对唐代以后的文学有很大的影响，受到后世的重视。

《文心雕龙》是我国古代第一部系统全面的文学方法论和文学批评书，它是由南北朝时候另一位大文学家刘勰撰写的。刘勰（约465—约532）幼年时，父亲死去，家境很贫苦。后来，由于他在文学上的成就很大，很为昭明太子所敬爱。

这部书是刘勰在齐朝末年写成的。全书分十卷，五十篇，对各类文章体裁、创作方法和文学批评等方面，都做了深刻的论述，目的在于讲明白写文章的基本法则。《文心雕龙》不承认抽象的文学天才，认为写文章重要的是对事物仔细观察，只有抓住了事物的本质，才能写出好的作品。它认为文学的内容和形式是统一的，文章的表达形式是为内容服务的。针对当时人写文章多从形式上做工夫没有真实内容这一弊病，《文心雕龙》提出了反对造作、反对以词害意、反对内容迁就形式等主张。

《文心雕龙》一书，受到后世极大的推崇。在这以前，许多讨论文学的论著，多半偏而不全，都没有这部书系统、全面和周密。《文心雕龙》是目前了解南北朝以前文学理论唯一的一部大著作。

（吴雁南）

# 《齐民要术》

《齐民要术》是北魏末期杰出的农学家贾思勰所著。

贾思勰，曾做过高阳郡（今山东境内）太守，他很注意农业生产事业的发展。那时候，黄河流域居住着汉人、匈奴人、鲜卑人、羯人、氐人和羌人，各族人民经过长时期的生产实践，在耕种、畜牧和种植树木方面，积累了丰富的经验。贾思勰认为，这些经验是保证人民生活的重要方法。为了把这些经验总结起来，广泛传播，以便促进农业生产事业的进步，他决定写《齐民要术》。"齐民要术"四个字的意思，翻译成口语就是"人民群众谋生活的主要方法"。

贾思勰在写《齐民要术》的过程中，读遍了他所能看到的古书上有关农业方面的材料。书里引用的古书就有一百五十多种。除了认真阅读古书外，他还很注意调查研究。他访问过许多农民，虚心向他们请教，帮助他们总结生产经验。在《齐民要术》里，他就采用了许多宝贵的有关作物栽培方面的民谣和民谚。同时，他还经常亲身参加劳动，该书里谈到的许多养羊方面的经验，就多半是他亲身体验所得。

6世纪30年代，贾思勰完成了这一辉煌的巨著——《齐民要术》。这部书分十卷，九十二篇，介绍了耕田、收种的方法，谷物、蔬菜、果树和树木等的栽培方法，家畜、家禽和鱼类的饲养方法，食品的制造方法等。

书里很注重有关不误农时、因地种植的经验。贾思勰认为，农作物的栽培和管理，必须根据不同的季节、气候和土壤条件，采取不同的办法。他说：顺应天时，估量地利，用力小，可以取得大的成效；单凭个人主观愿望，不顾实际条件，违反自然规律，只会多费劳力。他认为，各种农作物的栽培都有一定的时机，千万不要错过最适宜栽种的季节——"上时"。

《齐民要术》还记载了关于土壤条件对农作物影响的经验。书里谈到，并州（今山西境内）没有大蒜，得向朝歌（今河南境内）去取蒜种，种了一年以后蒜瓣变得非常小。并州芜菁的根，像碗口那么大，也是从别的地方取来的种子。在并州，蒜的瓣变小，芜菁的根变大，都是土壤条件不同造成的结果。

《齐民要术》是我国现在保存下来最早的一部完整的农书，也是世界农学史上最早的一部名著。书里许多宝贵的生产经验，直到今天还受到人们的重视。

（吴雁南）

# 《水经注》

　　《水经注》的作者是北魏时的地理学家郦道元。郦道元，字善长，范阳（今河北涿州）人。他年轻时，好学不倦，博览群书，是一个很有学识的人。

　　我国古代有一部较完整的地理学著作，名叫《水经》，相传是汉朝人桑钦所著（也有人认为是三国时代的人所著），书中记述了全中国一百三十七条大小水道，对于研究当时的地理，具有相当高的价值。不过这部书有一个缺点，就是每条河流都记叙得很简单，只说：某水源出某地，经某地，又往某某地。郦道元为了补救这个不足，决心给《水经》作注。他补充了一千二百五十二条河流，并且在《水经》原文下详加注引，叙述水道所经之地的风土人情以及历史古迹。注文比《水经》原书多出二十倍，共约三十万字，分成四十卷。注文引用的书籍多至四百三十七种，同时还记录了郦道元本人亲自到各地实际观察所得到的大量宝贵知识。这是一部具有高度科学性的巨著。

　　书中对于各地河道的变迁，地名的变化，郦道元都根据大量文献材料，并参证自己实地的所见所闻，一一做了精细的考证。直到清朝，人们考察河道、山脉、地域的变化和沿革，《水经注》一直是自然研究很重要的参考书籍。

　　《水经注》不仅是水道变迁、地理沿革的重要记录，而且对各地的历史古迹、神话传说，也有详细的记载。比如，《江水注》中，就记叙了战国时代水利工程家李冰化牛与江神角斗的故事，还插叙了三国时刘备被孙权打败爬山越岭逃走的史事。全书这样的例子很多，而且描写的技术很高，让人读来感到意味深长，生动有趣。所以，很多年来，《水经注》也被看作一部优秀的文学作品。

　　　　　　　　　　　　　　　　　　　　　　　　　　（张福裕）

# 云冈石窟　龙门石窟

云冈石窟开始建造于北魏文成帝和平元年（460）（一说始建于太平真君十一年，即450年）。直到495年，龙门石窟开凿完成为止，前后经历了三十五年，后来又陆续有所修造。

北魏文成帝即位不久，就指定昙曜和尚领导技术工人，在今山西大同（当时北魏的国都，后迁都洛阳）西北三十里云冈镇武州山的崖壁上，开凿石窟，雕刻佛像。

云冈石窟现存三十余洞，其中特别重要的有二十多处。各个洞窟里面，分别雕刻着大大小小的佛、菩萨和天仙，还有各种飞禽走兽、楼台宝塔和树木花草等，艺术价值很高。比如，在第八石窟中，有口衔小珠的猛禽，爪趾雄健，半蹲半站的姿势，显得分外有力。这种猛禽，形状有点像孔雀，在佛经中叫作"那罗延"，是古印度人想象中的灵异。我国劳动人民在刻制这种外来的、想象中的动物时，完全采用了秦、汉以来的传统造型手法，并进行再创造，在艺术成就上，达到了很高水平。

云冈石窟雕作的佛像，充满了人间气味。拿第五窟大佛洞来讲，洞口筑有四层的大楼阁，进入楼阁，迎面就是一座约莫五十五尺高的巨佛坐像，它的脚就有十四尺长，中指有七尺长，比一个人还大得多。佛像高大雄伟，显示出举世独尊、无可匹敌的气概。其他石像，各按品级一个低似一个，全体均服从大佛。再配上许多身材矮小的人像，把大佛衬托得更加雄峻庄严。洞内有一副楹联，写道："顶天立地奇男子，照古腾今大圣人。"由此可见，大佛是象征皇帝的，其他各级石像好比大小群臣，身材矮小的人则代表民众和各种服役的奴隶。这岂不是一幅完整的封建统治示意图？

长期以来，云冈各洞石佛，都有残毁；特别是近百年来，遭到帝国主义的偷窃破坏，损失更严重。仅据1935年的调查结果，佛头便被偷凿去三百余颗。

龙门石窟是北魏孝文帝迁都洛阳后，在洛阳龙门山上开凿的。最初开凿的，称古阳洞大石窟。孝文帝死后，魏宣武帝和魏孝明帝继续开凿，称为宾阳洞，分北、中、南三大石窟。以后在东魏、北齐、隋、唐时代，又继续经营，开凿了不少。石窟造像多开凿在洛阳南四十里伊水两岸。北魏时营建的石窟都在左岸（西），其中最重要的有二十一窟，此外小窟还很多。据《魏书·释老志》记载，仅造窟三所，即共费人工八十万以上；若就全部石窟来说，可以想见工程多么浩大。各石窟中刻满了大小佛像，造像都很优美。如宾阳中洞所刻的《帝后礼佛图》，就是一件精美绝妙、具有极高艺术价值的精品。但是这份无价之宝早已被帝国主义盗走。龙门石刻和云冈石刻在艺术上各有特点。云冈石佛多姿态雄健，气象逼人；而龙门石佛则多面带笑容，温和可亲。比如，宾阳洞的主佛佛像，脸上含着微笑，仿佛想要人和他亲近的样子。龙门石刻和云冈石刻一样，也遭到了帝国主义的严重盗窃和破坏，其损失之重，无法估计。

云冈、龙门两石窟，是我国人民长期辛勤劳动和伟大智慧的创造，它在我国文化史上占有十分重要的地位。直到新中国成立后，这份艺术上的珍贵遗产，才真正受到了国家的珍视和保护。

（张福裕）

第三编

# 隋朝的建立

隋是继北周之后建立起来的一个朝代。

北周末年，皇帝、贵族荒淫无度，政治十分腐败。如周宣帝宇文赟（yūn）只顾坐享安乐，不管人民死活，为了建筑洛阳宫，竟把原来农民每年服役一个月的规定，改为四十五天。在位两年后，宇文赟死去。儿子宇文阐继位（周静帝），年仅八岁，年幼无知，外戚（帝王的母族或妻族）杨坚辅政，这样就给杨坚制造了夺取北周政权的大好机会。

杨坚的父亲杨忠，是西魏主要将领"十二大将军"之一，北周时被封为隋国公。杨坚继承了父亲的爵位，他的妻子独孤氏是鲜卑大贵族独孤信的女儿，他自己的女儿是周宣帝的皇后。他凭借着杨家的社会声望、个人的政治才能和外戚身份，总揽朝政，官至"大丞相"，集军政大权于一身。辅政不久，他就积极谋划，部署力量，准备夺取北周政权。北周地方大臣相州（今河南安阳）总管尉迟迥、郧州（今湖北郧县）①总管司马消难、益州（今四川成都）总管王谦相继起兵，为挽救北周的统治做最后的挣扎。但是都无济于事，结果被杨坚先后派兵讨平。581年，杨坚迫使周静帝让位，自立为皇

---

① 今湖北十堰市郧阳区。

帝，国号隋，建都长安（今陕西西安，后迁大兴城，仍在长安附近），改元开皇。他就是隋文帝。

开皇九年（589），隋文帝派兵灭掉了南朝最后的一个王朝——陈，统一了全国，结束了东晋以来二百七十多年长期分裂的局面。为了维护地主阶级的封建统治，实现和巩固地主阶级政权的统一，隋文帝在灭陈以前和以后一个时期内，实行了一系列安定社会、发展农业生产的政策，其中重要的有以下几项。

1.继续推行北魏以来的"均田制"。规定农民所受土地，分为露田和永业田两种，露田要归还，永业田不归还。一个成年男子受露田八十亩，永业田二十亩（当时人口稀少，荒芜的土地很多，所以规定受田较多，但实际并未能在所有地区都按规定受田），妇女只受露田四十亩。奴婢按照一般的成年人受田，一头牛按规定也可受田六十亩。官僚地主所受的田要比农民多得多。隋朝"均田"的土地，是无主荒地或由政府直接掌握的官田。无地或少地的农民获得一部分土地，对恢复社会生产是有利的。

2.减轻农民赋役负担。北周政府原规定，已娶妻的男子每年纳绢一匹、绵八两、粟五石，未娶妻的男丁减半。男子自十八岁到五十九岁每年都要服劳役一个月，周宣帝时因修治洛阳宫一度增为四十五天。隋初规定农民缴纳租调，以床（一夫一妇）为计算单位，丁男一床，缴纳租粟三石，调绢一匹（四丈）或布一端（五丈），绵三两或麻三斤；单丁和奴婢只需缴纳一床租调的一半。随着政权的日益稳定，开皇三年（583），隋政府把成丁年龄由十八岁提高到二十一岁，每年服役日期由一个月减为二十天，调绢一匹由原来的四丈减为二丈。开皇十年（590），又规定五十岁以上一律免役收庸（用布帛代替力役）。租调徭役减轻，对于提高农民的生产热情，促进农业生产的发展，能起一定的积极作用。

3.整理户籍。从汉末以来，大族豪强地主占有大量的土地和农民，他们隐匿户口，逃税漏税的很多。隋文帝即位后，为了直接控制更多的土地和劳动力，以便增加税收，打击豪强大族的势力，命令州县编制乡党闾保，整顿户籍，清查户口，凡属堂兄弟以下都要分别立户，不准隐瞒。河北、山东一带，隐匿户口的现象特别严重。隋政府整顿户籍首先便以这一地区为对象。583年，隋政府下令在全国实行户口大检查，结果有四十多万壮丁，一百六十多万人口，新编入户籍。这一措施，对于巩固中央集权，限制逃税漏税，加强农业生产发展，都是有利的。

此外，隋政府还在革除弊政、划一制度、打击大族豪强地主等方面，做了许多其他有益的工作。例如，南北朝时，郡县的设置既滥且多，冗员充斥，大量官吏的薪俸开支，是农民的沉重负担。隋政府合并了许多州县，裁汰了一些冗官，从而节省了一些开支，在客观上多少减轻了农民的负担。隋文帝很注重提倡节俭，他个人的生活也比一般帝王较为简朴，这虽然不能直接增加生产，但提倡节俭，对于社会财富的积累是有好处的。

据记载，隋朝初年，社会经济有很大发展，出现了"人庶殷繁"（百姓多而且富有）的景象。显然，这与当时全国统一以及隋政府采取各项有效措施是有一定关系的。

（张习孔）

# 隋朝的崩溃

604年，隋文帝死，他的儿子杨广继承皇位，这就是隋炀帝。

隋炀帝是历史上著名的暴君。继位的第二年（大业元年，605），他便下令强迫人民给他营造显仁宫和西苑（均在洛阳附近）。为修筑、布置显仁宫，长江以南、五岭以北的各种奇材异石，以及全国各地的各种珍禽奇兽等，都被强征到洛阳。西苑的规模异常宏大：周围有两百里，苑内挖有人工海和渠，海中堆有蓬莱、方丈、瀛洲诸山，高出水面一百多尺，山上筑有台、观、殿、阁，十分华丽；沿渠有十六院，院中树木秋冬凋落时，则用各色绫罗剪成花叶，缀在枝上，水池内也用彩色绫绢做成荷、芰（jì，菱的一种）、菱、芡（qiàn，一年生水草），表示四季常青。据记载，隋炀帝在位，"无日不治宫室"，自长安至江都（今江苏扬州），便有离宫（皇帝经常所住宫殿以外的宫室）四十余处。

从大业元年到大业十二年，隋炀帝曾三次巡游江都。巡游的目的，主要是想凭借皇帝的威力，在政治上对江南地区人民的反抗起镇服作用，但是也带有很大程度的游玩享乐成分在内。每次出游，耗费的财力物力实在无法计算。以第一次巡游为例：早在好几个月前，隋炀帝就派人往江南监造龙舟及各式杂船，以备应用。龙舟高四十五尺，长二百尺，分四层：上层有正殿、内殿、东西朝堂；中间两层有一百二十个房间，都饰以金玉锦绣；下层为内侍所住。其他船只虽较龙舟为小，装饰也极为豪华。605年秋天，隋炀帝带着皇后、妃嫔、文武百官以及大批和尚、尼姑、道士、侍役、卫队，从显仁宫出发，分别乘坐小船自漕渠出洛口（洛水入黄河之口），然后改乘龙舟及其他各类船只，前往江都。大河中，船队相接，首尾二百余里，共用挽船夫八万余人。两岸有骑兵随行护卫，蹄声动地，旌旗蔽野。巡游队伍所过之地，五百里内的百姓都得贡献食物。

隋炀帝做皇帝十四年，经常巡游在外，留在京城的时间总共加起来还不足一年；而每次巡游，跟随的妃嫔、宫娥等人，"常十万人"，需用的食物用品，都要地方州县供给，实际的负担都落到人民头上。广大人民在这种繁苛的征敛和役使下，苦不堪言。

隋炀帝在位期间，为了进一步加强中央对地方的控制和方便搜刮江南财富，隋政府曾先后役使数百万民夫，利用前人经营的基础，开掘了通济渠、山阳渎、江南河、永济渠等人工河道，完成了贯通祖国南北的大运河工程。这条运河的开掘，隋朝人民以及隋以前和以后历朝的人民，都贡献了力量。尽管隋朝统治者下令开掘运河的目的是维护统治阶级的利益，然而从客观上的效果来讲，在古代很长一段历史时期内，这条运河对祖国南北物资的交流和社会经济的发展，曾起过极其重要的作用。

（易惠中）

# 隋末农民起义

　　隋朝末年，隋炀帝的统治更加残暴，广大人民不堪痛苦，纷纷举行起义。大业七年（611），山东邹平人王薄，首先举起了反隋的旗帜。不少农民响应了王薄的号召，跟随他一道起义。他们占领了长白山（在今山东邹平东南），到处攻打官军。不久，各地农民也接着起义，农民战争的大风暴迅速席卷了全国的大部分地区。

　　自611年到618年，隋末农民战争共历时八年。这八年，大致可以分为三个阶段。从611年到614年，为第一阶段。在这一阶段，农民军由于缺乏训练和装备，加上各支队伍分散作战，彼此未能很好联系，以致在对敌斗争中，暂时处于劣势地位；但是另一方面被推进穷困深渊的农民大批参加起义军，因此农民起义的队伍反而在局部失败中一天天更加壮大起来。从614年到616年，为第二阶段。在这一阶段，农民军不仅在山东、河北一带巩固了自己的据点，夺取了一些重要的城市，并且还在江淮地区取得了很大的胜利；而隋朝封建统治者由于不断受到农民军的沉重打击，这时已无法再维持其原有的军事优势，起义军的力量已逐渐发展到了和隋军接近平衡的地步。从616年到618年，为第三阶段。在这一阶段，隋军的力量日益微弱，农民起义军在军事上完全转入了主动地位，隋政权日益走向崩溃，以致最后覆灭。

根据史书的记载，隋末农民起义大约有一百二十余处。各路起义军逐渐汇合，后来形成了三个最强大、最著名的军队，这就是河南的瓦岗军、河北的窦建德军和江淮之间的杜伏威军。

瓦岗（在今河南省滑县南）军的最初领导人是河南人翟让。后来，单雄信、徐世勣（jì）等人都来参加起义。616年，李密也投奔到瓦岗军来。李密很有才干，他加入瓦岗军后，一面劝翟让明确地提出反抗隋朝暴政的口号，一面亲自去劝说各地起义领袖加入瓦岗军。瓦岗军的势力迅速壮大起来，成为当时最强大的一支农民武装力量。

616年，瓦岗军攻下了金堤关（在今河南滑县东）和荥阳（今河南荥阳县）①附近各县，隋炀帝派大将张须陀率兵前往镇压，瓦岗军埋伏在荥阳大海寺北面的树林里，隋军中了埋伏，被杀得大败，张须陀自杀。617年，瓦岗军一举攻下今河南巩义附近隋的著名粮仓——洛口仓，并且开仓放粮，赈济百姓。附近人民扶老携幼前来领粮，他们对瓦岗军一致表示感谢。瓦岗军发展到几十万人，河南的郡县大多被他们占领。

瓦岗军攻占洛口仓后，隋朝大为震恐，派刘长恭、裴仁基领兵前来堵击，两军在石子河（在今巩义东南）会战，隋军大败，裴仁基率领部下秦琼、罗士信投降瓦岗军。经过这几次胜利，李密被翟让等推为瓦岗军的领袖。617年年底至618年年初，瓦岗军大败隋将王世充军。东都（今河南洛阳，是隋炀帝为了加强中央对地方的控制而建立的一个新都）几乎被瓦岗军围困住。在推翻隋朝统治的过程中，瓦岗军起了重大的作用。《隋唐演义》和《说唐》两部小说中所写的瓦岗寨故事，就是以瓦岗军历史素材作为依据的。不过，小说又进行了许多渲染和虚构，因此和历史真实情况有很多地方不同。

---

① 今河南荥阳市。

窦建德领导的起义军，活动于河北一带。616年，他曾以七千人大破隋军郭绚部，"杀略数千人，获马千余匹"。617年，当瓦岗军进迫东都时，隋炀帝命薛世雄率领河北三万精锐援救东都，窦建德侦知消息，在河间大败薛世雄军，河北郡县大部被窦建德乘胜攻下。

在江淮一带，杜伏威领导的起义军势力最大。617年，杜伏威率军打败了隋将陈稜的军队，占领了江北广大地区，又占据了历阳（今安徽和县）作为根据地。江淮之间的小支起义军，大多聚集在杜伏威的周围。隋的军事重镇江都受到了严重威胁。

在以上几支起义军的打击下，隋军只能困守长安、洛阳、江都几座孤城，号称"甲兵强盛"的隋朝统治，实际上已经土崩瓦解。

（曹增祥）

# 贞观之治

617年，关中大地主李渊利用农民起义蓬勃发展、隋政权走向崩溃的形势，在太原起兵。关中的地主纷纷起来反隋，响应李渊，他们的武装队伍配合李渊的军队，包围了长安城。接着，李渊的军队攻占了长安。618年，隋炀帝在江都被部将杀死，李渊在长安做了皇帝，国号唐。

在八九年的时间里，唐军先后消灭了各地的起义军和割据势力，统一了全国。626年，李渊把帝位让给了次子李世民，李世民就是历史上有名的唐太宗。从贞观元年（627）到贞观二十三年（649），是唐太宗统治的"贞观"时期。在这一时期里，政治比较清明，社会经济得到迅速的恢复和发展。这种经济上的恢复和政治上的相对安定，就是历史上有名的"贞观之治"。

"贞观之治"的出现，根本原因是由于唐太宗和他的大臣们吸取了隋末农民起义的严重教训。唐太宗曾对大臣们说："一个好皇帝，必须让老百姓能够活下去。"曾经参加过瓦岗军的大臣魏徵也曾对唐太宗分析过隋朝灭亡的原因，说："隋炀帝无止境地役使人民，人民为了活下去，不得不起来反抗，隋政权就土崩瓦解了。"

基于这种认识，唐统一全国后，为了巩固封建政权的统治，就实行了一系列对农民让步的措施。624年，唐政府下令实行均田制和租庸调制。规定：在地多人少的地方，每个十八岁以上的男子，受田一百亩，其中八十亩在年老或死后要归还政府，二十亩不需归还。受田的农民从二十一岁到六十岁，每年要向政府缴纳米二石（叫作"租"），绢二丈、绵三两（叫作"调"），服劳役二十天。不服役的要用绢代替（叫作"庸"）。这些措施，使农民获得了一定数量的耕地。政府按照规定征收租庸调，又注意不在农忙季节征发，这就对于农业生产的恢复和发展起了积极推动的作用。

贞观时期，吏治也比较清明。在精简机构方面，如对中央官员的裁减和对地方州县的归并，唐政府都做了很多工作。唐太宗很注意地方官吏的人选，他曾经把地方最高军政长官的名字写在屏风上，谁做了善事或恶事，就在他们的名下记上一笔，以便作为升降职位的参考。贞观八年（634），唐太宗又派李靖等大臣到全国各地去巡察，升迁廉吏，惩罚贪官。唐太宗还很注意提拔人才，他重用了一批出身于较低阶层的人，如魏徵、戴胄、张玄素等。这些人都敢于说话，经常纠正太宗的过失，并且经常拿隋朝灭亡的教训来提醒唐太宗不要重蹈隋亡的覆辙。此外，唐太宗时的著名贤相房玄龄、杜如晦，在订立制度、整顿吏治方面，也起了重要的作用。

由于封建剥削较前减轻，政治比较清明，贞观年间，社会生产得到了一定的发展。贞观初年，全国户数为二百多万户，到唐太宗死后不久，便增加到三百八十万户。牲畜也繁殖起来，甚至是"牛马布野"。

贞观年间，由于国家政权日渐稳固，唐朝的国防也比较巩固。当时北方的东突厥很强盛，东突厥的骑兵经常侵入唐的北方边境，破坏生产，抢掠人口和牲畜。贞观四年（630），唐军打败了东突厥，解除了唐朝北方边境的威胁，使人民能够在这些地方进行正常生产。

（张习孔）

# 魏徵

　　魏徵是我国历史上的名臣，在唐太宗时，当过侍中（宰相）等官。他曾先后规劝唐太宗二百多事，对巩固唐朝的封建统治，起到过重要作用。

　　贞观六年（632），唐太宗在群臣的怂恿下，准备到泰山进行所谓"封禅"（祭祀天地）大典。这个大典是从秦始皇以来许多帝王最喜欢玩弄的一套把戏，统治者企图用这个迷信的活动来麻痹人民，达到加强封建统治的目的。魏徵进谏说："自从隋末以来，山东州县残破得很厉害，皇帝车驾出行，必然要跟随大批官吏和卫队，这样不仅浪费许多人力、物力，并且要给沿途州县人民带来极大的痛苦。"他坚决劝阻唐太宗东封泰山。魏徵的话，引起了太宗对隋朝灭亡的回忆，他因而取消了这个计划。

　　贞观八年（634），唐太宗下令修复洛阳宫殿。陕县令皇甫德参上书，认为太宗大兴土木，是劳民伤财。同时，皇甫德参还劝阻唐太宗不要苛敛百姓，并且指出，当时妇女流行梳很高的发髻，是一种很不好的风气，这是宫中传出来的。唐太宗认为皇甫德参有意诽谤自己，恼怒地说："这人要国家不役使一个人，不收取一文租，宫女都没有头发，才称心满意呢！"魏徵知道了，谏阻太宗说："自古以来，做臣下的上书，言语激切是不可免的；因为不这样，便不能打动皇帝的心意。"太宗听了，很是感悟，不但没有责罚皇甫德参，反而赏赐给他绢帛二十匹。

魏徵曾告诉太宗，"兼听则明，偏信则暗"，希望太宗处理问题时倾听多方面的意见，不要只听一面之词。他不断劝太宗"居安思危，慎终如始"。贞观十三年（639），他非常激切而诚恳地写了一个书面意见给太宗，说他不像贞观初年那样能够坚持俭约朴素，那样体恤百姓，那样孜孜求治，那样虚心听取意见了。唐太宗读了魏徵的意见以后立即说："我现在知道我的错误了，我愿意改正。"

魏徵经常积极地给唐太宗提意见，要唐太宗吸取隋末农民起义的教训，不要过重地剥削和压迫人民。唐太宗把魏徵比作一面镜子，认为通过他可以发现自己身上的缺点。魏徵死后，太宗对大臣们说："我从此失去一面镜子了！"

（张习孔）

# 文成公主

7世纪初，青藏高原上兴起了一个强盛的吐蕃王朝。这个王朝的赞普（藏语称国王为"赞普"）松赞干布是一位有雄才大略的英雄人物，他统一了高原上的许多部落，把都城迁到逻些（今西藏自治区拉萨市），励精图治，为吐蕃的多方面发展创造了条件。

唐太宗即皇帝位以后，松赞干布为了加强和唐朝的友好关系，曾经几次派遣使臣，带着贵重的礼物到长安向唐王室请婚。唐太宗最后接受了他的请求，答应把宗室女文成公主嫁给他。直到今天，藏族民间还流传着许多关于请婚和许婚的动人故事。有这样一则流传比较广的"五难婚使"的传说。

吐蕃派到长安来请婚的正使是聪明机智、很有才干的大相噶·东赞，唐太宗向噶·东赞提出了五件难做的事，并且把做好这五件难事作为迎娶文成公主的条件。这五件难事中的第一件便是要把一百匹母马和一百匹马驹的母子关系，分别地寻认出来。噶·东赞灵活地运用了吐蕃人民在牧业生产方面的知识，他先把母马和马驹分别圈起来，并且暂时断绝了马驹的草料和饮水供应，过了一天之后，再把母马和马驹同时放了出来，一百匹马驹很快地认出了自己的母亲，偎依不离，难题被顺利地解决了。第二件难事是要把一条绵软的丝线穿过一个孔道很细的九曲明珠。聪明的噶·东赞先将一条马尾鬃拴在一只蚂蚁的腰部，再把蚂蚁放进九曲明珠的孔内，然后，用嘴不断向孔道里吹气，一会儿，这只蚂蚁便拖着细细的马尾鬃从明珠另一端的孔中钻了出来；这时，再把丝线接在作为引线的马尾鬃上，只轻轻一拉，丝线便穿过了九曲明珠。难题又被顺利地解决了。就像这样，接连的五件难事都被噶·东赞分别解决，唐太宗非常高兴，允许把美丽、智慧的文成公主嫁给吐蕃赞普松赞干布。这个传说虽然不一定是历史事实，但是它生动地反映了汉藏两族人民在历史上的亲密关系。

贞观十五年（641），文成公主由唐朝礼部尚书、江夏王李道宗护送西行。松赞干布亲自到柏海（在今青海境内）去迎接，并以女婿的礼节和李道宗相见。文成公主到逻些时，吐蕃人民穿着节日的盛装，热情洋溢地迎接了这位远道而来的联络汉藏民族友谊的赞蒙（藏语称王后为"赞蒙"）。为了尊重汉族的风俗习惯，松赞干布还特地在逻些为文成公主修筑了居住的宫室。

松赞干布和文成公主联姻以后，吐蕃和唐朝之间的亲密友好关系有了很大的增进。太宗死后，唐高宗继位，又以松赞干布为"驸马都尉"，封"西海郡王"。松赞干布为了表示对唐太宗逝世的哀悼，还遣使来朝，向太宗的陵墓备礼致祭，同时还上书表示效忠唐室。

文成公主嫁到吐蕃的同一时期，中原地区的农具制造、纺织、缫丝、建筑、造纸、酿酒、制陶、碾磨、冶金等生产技术，和历算、医药等科学知识也传入了吐蕃。藏族人民传说，文成公主带到吐蕃去的粮食、蔬菜的种子有成百上千种，随行工匠的人数是五千五百名，带去的牲畜数是五千五百头。这些传说的数字虽然不见得确实，但却反映了这一时期中原地区的先进文化大量传入吐蕃的历史事实。应该说，这种先进文化的传入，对当时吐蕃的发展起了很大的促进作用，也对以后藏族经济、文化的发展有深远的影响。

文成公主在唐高宗永隆元年（680）逝世，她在吐蕃生活了近四十年。

由于文成公主对吐蕃社会的进步和发展做出了贡献，她的事迹在广大的藏族地区是家喻户晓的。今天，藏族人民还能根据先辈口传，指出文成公主曾在哪些地方教过藏族妇女纺织，在哪些地方刺绣过佛像。藏族妇女都说她们的纺织技术是文成公主传授下来的。她们在讲述这些故事时，对文成公主很是感激、怀念。藏族人民对于文成公主是十分崇敬的。她经过的地方，一直被认作圣洁的所在。而且，藏族人民还特地规定了两个节日来纪念她。藏族的历史也用了大量的篇幅来记载她的事迹。直到现在，拉萨市的布达拉宫和大昭寺内，还供奉着松赞干布和文成公主的塑像；布达拉宫里，还保存着她和松赞干布结婚时的洞房遗迹。

松赞干布和文成公主的联姻，说明了早在7世纪时，汉藏两族人民就已经建立了血肉相连的亲戚关系，以及极其密切的政治、经济、文化等方面的频繁往来关系。

（王辅仁）

# 武则天

武则天，名曌（zhào），是我国历史上唯一的女皇帝。唐高宗（唐太宗的儿子）即位不久，她做了皇后。高宗病死后，她以皇太后身份临朝执政。690年，她六十七岁，改国号唐为周，加尊号称"圣神皇帝"。从三十二岁做皇后时开始参决政事起，到八十二岁病逝止，她前后掌握政权达五十年。由于她晚年的尊号称"则天大圣皇帝"，所以历史上叫她武则天。

武则天从开始临朝执政时起，就遭到了许多皇室贵族的反对。为了压制这些政治上的反对派，培植自己的势力，巩固自己的政权，她发展了科举制，增加了每次考取的名额数；除考选文官外，还考选武官。这样，就为一般地主阶级有更多的机会参加政权在客观上创造了有利条件。

在唐高宗还活着的时候，武则天曾经向高宗提出减轻赋税、振兴农桑、消除兵灾、节省徭役、广开言路等许多有利于国计民生的建议。684年，她下令各地方官奖励农桑，如果做到"田畴垦辟，家有余粮"，就可以受到奖励、提升官位。如果"为政苛滥，户口流移"，就要受到贬降处分。

为了广泛延揽人才，武则天常常要求各级官吏把有才能的人推举出来，并且还允许有才能的人自荐，而加以破格任用。例如，她听说王及善有才干，便决定让他出来担任地方官。当召见时，她发现王及善果然有很好的政治见解，便又改变主意，把他留在中央，参与朝廷大计。

武则天在政治上很重视接受臣下的意见，她命令大臣们对朝政得失大胆地提出批评。在她所铸造的四个铜匦（guǐ，就是铜匣）中有"招谏"一匦，就是专门为了听取臣下的不同意见而设的。狄仁杰是武则天时的宰相，也是当时最有胆识的政治家，他曾对武则天提出过许多建议和批评，诸如有关宽减刑狱、减轻徭役、惩办不法的大臣等，都被武则天欣然接受。

武则天统治时期，政治是比较清明的，社会经济是继续向上发展的。不过在这里，也应该指出：武则天大造佛像、佛寺，也给生产带来了一定损失。她的破格用人，总的来讲，意义很大，但她信任像薛怀义那样"用财如粪土"的人，也在政治上造成了很不好的影响。

一千多年来，由于受封建统治阶级的思想影响，人们一直存在着对武则天不正确的看法，甚至极力诬蔑她。武则天敢于冲破种种阻挠，宣布自己是皇帝，不愧是我国封建社会女性中杰出的人物。

（张习孔）

# 唐代的长安

　　唐朝在公元7世纪初至8世纪中这一时期，是世界上最富强的国家之一。唐的首都长安，不仅是当时中国的政治、文化中心，而且也是当时国际性的大都市之一。

　　唐代的长安城，位居全城北面正中的是"宫城"；宫城的南面是"皇城"；从宫城北缘东西两端向外延展，并从东、西、南三面把宫城和皇城包围起来的是"外郭城"，也叫"京城"。

　　宫城分三部分：当中为殿阁，是皇帝和大臣们议事及国家举行大典的地方；西部为掖庭宫，是皇帝和后妃居住的地方；东部是东宫，是太子居住和会见东宫官属的地方。这座宫城是隋朝原有的建筑。唐朝初年扩大宫殿，在城的东北面加建了一个大明宫。唐玄宗时，又兴建了兴庆宫。

　　皇城内南北有七条街，东西有五条街，唐朝中央政权组织各机关就分布在这一带。管理官营手工业的各个专门机构，也设在这里。唐代官营手工业是很发达的。在长安，官营手工业作坊很多，并且分类也很细。例如"少府监"的"织染署"就掌管十个织染作坊、五个组绶（贵族官吏用来承受佩玉的一种宽丝带子）作坊、四个绸线作坊、六个练染作坊（一说"织染署"只掌管做帽子的作坊）。官营手工业作坊的工匠，是从各地征调来的。作坊的产品，只供皇室贵族用，不供一般平民用。

外郭城周围有六十七里。城中有南北十一条街，东西十四条街，一百零八"坊"。正对皇城南面的朱雀门有一条宽阔的大街，叫朱雀门街，这条街恰好把外郭城分成了东西两部，街东五十四坊，街西五十四坊。这里是老百姓和一般官吏的住宅区，也是商业区。

长安有两个著名的市场，一个是"东市"，一个是"西市"。东市在朱雀门街以东，西市在朱雀门街以西。东市南北占地二坊，有东、西、南、北四条街。街市上有各类私营手工业作坊和出售各种货物的店铺，也有专门卖饮食的酒肆和饭店。市的四周还有许多官僚豪富开设的"邸店"，邸店是供外地的转运商客居住和存放货物的地方；直接经营邸店的人被称为"居停主人"或"牙人"，他们也替商客买卖货物，从中取利，抽取佣钱。西市的规模和交易的情况，大体和东市相同，但比东市要更加热闹。长安是一座很美丽的城市，街道修建得很整齐，布置得很有计划。城里有许多清池小溪，种有不少的梧桐、槐树、白杨和垂柳。特别是城东春明门至曲江一带，楼阁参差，水流曲折，景色格外艳丽；每年百花盛开的季节，这里终日有游人川流不息。

长安是当时全国人才集聚的地方，许多著名的学者、文学家、艺术家，都在这里长期居住过，他们在这里创作了不少优秀的作品。诗人李白和杜甫，就都在长安居住过。

唐代长安，外国商人、外侨和外国留学生很多，充分反映了长安作为一个国际性都市的特点。外商大多数集中在西市，他们有的来自今伊朗和中亚，有的来自今阿拉伯半岛，有的来自今东南亚各国。他们从远方带来香料、珠宝等货物，来长安换取中国的丝织品和瓷器，唐朝政府允许他们开展正当的贸易，给他们创造了许多方便的条件，并且还允许他们在中国开设店铺。派遣留学生到中国来学习的，主要有日本和朝鲜半岛的新罗等国。留学生来到长安，学习唐朝的政治制度、经典、文艺和科学。不少外侨和留学生，在长安一住几十年；也有许多留学生学成归国，带走大量中国的古籍经典。

通过各国商人到长安进行贸易往来，通过各国留学生到长安学习各种文化，唐朝的文化随之远传到国外。同时，唐朝也从中吸取了各国文化的长处和优点。

（易惠中）

# 安史之乱

唐朝高宗（649—683在位）以来，边疆一直有重兵屯戍；从睿宗年间（710—712）开始，唐政府又陆续在边境设置了节度使；到玄宗（712—756在位）时期，节度使已增加到十个。节度使起初只管军事，后来日渐发展成为全面掌握一个地区的军事、财政和行政大权的封建割据势力。

唐玄宗统治的后期，朝政先后被李林甫、杨国忠等人操持。他们骄纵跋扈，排斥异己，贪污腐化，残虐百姓，唐朝的政治日趋败坏。

天宝十四年（755）冬，兼领平卢（治所在营州，今辽宁朝阳）、范阳（治所在幽州，今北京市）、河东（治所在太原，今山西太原市西南）三镇节度使的安禄山，利用唐政权腐朽的机会，以讨伐杨国忠为名，率所部兵十五万人，从范阳长驱南下。安禄山的军队没有遭到什么抵抗，很快就渡过黄河，攻陷了洛阳。唐政府临时招募起来的军队一战即溃，安禄山军逼近了潼关。唐朝朔方（治所在灵州，今宁夏回族自治区灵武）节度使郭子仪、新任河东节度使李光弼进兵攻打河北；常山郡（在今河北省正定县一带）太守颜杲（gǎo）卿和平原郡（今山东省平原县东北）太守颜真卿也在河北起兵，袭击安禄山的后方，安禄山军的军心动摇。安禄山怕后路被切断，一度打算放弃洛阳，回军河北。但是唐政府没有利用这种有利的形势，进行有效的抵御。756年夏，安禄山的军队攻下了潼关，唐玄宗闻讯后，偷偷从长安逃往四川，走到马嵬（wéi）驿（在今陕西兴平县）[①]时，军士们愤恨杨国忠祸国殃民，就杀死了杨国忠，连玄宗的宠妃杨贵妃也被逼缢死。此后，唐玄宗逃到四川，太子李亨逃到灵武，即皇帝位，就是唐肃宗。

安禄山的军队进入长安以后，大肆烧杀抢掠，遭到人民的强烈反抗，无法继续西进。安禄山在攻陷长安以前，曾在洛阳称帝，国号大燕。肃宗至德二年（757），安禄山军的内部发生分裂，安禄山在洛阳被他的大儿子安庆绪杀死。唐军趁机反攻，并且凭借回纥（hé）兵的帮助，于这年秋季先后收复了长安、洛阳。

肃宗乾元二年（759），洛阳再度失陷。安禄山的旧部史思明进入洛阳，杀安庆绪，自立为大燕皇帝。

肃宗上元二年（761），史思明被他的儿子史朝义所杀，史军势力渐衰。次年，唐政府再次依靠回纥兵收复洛阳。史朝义逃往河北，他的许多部将都投降了唐朝。

代宗广德元年（763），史朝义在走投无路的情况下自杀。这场使人民的生命、财产蒙受了巨大损失的"安史之乱"才宣告结束。从此，唐朝由兴盛进入了衰落时期。

（张习孔）

---

① 在今陕西兴平市。

# 黄巢起义

　　唐朝末年，政治异常腐败，皇帝、官吏、藩镇、僧侣、地主、富商霸占了绝大多数的土地，挥霍掉大量人民以血汗创造的财富，过着荒淫腐化的生活。农民终日劳苦，仍然是"健儿无粮百姓饥"。尽管这样，官府还是拼命催征租税，农民忍受不住，只好拿起武器进行反抗。宣宗大中十三年（859），裘甫领导农民在浙东起义；懿宗咸通九年（868），屯戍桂州（今广西桂林）的戍卒因久戍在外不得归家，共同推举庞勋领导起义。这两次起义虽然很快就被镇压下去，但是此后不久，王仙芝、黄巢领导的农民大起义就爆发了。

　　僖宗乾符元年（874）年底，王仙芝带领数千人在长垣（今河南长垣县东北）①起义。起义军发布文告，痛斥唐政府官吏贪污、赋税繁重、赏罚不平，并且打出"天补平均大将军"的旗帜。"天补平均大将军"的意思是说，受天之命为大将军来消灭人间的不平。农民纷纷响应，加入起义军。875年夏天，黄巢率领数千人在山东冤句（yuān qú，在今山东曹县北）起义，响应王仙芝。起义军的势力更加壮大，几个月里发展到几万人。起义军

---

① 今河南长垣市东北。

从山东转战到河南、湖北、安徽一带，到处打击政府军，受到各地农民的欢迎和支持。878年，王仙芝战败牺牲，起义军由黄巢统一指挥。黄巢带领起义军在淮河流域活动了一个时期之后，为了在战略上"避实击虚"，于是横渡长江，进入江西和浙江一带；接着又在很短的时间里，以惊人的毅力和速度，开辟了一条七百里长的山路，进入福建。第二年夏天，起义军又攻下了广州。

黄巢到达广州后，一面休整，一面准备向北进攻。在出兵北征之前，黄巢以"义军百万都统"的名义发布文告，宣布要进攻长安，推翻唐朝的黑暗统治。广明元年（880），黄巢的起义军打到潼关，军威极盛。长安城内的统治阶级又慌又怕，百官分路逃窜躲藏，宦官田令孜仓皇地挟着皇帝逃往四川。当起义军的先锋进入长安时，唐金吾大将军（负责京都治安的最高长官）张直方率领文武官数十人到霸上投降黄巢。起义军"甲骑如流，辎重（指军用器械粮草等）塞途，千里络绎不绝"。人民夹道欢迎，起义军对他们说："黄王起兵，本来为的是百姓，不像李家那样不爱你们，你们安居乐业好了，一点不用害怕。"起义军一方面拿出财物赠给贫苦的人民，安抚百姓；另一方面对那些富豪、宗室和不肯投降的官吏恨之切骨，抓到的全都杀掉，并且焚毁他们的房屋，剥夺他们的财产。黄巢在群众的拥戴下做了皇帝，国号大齐，任命百官，建立了一个新的政府。

黄巢领导的农民起义军一直流动作战，没有建立巩固的根据地。打进长安以后，又没有彻底消灭唐政府的军事力量。后来，唐政府收买了起义军的叛徒，又勾结了沙陀人，对起义军进行内外夹攻。起义军抵挡不住，为了保存力量退出长安。又经过一年多的战斗，起义军最终失败了。

（张习孔）

# 刘知幾　杜佑

刘知幾（661—721）是我国杰出的史学家。他钻研过许多史书，阅读过大量史料。710年，他写成了一部在我国文化史上有巨大贡献的历史批评著作——《史通》。

在《史通》里，刘知幾提出了进步的历史观，阐述了他关于编写历史书的见解和主张，并对过去的史书做出了总结性的分析和批判。

首先，刘知幾反对命定论的历史观，认为那种把历史看作不是由人创造的而是由什么天神来决定的观点，是错误的。他正确地提出，历史是人创造的，不能用命定或命运来解释。他大胆地对《春秋》和《史记》中的命定论的倾向进行了批判。

其次，刘知幾反对复古主义的历史观，认为一切把古代社会描写成为理想世界，想把历史拉向后退、恢复古代社会制度的看法和想法，都是错误的。他列举了很多材料，说明尧、舜时代并不是人类最美好的时代。有关尧、舜"盛世"的一些传说，实际都是不可信的奇谈。

最后，刘知幾反对曲解历史，主张要以大胆批判的精神来写历史，记事要直言不讳。他大胆地指出传统说法的不可信，指明了《春秋》的许多缺点。

此外，刘知幾还主张在编写历史时，要参考大量史料，并且要辨明真假，采用真实的史料。用他的话来说，就是要做到"博采""善择"。他主张写历史的文字要朴素生动，并力求简练。

总之，刘知幾揭露传统的历史观的某些虚伪性，主张以实事求是的态度来对待历史，这是进步的观点。在一千二百多年前，他对历史学能有这样卓越的认识，是很可贵的。他这种主张，对开阔历史学家的眼界，推动史学的发展，是有很大功劳的。

杜佑（735—812）在唐朝曾做过宰相，是著名的理财家。他是一个好学不倦的人，掌握了丰富的历史史料。他以多年从政的经验，结合历代的史事来分析当时的政治，认为要挽救政府的危机，首要的事是安民，要安民就必须薄赋税，要薄赋税就必须节省开支，要节省开支就必须精选人才、裁减官吏。为了阐明这个论点，他用了三十年的时光，至德宗贞元十七年（801），写成了《通典》这部有名的著作。

《通典》共二百卷，分为"食货""选举""职官""礼""乐""兵""刑""州郡""边防"九门。这部书对上自古代、下至唐玄宗天宝末年的经济财政制度、政治制度、典章文物制度、兵法、地理沿革、边疆民族及外国的风土习俗，都做了系统的、追源溯本的叙述和考证。杜佑极其重视经济财政措施，在"食货典"的最后，他特别对这方面做了总括性的叙述。《通典》开创了历史书的新体裁，它不但为我国制度史的编纂开了先例，而且保存了我国古代的大量文献资料。

（曹增祥）

# 李白 杜甫

唐诗在我国古代诗歌发展史上，占有崇高的地位。就现在所知，仅见于《全唐诗》一书中的诗人就有两千三百多位，流传到后世的诗篇近五万首。在这样大量的诗人群中，还出现了像李白、杜甫这样享有世界声誉的大诗人。

李白（701—762），字太白，自号青莲居士，生长于绵州彰明县青莲乡（在今四川省绵阳县北二十多里）①。他是一个有政治抱负的人，常以诸葛亮等人自比。他曾因别人的推荐受到唐玄宗的征召，但唐玄宗召请他，只不过是希望他做一个歌功颂德的御用诗人，并没有使他得到实现政治抱负的机会。他鄙视那种"摧眉折腰事权贵"的生活，因此经常遭到谗言和诽谤的打击。李白在这样的境况下，在长安生活了三年，就愤然离去了。他的一生有不少时光是在漫游、漂泊中度过的，他的足迹遍布了大半个中国。

李白的诗，自然、豪放、雄峻、壮美，具有真挚的感情和强烈的艺术魅力。他写了许多描写祖国山河壮丽的诗章。

---

① 在今四川省绵阳县北二十多里。

日照香炉生紫烟，遥看瀑布挂前川。

飞流直下三千尺，疑是银河落九天。

这是一首描写庐山瀑布的名诗。大意讲：太阳照着香炉峰，升起了一层紫色的云雾。远远看见一道瀑布挂下来，从几千尺的两山之间飞流直下，就像天上的银河把全部的水倾注下来一般。这是多么丰富的想象力！把庐山瀑布比作从天上落下的银河，既说明了瀑布的磅礴气势，也形容了瀑布的美丽姿态。

黄河之水天上来，奔流到海不复回！（出自《将进酒》）

黄河西来决昆仑，咆哮万里触龙门。（出自《公无渡河》）

西岳峥嵘何壮哉！黄河如丝天际来。（出自《西岳云台歌送丹丘子》）

黄河落天走东海，万里写入胸怀间。（出自《赠裴十四》）

这些诗，是李白对黄河千古绝唱的赞歌。诗中只用了少量的字词，就使这条波涛汹涌、曾经孕育过祖国古代文明的伟大河流，呈现在人们眼前，令人读后深深感到祖国的伟大、可爱。

李白还有许多抒发自己对祖国的热爱和对人民同情的光辉诗篇。他是亲身遭逢过“安史之乱”的人，国家的残破使他忧心如焚，他想起了晋朝祖逖“渡江击楫”的史事，慷慨激昂地唱出了这样的诗句：

过江誓流水，志在清中原。

他对安史之乱给人民带来的祸害，提出了强烈的控诉：

　　白骨成丘山，苍生竟何罪！

　　李白的诗，充满了积极的浪漫主义色彩（当然，他有些诗有时也流露出一些消极、落后的情绪，不过这绝不是主导方面），对唐代和后代的诗歌都产生过巨大的影响。唐代的著名文人贺知章，惊赏李白的诗，把他比作天上下凡的"仙人"。因此，后世人便把李白称为"诗仙"。

　　杜甫（712—770），字子美，生于河南巩县（今巩义市）一个没落的官僚家庭。

　　他在二十岁到二十九岁的十年里，曾两次到江浙、山东一带进行长期的漫游。这是他平生最快意的一个时期。这期间，他所写的诗留传下来的不多。描写泰山景色的《望岳》，是其中著名的一首。

　　744年，他在洛阳见到了李白。从此，这两位诗人结下了亲如兄弟般的友谊。

　　746年，杜甫怀着一颗追求功名的心，来到了当时的政治中心——长安。他在这里生活了将近十年，经常处在饥寒穷困的威胁中。长安的一切，统治阶级的豪华生活，人民群众的深重苦难，使诗人不得不对现实有所认识。诗人的思想感情逐渐靠近了人民，诗人的笔触开始从个人的忧愤感伤中伸向了广阔的现实世界。

　　755年冬天，他从长安出发到奉先县（今陕西蒲城县）去探望家属。路上经过骊山，他不禁万分感慨。这时，唐玄宗和杨贵妃正在骊山的华清宫过冬，尽情地歌舞欢乐，可是长安街头和其他地方此刻不知有多少人受冻受饿，同样是人，为什么会有这样大的区别呢？他刚走进家门，便听见一片哭声，原来他未满周岁的幼儿刚刚饿死。邻居都为之呜咽，做父亲的哪能不悲哀？他根据这次回家探亲的所见、所闻与所感，写了一首题为《自京赴奉先县咏怀五百字》的诗。在诗里，诗人写出了这样的名句：

朱门酒肉臭，路有冻死骨。

有钱人家酒肉堆得发臭，而穷人无衣无食，冻饿死去，这正是封建社会里剥削阶级和劳动人民两种截然不同的生活的写照。诗人的这两句诗，揭示出了封建社会的本质。

诗人不只是想到个人的不幸，他还想到那些穷苦无归、失业的老百姓，对他们怀着深厚的同情，把他们的痛苦当作自己的痛苦。在这同一首诗里，他写道：

穷年忧黎元（百姓），叹息肠内热。

"安史之乱"发生后，杜甫个人的经历发生了很大的变化。他饱尝了逃亡的滋味，受尽了穷困的折磨，并且在战乱中，还曾被一支军队俘虏过。后来，他虽然先后又做了两年的小官，但不久即离开了官场，再次开始了漂泊流离的生活。759年，是他一生中最艰困的一年，也是他的创作空前丰收的一年。他的代表杰作"三吏"（《新安吏》《石壕吏》《潼关吏》）与"三别"（《新婚别》《垂老别》《无家别》），都是在这一年完成的。通过"三吏""三别"这六首诗，他描绘了凶狠的官吏抓丁服役，逼得人民家破人亡、妻离子散的惨痛情景，揭露了统治阶级的贪残暴虐，代表人民呼喊出了长期积压在心头的深沉哀痛，同时也表达了自己对国家危难深刻忧虑的心情，他劝那些防关的武将不要在敌人面前临阵脱逃，还劝那些新婚的青年暂时抛弃个人幸福，为了国家的安危赶快穿上军装，"勿为新婚念，努力事戎行"。这些诗，真实地反映了唐代由兴盛走向衰落这一历史转折过程中的社会面貌，充满了现实主义精神，把唐代诗歌在思想上的成就发展到了顶点。

760年，杜甫经过千辛万苦来到了四川成都，在朋友和亲戚的帮助下，在成都浣花溪畔筑起了一座草堂，暂时得到了一个栖身的处所。在这里，他和许多农民做了朋友，和他们建立真实的感情。大约是第二年秋天，有一次刮大风，把他草堂顶上的茅草都给卷去了，风定后接着又下起雨来，床头屋漏没有一块干处，杜甫一夜不能眠，他由自己的灾难想到了天下流离失所的人们，写下了一首动人的诗——《茅屋为秋风所破歌》。在这首诗里，诗人唱道：

安得广厦千万间，大庇天下寒士俱欢颜，风雨不动安如山！呜呼！何时眼前突兀见此屋，吾庐独破受冻死亦足！

怎么能得到千万间宽广的大厦，使天下的寒士在刮风下雨的日子，能住得安稳如山，个个欢欢喜喜！唉，我眼前什么时候能出现这样高耸的大厦，即使我个人的草堂独破，我个人受冻而死，也很甘心！这就是杜甫的愿望。这愿望，表明了诗人开阔的胸怀和舍己为人的高贵品质。

从760年到765年，这五年的时间里，杜甫在成都草堂实际只住了三年多，中间一度由于成都发生兵乱，他在外过了一年零九个月的流亡生活。765年夏天，他离开了心爱的成都草堂。此后数年，他辗转流离到各地。最后，这位伟大的现实主义诗人，在饥饿、疾病、衰老的折磨下，在流离途中——湘江水上的一条小船里，停止了呼吸。

杜甫的诗，自然、朴实、气势雄浑、绚丽含蓄，具有高度的思想性和艺术性，给后世的诗歌创作带来了极为深远的影响。历代的人们，包括许多杰出的诗人在内，都把他的诗奉为学习的典范。人们都尊称他为"诗圣"，对他表示永远的纪念。

（易惠中）

# 白居易　元稹

在李白、杜甫之后的8世纪到9世纪期间，又出现了两位著名诗人，就是元稹和白居易。由于他们两人的文学主张完全一致，诗的风格又很接近，文学史上把他们两人合在一起，称作"元白"。

元稹（779—831）和白居易（772—846）认为，文学应该为政治服务，文学是一种社会斗争的工具和武器，应该有助于社会的进步和发展。白居易在他写给元稹的信（《与元九书》）中提出："文章合（应当）为时而著，歌诗合为事而作。"意思是说，文学必须反映时代，文学不能脱离政治。他们还强调诗歌的战斗作用，强调诗歌内容与形式的统一。白居易在同一封信里说："诗者，根情，苗言，华声，实义。""情"和"义"就是内容，而"苗"和"华"就是形式。白居易最能表现这个主张的诗是《秦中吟》十首和《新乐府》五十首。

比如，《秦中吟》中的《重赋》诗，描写"两税法"实行以后，贪官污吏借机加重了对人民的剥削，向人民逼税，逼得"幼者形不蔽，老者体无温"，可是官库的缯帛和丝絮却堆积如山。《买花》诗描写京城的富贵人家争买牡丹，他们根本没有想到"一丛深色花，十户中人赋"。他的《新乐府》中的许多篇，也是有意讽刺和反映现实的作品。其中，著名的如《杜陵叟》，指斥在灾荒年月里"急敛暴征"的官吏，简直如同豺狼。在《卖炭翁》里，诗人刻画了一个"满面尘灰烟火色，两鬓苍苍十指黑"的老头，穿着单衣冒着寒风，饿着肚子，驾着牛车在长安大街上卖炭，结果他的一千多斤重的一车炭竟被宦官用"半匹红绡一丈绫"强买去了。

白居易的诗因为能够揭露统治阶级的黑暗，道出人民的痛苦，再加上文字平易浅近，老妪能解，所以具有很大的感人力量。

元稹在文学理论上，和白居易的主张完全一致。他在做谏官时，和白居易一样写了很多讽喻诗。他非常推崇大诗人杜甫，在创作上有意识地继承杜甫的现实主义传统。元稹在诗中提出了许多深刻的社会问题，有揭露社会黑暗、讽刺横征暴敛、贪污强暴的，有反映人民疾苦、揭发阶级矛盾的，有反对穷兵黩武的侵略战争以及刻画商人投机取巧、唯利是图的形象的，等等。他的《田家词》反映了在藩镇割据情况下，频繁的战争给人民造成的苦难。《织妇词》写出了当时民间严重患苦的丝织贡赋："蚕神女圣早成丝，今年丝税抽征早。"《估客乐》极其深刻地揭露了商人贪财求利的本质。在诗歌的艺术性上，元稹的某些作品，往往结构比较松弛，形象不够鲜明，这一点是不能和白居易相比的。

（张习孔）

# 唐代著名书法家

　　唐代出现了很多书法家，其中著名的有欧阳询、虞世南、褚遂良、颜真卿、柳公权等人。

　　欧阳询（557—641），字信本，潭州临湘（今湖南临湘）人。他的字的特点是"骨气劲峭，法度严整"，人们认为绝妙。代表作有《化度寺塔铭》等。不少人搜集他的字迹，作为临摹的范本。传说高丽人很喜爱他的字迹，曾经有人专门来中国搜寻欧阳询的字。

　　虞世南（558—638），字伯施，越州余姚（今浙江余姚）人。他的书法主要是吸取王羲之书法的优点，再加上自己的功力，而独成一体。特点是用笔圆润，写的字结构疏朗，气韵秀健。代表作有《孔子庙堂碑》。

　　褚遂良（596—658或659），字登善，杭州钱塘人，长于楷书、隶书。他曾经下过很大功夫摹拟王羲之的《兰亭帖》（真本今已失传）笔意，对欧阳询、虞世南的书法，也有很深钻研。他的字的特点是用笔方圆俱备，写的字瘦劲秀润，气势清远。代表作有《三藏圣教序》等。唐太宗很爱好书法，收集王羲之的字帖甚多，但不能辨别真假，因而慨叹说："自从虞世南死后，再没有人能够和我谈论书法了。"魏徵听到后，就把褚遂良推荐给唐太宗。唐太宗叫褚遂良鉴别所存的王羲之帖，真假立刻辨出。可见，褚遂良对于书法的研究是多么精到。

颜真卿（709—784），字清臣，京兆万年（今陕西临潼西）人。他在我国书法史上占有特别重要的地位。他的字从根本上改变了过去的风格面貌，其特点是把篆书的中锋和隶书的侧锋结合起来，运用到楷书书法上。用笔匀而藏锋，内刚劲而外温润，字的曲折处圆而有力。代表作有《颜氏家庙碑》《麻姑仙坛记》等。很多人写字喜欢学颜真卿，南宋时陆游就说过，学字应该先从学颜入手，可见世人对颜字多么重视。

柳公权（778—865），字诚悬。他的字汲取了欧、颜之长而自成一体。下笔斩钉截铁、干净利落，写的字谨严而又有开阔疏朗的神致。代表作有《玄秘塔碑》等。

（曹增祥）

# 唐代著名画家

　　初唐时期，最有名的画家是阎立德、阎立本弟兄。他们俩都擅长写生和画人物。阎立本画过《秦府十八学士图》和《凌烟阁功臣图》，此外，还画过《唐太宗御容图》和《历代帝王图》。其中，《历代帝王图》至今尚留存。后人对他的画评价很高。

　　盛唐时期的著名画家有吴道玄（字道子）、李思训（字建睍）和王维（字摩诘）等。

　　吴道子年轻时绘画就有盛名。他少年时期，曾向张旭、贺知章学过书法，学书没有成就，后来才改学绘画。他早期的作品行笔纤细，中年以后行笔磊落。他画的人物、神鬼画，都非常生动传神。

　　吴道子除人物画外，还擅长山水画。据说，唐明皇（唐玄宗）在天宝年间（742—756），忽然思念起蜀道嘉陵江山水，就叫吴道子来画。仅仅用了一天工夫，他就把嘉陵江三百里山水全部画完，笔法洒脱秀拔，构成一种写意派的风格。

　　李思训是唐朝的宗室，是初唐、盛唐之际的人，开元（713—741）中曾做过右武卫大将军，人们都称他为"大李将军"（李思训的儿子李昭道也是画家，人们称之为"小李将军"）。传说天宝年间，他曾和吴道子一起被唐玄宗召到大同殿画嘉陵江山水图。吴道子只画了一天就完成，而他却画了几个月才画好。两个人所画的都是真实景物，吴是用概括的画法，从画中只令人得到一个概念，而李画具体细致，风格属于工笔类。据有关记载，李思训死于开元八年（720）以前，故绝不可能在天宝年间作画。传说他和吴道子一起在大同殿画嘉陵江山水，是不可靠的。但这个传说反映了他们两人画风的不同，就这点来论，传说的本身是有意义的。

吴道子画的特点，在于有大胆革新的精神。他的画运用了凹凸法，有立体感。他作画，不但要求形似，而且要求神似，因此他抛弃了工笔的画法，采用了疏笔的画法。李思训的画是以大青绿钩金线绘成，带有富贵气象。他的画派是代表贵族的，这是他画风的特色。

王维是一个诗人，也是一个画家，诗画都非常好。他的诗富有浓厚的画意，叫人一读起就能联想出一幅美丽的画面，如"大漠孤烟直，长河落日圆""明月松间照，清泉石上流"等句，即是例子。

王维所画的水墨山水画，山色平远，别有风致。他画的《辋（wǎng）川图》最有名。《辋川图》中山谷错综，云水飞动，笔调清新洒脱，妙趣横生。王维所绘的画，多从自然景物方面取材，他的画题多是"雪景""晓行""捕鱼""雪渡""村墟"等，充满了抒情的田园恬淡和林谷幽深的情调。他的画风和诗风是和谐一致的。他喜欢画泼墨山水画，这种画在色彩上、风格上与内容都很和谐。看了他的画，就像读了一首清新俊逸的诗一样。苏轼说他"诗中有画、画中有诗"，实在是很中肯的。

盛唐（唐代兴盛时期）、中唐（唐代中期）之际的重要画家有张萱。他的仕女画造诣很高。他画的《捣练图》和《虢国夫人游春图》，都有宋徽宗的摹本传世。

稍晚于张萱的另一重要画家周昉，也是盛唐、中唐之际的人。他的画是张萱画的发展，代表作有《簪花仕女图》。他的画的特点是设色浓艳而不俗，线条干净而有力。所画的妇女，披的轻纱，叫人看了有薄如蝉翼、玲珑剔透的感觉。

（曹增祥）

# 唐代著名雕塑家、音乐家、舞蹈家

唐代的雕塑以人物像为主。洛阳的龙门石窟，今天还保留着不少唐代人物造像。西安的华塔寺也有不少唐代的石像。

唐朝最著名的塑像大师首推杨惠之。杨惠之是玄宗时人，曾跟随吴道子学过画。他塑造的人像线条分明，轮廓清楚，仪态大方，栩栩如生。传说他曾经塑造过一个艺人像，放在长安大街上，塑像脸朝里，背对着行人，行人竟以为是真人，有的还跑了过去想和塑像讲话。

音乐在唐代也很盛行。唐时音乐人才辈出，其中有中原内地的音乐家，也有来自新疆等边区地方的音乐家。

在长安城里居住的曹保一家人，都是弹琵琶的能手。不但曹保本人能弹一手幽雅动人的琵琶，他的儿子曹善才、孙子曹纲，也都以弹琵琶出名。他们教了很多徒弟，在长安很受人们欢迎。

从新疆来长安的著名音乐家有裴神符和白明达。裴神符是疏勒（今新疆疏勒一带）人，贞观年间（627—649）曾在长安充当乐工。他会弹奏各种乐器，尤以弹奏琵琶最出名。

白明达是龟兹（今新疆库车）人，他擅长演奏龟兹乐器，唐高宗时，曾把他请到宫廷中表演过，他的技艺博得了大臣们的赞赏。

在唐朝的音乐家中，还有不少是善于吹觱篥（bì lì，龟兹乐器，近似唢呐）和笛子的。有一个名叫安万善的乐人，砍伐了南山的竹子做成觱篥，吹奏起来，各种音调并发，非常和谐。还有一个叫李謩（mó）的乐人，善于吹笛，他吹奏的《凉州曲》很出名。传说他有一次吹《凉州曲》，曲终时，一位叫独孤生的听众跑来问他："你吹的笛子真好听，但声调中夹杂有龟兹的音调，你一定有龟兹朋友吧？"李謩告诉他，他的师父就是龟兹人。在唐代，兄弟民族的音乐对汉族音乐的影响真是巨大啊！

长于舞蹈的人在唐代原来很多，但传名至今的却很少。有一个女舞蹈家名叫公孙大娘，舞得最出色，尤善于舞剑器。她跳起舞来，姿态非常优美，她的舞技高出古时一般表演的人。长安有钱人家在举行宴会时，都少不了约她来舞蹈。杜甫在少年时就曾观看过她的舞剑，认为她舞的剑非常美妙，给人印象十分深刻。在大历年间（766—779），他又观看过一次公孙大娘的弟子李十二娘舞剑，很欣赏她的高妙技艺，经过询问，才知道她的本领是从公孙大娘那里学习来的。

（曹增祥）

# 孙思邈

孙思邈是隋唐时代杰出的医学家，京兆华原（今陕西耀县）①人，生于隋文帝开皇元年（581），死于唐高宗永淳元年（682），活了一百零二岁。他著有《千金要方》和《千金翼方》两部有名的医学巨著。在这两部书中，他不但吸收采纳了前人医学著作的精华，同时，自己还有重要的发明，提出了不少新的医学理论和医病方法。

孙思邈特别注意发扬我国古代医师行医的优良传统和作风。他强调指出：给病人治病，不可有贪求财物和顾虑声名的杂念；不论昼夜寒暑、饥渴疲劳，都要一心一意地替病人诊治病症。

孙思邈在医药学上的重大贡献有以下几方面：

首先，他在医疗营养不良的病症方面，总结并发展了前人的方法。人们都知道缺乏维生素A要患夜盲病，缺乏维生素B会引起脚气病，缺乏碘质甲状腺就要肿大，造成所谓的"大脖子病"。但是人们了解这些知识，只不过是近几百年的事。欧洲人第一次论述脚气病是在1642年。孙思邈由于善于总结人民群众的经验，并有丰富的临床经验，早在7世纪时，就说：患夜盲和

————————

① 今陕西耀州。

脚气病，是由于饮食中缺乏必要的营养，患大脖子病是由于长期饮用山区里一种不好的水造成的。对于夜盲病，他用富含维生素A的动物肝脏，如羊肝、牛肝、猪肝等去治疗。对于脚气病，他主张人们用谷白皮（椿树皮）煮粥吃来预防，或用杏仁、防风、蜀椒给病人治病，这些都是含有维生素B的东西。治疗大脖子病，他常用羊或鹿的甲状腺作药物，或用含碘质丰富的海藻、昆布（海带）来医疗，效果十分显著。当时孙思邈虽然还不懂得什么是碘、维生素等这些物质，但他能采取正确的医疗方法，这是十分难能可贵的。

其次，他很注重疾病的预防工作和妇幼卫生。他主张人们应以防病保健为主，平时要注意卫生，不要随地吐痰。要常劳动，但不要过分疲劳。要吃熟东西，吃时要细嚼缓咽，而且不能吃得过饱。睡眠时不要蒙被子，饭后要漱口，以保身体健康。这种以预防保健为主的医学主张，是十分先进的。

他很重视妇女和小儿的疾病，主张把小孩病和妇女病分科。他在自己的著作中曾提出对孕妇的健康要注意，不要使她受惊，临产时要使孕妇安静，接生的人和家人都不应有忧愁惊慌的表现。婴儿生下要立刻除去口中污物，刚出生的婴儿如果不哭，要用葱白轻轻敲打，或对口吹气，或用温水给他沐浴，直到哭出了声为止。他主张要让小孩时常晒太阳，呼吸新鲜空气。这些主张都很合乎科学原理。对于难产、产后并发症，他也有独到的医疗方法。

此外，孙思邈在医治一些疑难重症方面，以及积累针灸治疗经验等方面，也有不少的贡献。

由于孙思邈在医药学方面有杰出的贡献，又富于救死扶伤的精神，所以他一直受到广大人民的崇敬。后世人都尊称他为"药王"。直到今天，陕西耀州还有孙思邈的祠堂，祠里有他和他父母的塑像。

（曹增祥）

# 玄奘取经

玄奘，俗姓陈，河南缑（gōu）氏（今河南偃师）人。他在青年时，读过很多佛经译本，并且到过长安、成都等许多地方，向著名的法师问过道。但是他感到许多佛教的理论问题还不能很好地解决，于是决心出国到印度等地去游学。

当时是唐太宗贞观三年（629），唐朝和西突厥的关系还比较紧张，唐政府禁止人民从西北地区出境，玄奘一再申请到印度，都没有得到批准。他志向坚决，就独自一人西走。在过玉门关后经过大沙漠时，几乎因缺水死去。到高昌时，高昌王麴（qū）文泰留他讲经，想让他住下去。他拒绝了，继续往西走。他战胜了沿途的高山峻岭、飞沙走石、荒坡野林、毒虫猛兽、暴客侦卒、关卡国界等困难、障碍和危险，穿过了现在我国的新疆、中亚地区、阿富汗、巴基斯坦，到达了印度。

当时印度最主要的佛教学术中心是那烂陀寺（今印度比哈尔邦伽雅城西北），玄奘在那里跟随庙中地位最高、学问最好的戒贤法师学习。此后，他继续到各处游历求学。所有印度著名的学者，他几乎都请教过。他的足迹几乎踏遍了整个印度和巴基斯坦。有一次，他在曲女城（今印度北方邦雷利城）学术辩论大会上宣读论文，进行论辩，这个大会有十八国的国王和无数的各派学者参加，大家都很佩服玄奘学问的精深。玄奘在印度和巴基斯坦不仅以自己的学说丰富了佛教哲理，同时也将我国人民的友谊和文化带给了印度和巴基斯坦人民。他回国后，又把中国古代的重要哲学著作——老子的《道德经》翻译成梵文（印度古文字），介绍给印度。

贞观十七年（643），玄奘携带了他历年寻访所得的佛经、佛像等，离开印度回国。贞观十九年（645）正月，玄奘回到长安。从这年春天起，他便专心一意地开始进行佛经的翻译工作。经过将近二十年的辛勤劳动，玄奘把梵文佛经七十五部（总计一千三百三十五卷）译成了汉文。此外，玄奘的《大唐西域记》十二卷，还翔实地记载了当时唐朝国境以西的一些国家的历史本末、风土人情、宗教信仰、地理位置、山脉河流、生产情况等。这部书成为研究这些地方和国家的古代历史以及当时的中西交流的宝贵资料。

（张习孔）

# 敦煌艺术

在现在甘肃省敦煌市东南四十多里的地方，耸立着一座陡壁悬崖，崖壁上分三四层排列着像蜂窝一样的洞窟。这就是举世闻名的莫高窟，也叫千佛洞。

敦煌很早就是我国跟中亚、西亚文化交流的要地。大约从4世纪到14世纪的一千多年间，人们在这个长约三里的莫高窟开凿了一千多个洞窟。现在完好保存的有四百八十多个，其中十分之七是隋唐五代时开凿的。洞窟里保存到现在的塑像有两千多个。如果把那里面的壁画一一连接起来，长度可达五六十里。

敦煌莫高窟里面的彩塑，最大的高达三十三米，和北京的前门楼高度一样。这些巨大彩塑都是石胎泥塑的，在凿窟时就把佛像的体形轮廓凿出，然后在外面再加泥塑。一般小的彩塑则是用泥做胎的。

彩塑一般都是佛、菩萨、弥勒的塑像，也有力士的塑像。这些塑像栩栩如生，精神焕发，如第194窟里的菩萨塑像，面庞圆润，眼睑低垂，嘴微微张开，露出妩媚的微笑，与其说它是神像，不如说是我国美丽妇女的造像。同窟的力士像，则昂头张嘴，肌肉紧张，青筋暴露，活现出威严勇猛的性格。在这大量的塑像中，包罗有极为丰富多彩的艺术典型。有的塑像秀骨清神，有的丰肌腴颊，有的体态玲珑，有的气魄雄壮；所用的色彩也明暗不一，有的朴素，有的华丽。它们不但显示出了我国古代彩塑匠师们的高度智慧和卓越的创造才能，同时也表现出了各时代的不同艺术风格。

莫高窟的壁画，是先用泥掺杂碎麦草或麻筋涂平窟面，然后涂上一层薄石灰，再在上面着色绘制的。这些壁画大多色彩绚烂，构图宏伟，线条流畅，所画的内容主要是佛教故事。

壁画中有一部分是运用丰富的想象力来描绘西方极乐世界的（佛经说人死升天堂，天堂在西方，那里是极乐世界）。画面中的西方乐土是殿阁嵯峨、池水清丽的地方。那里有释迦牟尼佛端坐在中央的莲花宝座上，环绕在他周围的有许多罗汉、菩萨和护法。上面祥云缭绕，并有"飞天"和神鸟翱翔上下。

壁画中，还有相当一部分是各种姿势的菩萨像。其中，唐代的菩萨像最为优美并且富于变化。

另外，有些壁画根据佛经，绘出释迦牟尼在他无数世以前舍身行善的故事。有些壁画画的是佛讲经说法的故事。

壁画中的许多"飞天"——美丽地飞在天空中的小菩萨，拖着轻软的飘带，在空中上下回旋，神采奕奕，姿态动人，最为人们所喜爱。

敦煌的壁画、彩塑和藻井（彩绘的窟顶），美妙瑰丽，是祖国优秀的艺术遗产，也是世界上最大、最著名的艺术宝藏之一。帝国主义分子，在旧日反动政府的纵容和包庇下，从莫高窟盗走了不少珍贵的壁画、彩塑和藏在窟中的经卷。

（曹增祥）

# 五代十国

黄巢起义失败后，唐政府名存实亡，许多新起的藩镇互相攻伐，割地称雄。当时盘踞在黄河流域的主要势力有山西的李克用和河南的朱温（全忠）。李克用是靠镇压农民军壮大起自己力量的沙陀族首领，朱温是农民起义军的叛徒。904年，朱全忠挟持唐朝皇帝到洛阳，操纵了中央政权。907年，朱温代唐称帝，改国号为梁，史称后梁。后梁以汴（今河南开封）为都城。历时二百九十年的唐朝正式结束，从此开始了"五代十国"的历史。

923年，李克用的儿子李存勖（xù）在魏州称帝，建国号叫唐，史称后唐。不久，李存勖消灭了后梁，把都城迁到洛阳。

936年，后唐的河东节度使石敬瑭借契丹（后改号为辽）兵灭掉后唐。石敬瑭被契丹统治者册立为"大晋皇帝"，建立起后晋。从此，幽云十六州（在今河北与山西北部）被割让给契丹，那里的汉族人民长期处于契丹贵族的统治之下。

石敬瑭对幽云十六州土地和人民的出卖，并不能满足契丹贵族无止境的贪欲。946年，辽军攻入后晋都城开封，活捉了后晋皇帝石重贵（石敬瑭之侄），河北地区完全为契丹贵族所占领。契丹统治者派兵马轮流到各处劫掠，称之为"打草谷"。辽太宗耶律德光在开封即位称帝，并改穿汉人服装，以麻痹汉族人民。北方人民对于契丹军队的残暴行为，非常痛恨，到处组织义军起来反抗。耶律德光看见形势不妙，在侵入中原后两个月，就托名避暑，率军北逃。后晋将领河东节度使刘知远在太原建立政权，趁机领兵进入开封，宣布自己为汉皇帝，史称后汉。后汉政权建立仅仅四年，就被其部将郭威所灭。

郭威杀死后汉的皇帝（刘知远养子），建国号周，史称后周，仍都开封。

这就是北方先后建立的五个王朝——后梁、后唐、后晋、后汉、后周，历史上称为"五代"。五代统治的地区，仅是黄河流域一带（有时也包括四川在内）。至于淮水以南至广东的广大地区，则先后为九个小国所分据。它们是：

1.前蜀：王建所建，在今四川。

2.后蜀：孟知祥所建，在今四川。

3.吴：杨行密所建，在今淮河以南和长江中下游两岸地区。

4.南唐：吴的大臣李昪（biàn，徐知诰）夺取吴的政权自立为王。

5.吴越：钱镠（liú）所建，在今太湖流域和浙江一带。

6.闽：王潮、王审知兄弟所建，在今福建。

7.楚：马殷所建，在今湖南。

8.荆南（南平）：高季兴所建，在今湖北江陵一带，是最小的一个政权。

9.南汉：刘隐所建，在今两广一带。

除南方九国外，还有一个割据太原的北汉。北汉是郭威灭后汉的时候，河东节度使刘崇（后改名刘旻，"旻"音mín）建立的，在今山西一带。

以上就是所谓的"十国"。

在五代十国时期，北方的梁、唐、晋、汉等朝长期进行割据战争，给人民带来许多灾难。除田赋外，统治者还野蛮地向农民征收名目繁多的杂税。农民的牛死了，政府出很少的钱硬把牛皮买来做军用品，后来要了牛皮不给钱，最后还不管牛死没死，也不管有没有牛，都强迫农民出钱给政府，取名"牛皮钱"。农民有农具要纳税，过桥要纳税，吃盐要纳税，不管喝酒不喝酒也要纳税。田赋每一斛（当时以十斗为一斛）要加收两斗，叫作"雀鼠耗"，说是要补偿粮食存入粮仓后被麻雀和老鼠吃掉而造成的损耗。地方官在他们管辖的地区内横征暴敛，方法更是多种多样，如后晋归德节度使赵在礼在宋州（今河南商丘）的行为很是残暴，当他调职的时候，老百姓高兴地说："这回可拔去了眼中钉。"不久，他又调回来，便明目张胆地要宋州老百姓每人交纳"拔钉钱"一千文。吴、越、楚、闽、南汉等国还有所谓"身丁钱"（人口税），这也是以前所没有的。

（张习孔）

# 周世宗柴荣

　　五代十国时期，各地割据势力纷纷称帝称王，互相战争，契丹贵族不断南侵，烧杀抢掠，人民受尽剥削和压迫，生活非常痛苦。到了后周时期，社会情况有了改变。周太祖郭威即位后，进行了一些减轻人民痛苦的改革。户口增加了，北方的经济情况渐渐好转。

　　954年，郭威病死，柴荣（郭威的养子）继位，他就是周世宗。在经过长期混战以后，广大的人民急切要求恢复社会经济，结束分裂割据局面，解除契丹侵扰的威胁。在这样的形势下，柴荣采取了各种措施，整顿吏治，发展生产，并在稳定内部的基础上，进行了统一南北的工作。可从以下几个方面来说明。

　　1.社会经济方面：柴荣即位后，进一步减轻了对人民的剥削，把部分官田和全部无主荒田分给农民耕种，来恢复农业生产。他还下令裁减境内的寺院，把原有的三万三千多所寺院，裁减成两千多所，从寺院收回了不少田产，解放了不少劳动力。在抑制寺院势力以后，他又下令把民间的佛像、铜器一齐收集起来，由政府付给一定代价，然后把这些佛像、铜器销熔铸钱。为了使农业增产，柴荣前后几次下令兴修水利工程，尤其是对黄河下游的各处决口，更加注意及时修补。长期淤塞的汴水，经过疏导以后，江淮的粮食货物，都可以由这条水路集中运到京城开封。

2.政治军事方面：柴荣在位期间，屡次下诏求贤，提倡节俭，停止地方上贡，严惩贪官污吏，调整州县行政机构，裁并乡村，整顿里甲，清查户口。同时，他还进行了整顿军队的工作，严惩临阵逃跑的将校，精选禁卫军，整肃了军纪，加强了中央的军事力量。

3.统一战争方面：柴荣在内部局势取得相对稳定的情况下，开始进行统一全国的事业。955年，他派凤翔节度使王景领兵进攻后蜀，连克秦（今甘肃天水）、成（今甘肃成县）、阶（今甘肃武都）等州。第二年，柴荣亲自率军攻打南唐，前后花了将近两年半的时间，打到长江边，迫近南唐的都城金陵（今南京）。958年，取得南唐的江北十四州，在战略上取得了绝对优势。这时柴荣考虑到，要渡江南下，必须先解除北方辽的威胁。959年，柴荣率大军北伐。所过之地，辽的守将望风归降。出师仅四十多天，就连下三关——益津（今河北霸州）、瓦桥（今河北雄县）、淤口（今河北霸州东），并收取了瀛（今河北河间）、莫（今河北任丘）、易（今河北易县）三州十七县。正当后周军队继续向北挺进，准备收取幽州（今北京市）之际，柴荣突然患病，全军只得停止前进，退回开封。不久，柴荣就病死了。

柴荣虽然没有能够亲身完成统一中国的大业，但在他在位的短短五年多的时间里，他能够致力于革新政治、恢复生产、整顿军队等工作，使社会秩序得到安定，阶级矛盾趋于缓和，国家实力得到增强。他在结束"五代十国"长期纷扰割据的社会局面、使中国重新走向统一的历史进程中，是很有功绩的。

（张习孔）

# 陈桥兵变

周世宗柴荣死后，他的儿子柴宗训继位。柴宗训这时年方七岁，他的母亲符太后掌管政权。

这时，殿前都点检（皇帝亲军的最高长官）赵匡胤，看到后周孤儿寡妇当政，就暗地里和其他禁军将领石守信等结拜为十兄弟，阴谋夺取后周的政权。

柴宗训即位的第二年（960）正月初一，当后周的君臣们正在大排筵宴、欢庆新年的时候，突然接到了紧急边报，说北汉和辽合兵，大举南犯。符太后和执政大臣们不辨真假，仓促派遣赵匡胤等率领禁军前往抵御。初三晚上，赵匡胤带领大军在陈桥驿（开封东北四十里）宿营。这天深夜，军中一部分将官，在赵匡胤的弟弟赵匡义和谋士赵普的策划鼓动下，发动兵变，声言要拥立赵匡胤做皇帝。这时，赵匡胤假装酒醉不醒。第二天天明，诸将直接拥进赵匡胤的寝所，把一件黄袍披在他的身上，都向他跪拜，高呼万岁。

赵匡胤黄袍加身后，立即回师开封，废掉了后周的皇帝，自己正式做了天子，改国号为宋，定都开封（称为东京），历史上称为北宋。赵匡胤就是后世所称的宋太祖。

（刘占文）

# 杯酒释兵权

赵匡胤做了皇帝以后，首先考虑的是如何加强中央集权的问题。这是因为，从五代以来，武人跋扈专权，将士拥立主帅做皇帝的风气很盛，如果不加强中央集权，新建立的政权就很难巩固。事实上，宋政权建立不久，就先后有两个节度使起兵叛乱。叛乱虽然很快就被平定，但是武将仍旧操纵着国家的军事大权，这点正是让赵匡胤寝食不安的大患。

为了加强中央的军事实力，消灭可能叛变的地方武装力量，赵匡胤采纳了大臣赵普的建议，采取了一系列逐步削夺节度使军权和财权的措施。

在集中军权方面：建隆元年（960），赵匡胤命令各州长官把地方的精壮士兵选拔出来，送到京师，补作禁军（禁军是当时全国最主要、最精锐的军队）。同时，还创立"更戍法"。命令禁军经常轮流到各地去守卫，表面上说是让士兵"习勤苦，均劳逸"，实际上是利用这种办法，以达到"兵不谙将，将不专兵"的目的。

建隆二年（961）秋天，某日，赵匡胤举行宴会，邀请掌管禁军的节度使石守信、王审琦等一块儿喝酒。在大家酒兴正酣的时候，赵匡胤屏退左右，对这些将领们说："我若没有你们的帮助，不会有今天。可是，做皇帝实在没有做节度使快乐！"石守信等听了，忙说："陛下为什么说这样的话？现在天下已定，谁还敢有异心？"赵匡胤说："哪个节度使不想做皇帝？就算你们不想，有一天部下逼着你们做，硬把黄袍加在你们身上，那时就不容你们不做了。"石守信等说："我们断不敢有这种梦想。"赵匡胤说："人生不过几十年，求富贵的人，不过是想多积金钱，好自己享乐，使子孙免于贫穷。你们何不交出兵权，到地方上去，多买些田地房产，为子孙长久打算；你们也可以多蓄养歌儿舞女，尽情享受，以终天年！如果能够这样，我可以和你们结为姻亲，君臣之间，两无猜疑，岂不是好！"石守信等听了赵匡胤的话，当然明白是什么意思，第二天都自动告病，并请求朝廷解除自己的军职。赵匡胤都一一批准。这就是历史上所说的"杯酒释兵权"。

赵匡胤在解除了石守信等人的兵权后，不再设置殿前都点检和殿前副都点检的兵职，而把禁军交给"三衙"（殿前司、侍卫马军司、侍卫步军司）统率，并且任命自己比较容易驾驭的人来做禁军的将领。

这样，宋中央政府就直接掌握了禁军，中央集权就大大地加强了。

在集中政权方面：乾德元年（963），北宋政府命令各节度使所领的"支郡"都直属中央政府，不再受节度使管辖。中央选派文臣去做各州县的长官。同时，又在诸州设立通判，名义上是帮助地方官办事，其实是监视地方官。凡是州内有关兵民、钱谷、赋役、狱讼等政令，如果没有通判的签署，就不生任何效力。这样，北宋朝廷就可以利用地方官和通判之间的相互牵制，收到中央控制地方的实效。

在集中财权方面：北宋政府为了纠正唐末藩镇割据以来地方财政收入全归节度使支配的积弊，命令各州，今后税收金帛财物都要上缴中央，地方官只可以酌情留一部分作为地方经费开支。

北宋政府在施行了上述一系列加强中央集权的措施以后，严重地削弱了地方的武装势力，改变了唐末、五代以来地方藩镇势力强大，中央不能指挥调度的局面。这些措施，对于安定当时社会秩序、发展生产以及抵御外侮来说，都是有好处的。

（张习孔）

# 杨家将

北宋建国以后，经过将近二十年的时间，到宋太宗（赵匡义）太平兴国四年（979）灭掉北汉，最后才完成统一全国的事业。但是，被石敬瑭割让给契丹贵族的幽、云诸州，这时仍然没有收复。

契丹族建立的辽政权，一直是北宋北边最大的威胁。辽统治者经常派遣军队大规模南侵，烧杀抢掠，使中原一带的生产遭到严重破坏。中原地区的人民，再接再厉，英勇不屈，长期和入侵的辽军展开激烈的斗争。杨家将的故事，就是在这样一个历史背景下产生的。

杨家将中最主要的人物是杨业（又名杨继业），他作战英勇，当时人们给他一个很好的别号，叫作"杨无敌"。

雍熙三年（986），宋太宗下令分东、西、中三路出兵攻辽。潘美为西路主将，杨业为副将。在北伐中，杨业屡立战功。出兵仅仅两个月，就收复了云（今山西大同）、应（今山西应县）、寰（今山西马邑）、朔（今山西朔县）①四州。可是，曹彬率领的东路军，在岐沟（今河北涿县西北）②吃

---

① 今山西朔州。
② 今河北涿州西北。

了败仗。宋太宗下令新收复的四州官民撤退，由潘美、杨业掩护。

辽统治者看见宋军后退，迅速集中了十万精兵，乘势攻进寰州。杨业对潘美说："现在敌人的实力很强，应当暂避锋锐，不能冒险进攻，最好还是按照朝廷的命令，迅速掩护老百姓撤退，以免遭受巨大损失。"可是潘美坚持要杨业出兵雁门，收复寰州。杨业无奈，只得率领本部人马去和辽军交战。临行前，他和潘美约好，预先把一千名弓弩手埋伏在陈家谷口（今山西朔县南）①两侧，等他把辽军引到谷口时，前后夹击，予辽军以歼灭性打击。

杨业率领少数军队和辽军从拂晓战至黄昏，果然把辽兵引到了谷口。但是，这时潘美早已离开了陈家谷。杨业身陷重围，仍然奋不顾身，继续与辽军战斗。最后由于双方兵力过于悬殊，宋军伤亡很重，杨业的儿子杨延玉和七十三岁的老将王贵都壮烈牺牲，杨业本人身带数十处重伤，不能行动，被辽军俘虏。被俘后，他不吃不喝，不屈而死。

根据史书记载，杨业有七个儿子，除杨延玉外，在历史上有事迹可考的是杨延昭，就是戏曲小说中的杨六郎。杨延昭在今河北一带抗辽守边二十多年。因为他智勇双全，常常打胜仗，辽军都很怕他。

杨六郎的儿子杨文广，也是宋朝一位名将。他曾先后防守过陕西、河北等处，使西夏和契丹不敢大举进攻。

有关杨家将的历史记载虽然不多，但在戏曲传说中，人们却按照自己的想象和愿望，丰富了杨家将的故事。《潘杨讼》《清官册》等戏剧，就是这样编演出来的。

（张习孔）

---

① 今山西朔州南。

# 澶渊之盟

宋真宗景德元年（1004），辽政权的皇帝和他的母亲萧太后，趁秋高马肥的时候，亲率二十万大军，南下侵宋。

当辽军南下，告急文书不断传到开封时，北宋君臣议论不一。大臣们有的主张迁都至金陵，有的主张避敌到成都。宰相寇准则坚决主张抵抗，并且要求宋真宗亲自出征督战。

南侵的辽军，遭到了各地宋军坚决抵抗。同年冬天，辽军深入离开封以北不远的澶（chán）州（今河南濮阳县）①。怯懦动摇的宋真宗，在寇准和广大军民积极要求抗战的压力下，勉强亲自出征；车骑刚到韦城（今河南滑县东南），在主和派的怂恿下，他又想往南逃了。寇准对宋真宗说："现在敌人已经迫近国都，全国人心惶惶。陛下只可前进，不可后退。如果陛下的车子后退几步，就会使前线受到影响。那时，敌人乘势进攻，就是想保持江南半壁江山，也办不到了。"

殿前都指挥使高琼在旁，也说："寇准说得对。愿陛下赶快到澶州，臣等愿以死报国，敌人并不难破。"宋真宗只好下令前进。

---

① 今河南濮阳市。

　　这时，孤军深入的辽军，到处受到宋军和民兵的英勇反击，他们的后方和军事供应受到严重威胁。集结在澶州附近的宋军逐渐增加到几十万，士气非常旺盛。辽军先锋萧挞凛窥察澶州地势，被宋军用伏弩射死，辽军的疯狂气焰受到了很大打击。辽贵族估计到胜利已无希望，转而向北宋议和。

　　宋真宗本来没有抗敌决心，见到辽有意议和，自然求之不得。抗战派代表寇准主张拒绝和议，乘胜进军，宋真宗却拒绝采纳抗战派的意见。主和派极力打击寇准等，诬蔑他们主张抵抗是别有企图。在主和派的策划下，北宋政府终于在景德元年十二月（1005年1月）和辽国达成和议，订立"澶渊之盟"。和议规定，宋每年给辽绢二十万匹，银十万两。从此以后，宋朝政府年年向辽输纳银、绢，使得人民又平添了一笔巨大的负担。

（刘占文）

# 范仲淹

范仲淹（989—1052），字希文，吴县（今江苏苏州）人，北宋时代的著名学者、政治家。"先天下之忧而忧，后天下之乐而乐"，这两句至今仍被人们传诵的名言，就出自他的《岳阳楼记》一文中。这两句话，充分表明了范仲淹那种"以天下为己任"的开阔胸怀。

范仲淹在年轻的时候，由于家境贫寒，上不起学，一个人跑到一间僧舍中去读书。他每天晚上，用糙米煮好一盆稀粥，等到第二天粥凝成了冻以后，就用刀划成四块，每天早晚各取两块来吃；没有菜，就把用盐水浸过的野菜茎，切成几十段作为副食。

范仲淹二十三岁的时候，辞别母亲到应天府（今河南商丘）的一个乡学里去学习。在学舍中，他昼夜苦读，从不浪费一分一秒。冬天夜里，当读书读得疲倦时，他就用冷水洗一洗脸，让头脑清醒过来，然后再继续读下去，一直到深夜。一连好几年，他从来没有吃过饱饭，也没有脱下衣服好好地睡一次舒服觉。他常常对别人说："一个人如果不能读书，立大志，即使能吃饱喝足，生活舒适，也没有多大意义。"

在范仲淹的同学中，有一个是南京（当时的应天府）留守（管理、守卫京城的官）的儿子，他看见范仲淹每天吃两顿稀粥充饥，很是感动，有一天回家把这件事告诉了自己的父亲。他父亲就叫他带些酒肉饭菜去送给范仲淹。但是范仲淹并没有吃，过了几天，这些食物都放坏了。留守的儿子很奇怪，便去问范仲淹。范仲淹答谢说："我并不是不感激令尊的厚意，只是因为我平常吃稀饭已经成为习惯，并不觉得苦；现在如果贪图吃好的，将来怎么能再吃苦呢？"

后来，范仲淹担任过陕西经略副使。他在任期间，积极改革军制，巩固防务，对于防御西夏的进攻，起了相当重大的作用。以后，他被调到中央，任参知政事，曾经向宋仁宗（1022—1063在位）提出厚农桑、减徭役、修武备、择长官等改革方案；但因遭到大官僚地主的反对，没有实行。

范仲淹的诗、词、散文，都写得很好。《岳阳楼记》就是他描写洞庭湖风光的一篇很著名的文章。他的著作有《范文正公集》。

（张习孔）

# 包公

　　包拯（999—1062），字希仁，庐州合肥（今安徽合肥）人。他在做官期间，替负屈的老百姓申冤，做了不少有利于人民的事情。他曾做过龙图阁直学士，因此，人们又称他为"包龙图"。

　　嘉祐元年（1056），包拯升任开封知府。根据旧日的惯例，百姓告状，不能把状纸直接递上公堂，须由衙役代转。这样，衙役就可以从中勒索，收受贿赂。包拯到任以后，下令废除这项陋规，允许老百姓直接到公堂上辩理诉冤，受到开封老百姓的热烈拥护。

　　有一年，开封惠民河涨水，京师受到严重威胁。经过调查，包拯找出涨水的原因，是由于当时京师有权势的豪门，争着在惠民河上修筑园亭，影响了河道，以致年深月久，河水淤塞。为了全城人民的安全，包拯下令把惠民河上的建筑全部拆毁，疏浚河道。因为这件事情，包拯得罪了不少权贵。有的权贵借着包拯要他们呈验地契的机会，伪改地契步数，包拯派人丈量属实，上奏仁宗，请求依法处理。

　　包拯对那些残害老百姓的贪官污吏，一向主张严厉惩办。他做右谏议大夫时，三次上书皇帝，奏请罢免宣徽南院使张尧佐。两个违法的三司使（理财的官）因为他的纠举被撤掉。他竭力主张节省公私开支，坚决反对奢侈浪费。他个人的日常生活非常节俭，自己虽然已做到开封知府，可是衣服、器用、饮食都和刚做官时一样。他曾经向仁宗皇帝建议：停止修建一切不急需的大工程，废除所有正税以外的苛捐杂税。开封上清寺失火被焚，仁宗准备动工重建。包拯立即上奏谏阻，认为国库不充，边境未宁，不应当首先办理这样无关紧要的事情。包拯还常常反对仁宗任意赏赐大臣和内臣钱帛，反对臣僚们乱用公款、铺张浪费，等等。

包拯这种不避权贵，甚至敢于对皇帝直谏的正直作风，在小说、戏曲中，经过人们的想象、发挥，被编成许多动人的故事。人们最熟悉的《铡美案》《打龙袍》等剧，就是这样产生出来的。至于有些旧小说、戏曲中，说他还到所谓"阴间"去审案，则是封建迷信的、完全虚构的。

包拯做官三十多年，一直以刚严的态度来执行封建国家的法纪，对于强宗豪族的专横不法，按公处断，丝毫不留情面，弹劾和压制豪门贵族，深受人民的爱戴。

（张习孔）

# 王安石

北宋统治者设置了庞大的官僚机构，尽量吸收地主阶级分子参加。官僚们除领取国家优厚的俸禄外，还享有减免赋税、徭役的特权。职责不清，人员庞杂，这不仅大大削弱了行政的效率，而且严重地增加了国库的开支。

北宋时期，除北方的辽不断对宋侵扰外，西北党项族（羌族的一支）建立的西夏，也经常对宋进攻。在辽和西夏的威胁下，北宋政府不断地扩充兵额。宋仁宗时期，军队的数目已经增加到一百二十五万多人，养兵的费用占了国家财政支出的很大一部分。

此外，加上统治阶级的奢侈浪费，以及每年送给辽和西夏大批的绢帛和白银，使北宋政府的财政陷入了极端困难的境地。北宋统治者为了摆脱危机，拼命地向农民榨取赋税。据记载，仁宗时就已形成"凡百赋率，增至数倍""下至果菜，亦皆加税"的局面。

农民起义不断爆发，统治阶级恐慌起来。一些比较有远见的人，如范仲淹、欧阳修等，针对当时的局势，先后提出了改革政治的主张。但是由于顽固派的反对，他们的主张都未能得到实行。宋神宗在位（1067—1085）时，北宋社会的危机更加严重。在这样的情况下，宋神宗任用王安石做宰相，来实行变法。

王安石（1021—1086），字介甫，抚州临川（今江西临川）人，出身地主家庭。他早年在浙江做过地方官，很有政治才能。仁宗时，他上过万言书，主张改革政治，没有被采纳。神宗熙宁二年（1069），他被任为参知政事，次年被任命为宰相，积极开展变法活动。王安石变法的目的，在于富国强兵，缓和阶级矛盾。为了变法，他先在中央政府设立了一个机关——"制置三司条例司"，来制定新法的各项条例。

新法主要有下列几项：

1.农田水利法——开垦荒地，兴修水利，积极发展农业生产。五六年之内，兴修了水利工程一万多处，灌田三十六万多顷。

2.方田均税法——丈量土地，按土地的数量、肥瘠等情况征收赋税。实行方田均税法后，前后丈量出地主官僚隐瞒的土地二百多万顷，迫使豪强地主不能不缴纳赋税，并且不许他们将赋税转嫁给农民。这样，既增加了国家赋税的收入，也相对地减轻了农民的负担。

3.均输法——过去地方"上供"物品，都由各地分散购置，富商大贾往往趁机操纵物价，囤积居奇。均输法改为由朝廷设"发运使"统一购置，一方面既免去了富商大贾从中操纵的弊端，另一方面也收到了"便转输，省劳费"的效果。

4.青苗法——每年青黄不接时，政府以较低的利息贷现款或实物给农民，收百分之二十的利息，叫作"青苗钱"。青苗法的实行，限制了高利贷者盘剥农民的行为。

5.免役法——北宋时差役繁重，服役人受苦不堪。免役法规定：凡服役人户按等第出"免役钱"，就可以不再充役；享受免役特权的官僚地主，也要按财产多少出"助役钱"；由国家用免役钱和助役钱雇人充役。实行免役法，减轻了人民服役的痛苦，同时也使大地主官僚的特权受到了一定的限制。

6.市易法——政府设"市易司",平衡物价,小商贩也可向市易司借贷资金或赊购货物,年息二分。这样就使大商人不能垄断市场,并且增加了政府的收入。

7.保甲法——组织民户,十家为一保,五十家为一大保,五百家为一都保。一家有壮丁两人的,出一人为保丁。保丁在农闲时集中进行军事训练,平时担任巡逻、放哨,维持地方治安,战时保卫疆土。诸路("路"是行政区域的名称,当时全国分二十三路)保甲后来还代官府养马,以备战争之用。保甲法的实施,加强了国防的力量。

由于新法触及了大官僚、大地主、大商人的利益,变法一开始就遭到了以司马光为首的守旧大臣们的反对。新法的实行,从熙宁二年(1069)到元丰八年(1085),前后共十七年。神宗死后,新法被完全推翻。

（刘占文）

# 梁山好汉

　　《水浒传》是一部著名的长篇古典小说，它着重描写了北宋末年农民反抗地主官僚的英勇斗争，塑造了一百零八条梁山好汉的形象。书中提到的英雄人物的名字，虽然不完全见于正史，但是书中叙述的这一斗争，在历史上却是有根据的。

　　北宋徽宗时（1101—1126），蔡京、王黼（fǔ）、童贯、梁师成、李彦、朱勔六人专擅朝政，结党营私，卖官鬻（yù）爵，荼毒百姓，当时被人们称为"六贼"。宋徽宗在蔡京等大官僚的怂恿下，大动土木，还在江南搜寻名花异石，用船运到京师（运送花石的船队叫作"花石纲"）。在各地官府的大规模搜刮下，中等以下的人家，很多都因此破产。人民没法生活，不断起来反抗。

　　徽宗政和（1111—1118）年间，宋江等三十六人以梁山泊（在今山东寿张县境内）①为根据地，领导农民起义，反抗统治阶级的暴政。宣和元年（1119），北宋政府采取欺骗办法，下诏"招抚"起义军，没有达到目的。宋江等三十六人领导着起义队伍，同几万官军搏斗，屡次把官军打得大败。

---

① 在今山东梁山、郓城、巨野等县间。

宣和二年（1120）冬，起义军的声势愈益壮大，他们转战于山东、河北、河南、安徽北部和江苏北部一带，严重地打击了各地的官僚、地主。当宋江等领导的起义军在北方活动时，方腊领导的起义军在今浙江也展开了斗争。宋朝的官僚侯蒙向宋徽宗献计，要朝廷"招抚"宋江，让宋江去进攻方腊，阴谋使起义军彼此残杀。宋徽宗认为这是个好办法，任命侯蒙为东平知府，去办理这件事情。可是侯蒙没等到任就死去，所以这次招抚诡计又没有实现。宣和三年（1121），宋江进攻淮阳军（今江苏邳县东）[①]，进入楚（今江苏淮安）、海（今江苏新海连市）[②]二州交界的地方。据史书说，宋江"转掠十郡，官军莫敢撄（yīng，触犯）其锋"。宋朝统治者慌忙命令海州知府张叔夜来对付起义军。

张叔夜先以敢死队一千人，埋伏在海州城附近，又以一部分壮卒隐伏在大海边，接着派出轻兵一支向宋江等诱战。等到宋江领军前来时，伏兵趁机而起，四面合围。在战斗中，宋江的副将被俘。起义军死伤很重，宋江失败，时间约在宣和三年（1121）夏秋之交。

（张习孔）

---

① 今江苏邳州市东。
② 今江苏连云港市。

# 方腊起义

　　方腊，青溪（今浙江淳安县）人，北宋末年的农民起义领袖。宣和二年（1120）冬，他在睦州（今浙江建德县）[①]利用明教，动员、组织群众，领导农民起义。明教是一种民间宗教，北宋时，在我国东南一带流行。教徒崇拜光明之神，提倡素食、戒酒，讲究团结互助，主张平等。这些信条，反映了农民刻苦朴素的精神和反抗压迫、要求平等的意志。

　　起义开始时，方腊向一千多个贫困不堪的农民，无情地揭露了北宋统治阶级的残暴荒淫、腐朽无能，号召农民武装起来，进行斗争。他的讲话，激发了受尽剥削压迫的农民群众的强烈的阶级仇恨。

　　起义爆发后，方腊自号"圣公"，建年号为"永乐"。起义军砍伐了大量毛竹，削尖了作为武器；在一两个月的时间里，连破青溪、睦州、杭州等地。警报传至开封，北宋政府非常惊惶。宋徽宗命令童贯等统率十五万大军，前往镇压。

　　第二年（1121）春，起义军又连续攻占婺（wù）州（今浙江金华）、衢州、处州（今浙江丽水）等地。童贯到东南后，采取软硬兼施的办法：

---

① 今浙江建德市。

一面下令把办理"花石纲"的"苏杭应奉局"撤销，并且请求宋徽宗把主办"花石纲"的朱勔父子免职，以缓和人民的斗争情绪；一面迅速调集军队，水陆并进，向起义军大举进攻。

起义军在杭州和官军展开激战，方腊为了保存力量，从杭州撤退，回到根据地睦州。接着，双方又在睦州附近的桐庐展开激战，起义军失败。官军加紧进攻睦州，坚守睦州的起义军由于军粮不足，武器缺乏，最后退守青溪的帮源洞和梓桐洞。童贯率军进逼，重重围困起义军，断绝起义军的一切接济。1121年夏，方腊等起义军首领五十多人在苦斗中被俘；起义军七万余人，英勇战斗，粮尽援绝，全部壮烈牺牲。这年秋天，方腊在东京（开封）被宋统治者杀害。

方腊领导的农民起义虽然遭到失败，但起义军坚持了将近一年，不屈不挠，斗争到底，给封建统治者以沉重的打击。

（张习孔）

# 契丹

契丹族最初住在今内蒙古自治区东境辽河上游西喇木伦河（辽代称为潢河），是一个游牧兼渔猎的民族。4世纪中，迁往今河北省围场县北到内蒙古自治区克什克腾旗一带。4世纪末，其中一部分仍返回西喇木伦河、老哈河的北面，分大贺氏等八部。八部各有首长，叫作"大人"，共推选一名"大人"为首领。从6世纪末年开始到10世纪初（隋到唐末），契丹社会随着生产的发展，私有财产制逐步得到确立。大贺氏、遥辇氏、耶律氏等八部"大人"，不断为争夺八部首领的地位而斗争。

五代后梁太祖开平元年（907），耶律阿保机取代遥辇氏的地位，成为契丹各部的首领。从907年至916年，阿保机逐步地统一了契丹各部落。五代后，梁末帝贞明二年（916），阿保机正式称帝（后世称为辽太祖），建立了契丹政权。这个政权的建立，标志着契丹族的社会历史开始进入了一个新的阶段。契丹族社会的经济和文化，在契丹政权建立以后，更加有了发展。

契丹政权统治的范围，在它最强盛时期，今天我国东北、内蒙古自治区、河北省北部及山西省的一部分，都包括在内。契丹全国行政区，以五"京"辖五个"道"，即上京（今内蒙古林西县）、东京（今辽宁辽阳）、中京（今河北平泉）、南京（又名燕京，即今北京）、西京（今山西大同）

以及同一名称的"道"。每"道"下又分"府""州""县"各级。

926年，耶律阿保机死，他的儿子耶律德光继位（后世称为辽太宗）。946年，契丹出兵攻灭后晋。灭后晋的次年，契丹政权改号为"辽"。耶律德光死后，辽统治阶级内部矛盾加深，势力日弱，但到11世纪初时，辽势又复振，成为北宋北方最大的威胁。

11世纪末，居住在松花江流域一带的女真族日益兴盛起来。女真族长期受辽的压迫和剥削。12世纪初，女真族建立金政权以后，起兵抗辽，屡次打败辽兵。北宋政府采取联金攻辽的政策，和金共同出兵攻辽。宋徽宗宣和七年（1125），辽为金攻灭。

辽的贵族耶律大石在辽亡后率领一部分人西迁，在今新疆及中亚一带，建立了西辽国（又称黑契丹）。

（程溯洛）

# 女真

女真本是黑水靺鞨（mò hé，古族名）的后人。"女真"这个名称是10世纪初才出现的。当时，女真受辽的压迫和剥削，辽国统治者为了削弱女真族，把其中一小部分受汉族文化影响较深的人迁徙到辽阳以南，编入辽的户籍，称作"熟女真"；其余大部分女真人则仍留居在粟末江（今松花江）之北及宁江州（今吉林扶余）之东，不入辽户籍，称作"生女真"。生女真散居在河流沿岸或山谷之中，过着游牧狩猎的生活，尚处于原始氏族社会的阶段。

大约11世纪初，生女真中的完颜部已定居于按出虎水（今阿什河），学会种植五谷，并且还能剜（kū，挖空）木为器，制造舟车，修建房屋。以后，生女真便以按出虎水的完颜部为核心，迅速发展起来。

11世纪中期，完颜部酋长乌古乃兼并了周围许多部落，形成了女真人的部落联盟。这时，女真社会已有贫富不同和自由民与奴隶的区别，氏族制度正在崩溃瓦解。11世纪末，乌古乃的儿子盈歌和孙子阿骨打进一步完成了女真各部的统一。女真族内部统一以后，女真的社会经济更加有了发展，财富增加，兵源充裕，力量一天天壮大。1114年，女真族在他们雄才大略的领袖阿骨打的率领下，起兵抗辽。军队所向，势如破竹，辽军节节溃退。第二年，阿骨打便正式建立女真政权，号为"金"（因按出虎水而得名，"按出虎"是女真话"金"的意思）。此后，金与汉族封建文化的接触日益频繁，它的社会性质也迅速地向封建社会转化。北宋朝廷看见金的势力日益增强，几次派遣使者和金联系，相约夹攻辽。约定灭辽后，原被契丹侵占的幽云十六州由北宋收复，北宋则将原来每年送给辽的"岁币"转送给金。1125年，辽在宋、金的联合进攻下灭亡。但灭辽以后，金却不肯归还幽云十六州，并且借故向宋挑衅，兴师南侵。

在金兵深入进扰的情况下，宋政府内部分成了抗战、主和两派。抗战派以李纲、宗泽、种（chóng）师道等为代表，主和派以李邦彦、张邦昌等为代表。广大的人民和士兵，坚决支持和拥护李纲等抗战派，誓死抵抗金的进犯。但是，北宋的最高统治者——徽宗、钦宗两位皇帝，却一味只知苟且偷安，害怕人民的力量，心甘情愿向金妥协。

1126年春，金兵进逼北宋首都开封，李纲等率领开封军民坚决抵抗。各地人民纷纷自动组织起来，四处袭击金兵，金兵北退。不久，李纲被主和派排挤出开封，种师道的实际兵权被解除。这年秋天，金兵再度南侵，主和派压制人民的抗战活动，只顾向金求和。

1127年1月（钦宗靖康元年闰十一月），金兵侵占开封。因为各地义军纷纷起兵抗金，金兵在开封不敢久留，最后被迫退走。临走时，将徽宗、钦宗及赵氏宗室、后妃、公主等一并俘虏北去，北宋政权灭亡。同年6月，钦宗的弟弟康王赵构在南京（应天府，即今河南商丘）即位，他就是宋高宗。从此宋政权开始南迁，历史上称为南宋（1127—1279）。

1153年，金迁都燕京（今北京）。迁都以后，女真贵族迅速学会了历朝汉人的统治经验，大体仿照宋朝制度建立了一套剥削管理机构，同时还大量吸收汉族和契丹族中地主阶级的代表人物加入金的统治集团。

女真贵族对他们统治下的各族人民，特别是对汉族人民，实行野蛮的民族压迫政策，并且不断大举兴兵南犯，因此激起了各地人民的激烈反抗。南宋统治区域的汉族人民，在抗战派的岳飞、韩世忠等人的领导下，也展开了坚决的抗金斗争，给了金统治者沉重打击。

蒙古族强大以后，金在蒙古族铁骑的进攻下开始衰落。1234年，金在南宋和蒙古的联合进攻下灭亡。

（之　明）

# 宋代临安

宋高宗即位后，把国都迁移到临安（今浙江杭州）。从此临安作为南宋的首都有一百五十多年。

随着宋高宗的南渡，皇室贵族和大小官僚也纷纷逃到南方。南宋统治者把临安作为偏安一隅的"乐园"，把中原的失地和人民忘得干干净净。

临安在北宋时就是一个大都市，人口有四十多万。南宋在这里建都后，人口很快就增加到七八十万（有的说有一百多万），市面显出了空前的繁荣。城内，有各种手工业作坊，如油作、木作、砖瓦作、玉作、翠作、腰带作等，产品种类极多，质量也很好。特别是郊区凤凰山下所烧的瓷器，精致莹澈，驰名全国。大街上，有卖金银珠宝的商店，有卖彩帛布匹的商店，也有卖饮食的、卖铁器的、卖杂货的，各种店铺，应有尽有。并且还有许多官僚开设"长生店"（当铺），用高利贷来盘剥城市贫民。

值得注意的是，临安的海运交通非常发达。宋政府在这里设有市舶司，专门管理海舶出入登记，发给公据、公凭，征收货税及收买舶货等事。钱塘江口经常有装载各种货物的船只往来出入。外国商人以珍宝、香料来换取中国的丝绸、瓷器和手工艺品。据说，那时和南宋通商的国家有五十多个。不难想见，到临安来的外国商人一定不少。

　　南宋统治阶级，一方面向金屈辱讲和，来换取苟安局面；一方面加紧压迫剥削劳动人民，来维持自己豪华享乐的生活。宋高宗在临安城大修宫殿，在宫内修建假西湖，用金银制成水禽和鱼类放在湖里观赏。宁宗时，大臣韩侂胄（tuō zhòu）在临安长桥南修盖了华丽的楼台亭园。理宗时，大臣贾似道在西湖葛岭修建了规模巨大的别墅——半闲堂。他们穷奢极欲，醉心淫乐，置国家于不顾。无怪诗人林昇愤慨地说：

　　"山外青山楼外楼，西湖歌舞几时休？暖风熏得游人醉，直把杭州作汴州（指开封）！"

（曹增祥）

# 八字军

南宋政权在建立初期，一直处在漂泊移徙、动荡不定的情况下。为了取得人民对新政权的信任，宋高宗起用了坚持抗战的李纲做宰相。李纲坚决反对议和，向宋高宗提出了施政的十项建议，积极准备北伐。李纲能够看到当时北方人民抗金的伟大力量，主张联合各地的义军来夹击金军。为了收复中原，他派张所为河北招抚使、傅亮为河东经制使，分别在大名（今河北大名县南）、陕州（今河南陕县）①设立招抚司，专门办理招集义军的工作。

女真统治者在灭辽以后，进一步对黄河南北各族劳动人民——特别是对汉族人民，加紧武装掠夺和民族压迫。黄河两岸各地的人民，纷纷团结起来，展开自卫的战争。靠山的结为山寨，傍水的结为水寨，其中最著名的是太行山区的"八字军"。

八字军为了表示他们抗金的决心，每个人脸上都刺着"赤心报国"等八个字，所以人们称他们为八字军。八字军的首领王彦，原来是宋朝的都统制，曾经隶属于张所的部下。1127年秋天，张所派王彦率领部将岳飞等部众七千人渡过黄河，抗击金兵，收复了新乡。后来不幸被金兵包围，八字军部

---

① 今河南三门峡市陕州区。

众溃散，王彦便率领余部退到太行山。从此，王彦便领导了八字军。由于八字军英勇顽强的斗争，各地的忠义民兵，如傅选、孟德、刘泽、焦文通等十九寨义军，都自愿接受王彦的领导。他们的声势不断扩大，由七百余人迅速发展到十万余人。他们在太行山上，建成绵亘数百里的山寨，寻找机会，邀击金兵；等到金兵大举进攻时，他们就"且战且行"，转移阵地。他们和金军打了一百多次仗，给了金军沉重的打击。

有一次，金军统帅命令他的部将们一起向八字军进攻，这些部将们都跪下哀告，说："王都统（王彦）的营垒像铁石一样坚强，根本没有办法攻克，如果你一定要逼着我们去，就请你把我们处死吧，我们是没有胆量去进攻的。"金军统帅没有办法，只得改变策略，派遣骑兵去截断义军的粮道。王彦听到了这一军报，亲自率领义军在中途邀击，大败金军。八字军的声势从此更加盛大，成为金军后方一支非常活跃的抗金力量。

（张习孔）

# 黄天荡之役

宋高宗建炎三年（1129）春天，金军大举南侵，直逼扬州，宋高宗从扬州逃往江南。1130年1月，南宋防守长江防线的杜充兵溃投降，金兵渡过长江，占领了建康，攻陷了临安。宋高宗逃到越州（今浙江绍兴）、明州（今浙江宁波）、定海，最后被逼乘船逃到海上，在浙江沿海漂泊了三四个月。

当金兵南侵时，南宋的人民纷纷奋起抵抗，到处袭击敌人，截断敌人的粮道。金兵统帅兀术（wū zhú）感到自己留在江南的兵力太单薄，害怕腹背受敌，不得不于1130年春天从江南往北撤退。

当时，韩世忠正驻防在今上海松江一带，他探知金兵有北撤的企图，随即带领八千人马移驻镇江，在长江的金山（山在江中）一带险要地方布防，准备截江阻击金兵。

金兀术调动全部兵力，打算强渡长江。韩世忠和他的夫人梁氏指挥宋军在镇江附近的黄天荡严密戒备，截断金兵归路。金军到来以后，宋军奋勇杀敌，梁氏擂鼓助战，士气异常高涨。金兀术无法渡江，被韩世忠的部队严密地封锁在黄天荡。

金兀术看见渡江不得，战又不利，派人来向韩世忠求和，表示愿把掠夺的财物全数留下，希望宋军让他们渡江北归，韩世忠不许。金兀术无计可施，要求和韩世忠当面谈判。韩世忠提出两个条件：一是归还金军侵占的全部土地；二是把掳去的宋朝皇帝徽宗、钦宗立刻送还。

金兀术看到求和不成，于是在黄天荡一带抢劫了一千多条民船，准备趁黑夜突围，结果遭到了宋军的坚强反击。金兵在黄天荡被韩世忠军阻截了四十八天，后来，金兵偷偷地开凿了一条通往长江的大渠，在一个夜晚，驾着小船，一面纵火，一面放箭，在宋军防守薄弱的地方突出重围，仓皇逃去。

（张习孔）

# 岳家军

宋代民族英雄岳飞（1103—1142）的抗金事迹，数百年来在人民心中留下了不可磨灭的印象。

1129年至1130年，金兀术率领大兵南下，长驱直入长江以南沿海地区，原想一举消灭南宋政权，但是遭到了各地人民的英勇抵抗，受到了严重的打击。岳飞率领的部队，在广德（今安徽东南）一带，屡次挫败金兵，取得很大胜利。1130年，"岳家军"在常州（今江苏南部）一带打了好几次胜仗，金兵被迫退到镇江以东地方。在各地人民的沉重打击下，占领建康（今江苏南京）的金兵打算从静安镇（今江苏江宁西北）渡江逃跑。岳飞探明敌人撤退的情况后，随即率领部众直趋静安，在清水亭又把金兵打得大败，并且乘胜收复了建康城。

"岳家军"转战各地，纪律严明，即使在粮草接济不到的时候，也不侵犯民间一草一木。他们的口号是："冻死不拆屋，饿死不卤（劫夺）掠。""岳家军"对人民秋毫无犯，受到了广大人民的热烈拥护和爱戴。

"岳家军"是南宋初年抗金的一面旗帜。在长期战斗中，他们在敌人面前，充分表现了有进无退的精神；即使敌兵常常使用排山倒海之力，也不能把他们的阵营稍稍动摇，因而在敌人军营中对"岳家军"也有了这样的评语："撼山易，撼岳家军难！"

（张习孔）

# 郾城大捷

宋高宗绍兴十年（1140）夏天，金兀术再次兴兵南侵，战线东起淮河下游，西到陕西。南宋政府派岳飞带兵到河南去抵抗。这时，在东路，南宋将领刘锜在顺昌（今安徽阜阳）大败金兵主力；在西路，另一南宋将领吴璘，坚守扶风（今陕西扶风县），金兵屡攻不下；北方的民兵，在金兵后方异常活跃。

岳飞北上以后，把大本营屯驻在郾城（今河南郾城）。在大举进攻之前，岳飞一面派遣部将牛皋（gāo）、张宪等人，分路收复河南各地；一面又派遣义军首领梁兴等人重返太行山区，组织和领导河北地区的民兵，策应北上的军队。在很短的时期里，宋军先后收复了颍昌（今河南许昌）、郑州、洛阳等地。宋军的声势震动了中原。

金兀术为了阻止岳飞的进攻，亲率精锐的"铁塔兵"和"拐子马"一万五千余骑，从开封南下，向郾城反扑。"铁塔兵"是兀术的侍卫亲军，士兵"皆重铠全装"，看起来好像铁塔一般。"拐子马"指的是左右翼骑兵。兀术每次作战，照例以"铁塔兵"列在正面，"拐子马"布列两侧，一齐冲锋。岳飞看见兀术亲自率兵来攻，于是命令自己的士兵和敌人骑兵交战时，各人都手持麻扎刀、大斧，上砍敌人，下砍马腿。双方自申时（指下午三点到五点）鏖（áo）战到天色昏黑，金兵大败而逃，"岳家军"取得了辉煌的胜利。

郾城大捷，鼓舞了北方人民抗金的勇气。中原地区的广大人民，争先恐后地给"岳家军"运粮食，做向导，送情报。在人民的支持下，"岳家军"乘胜攻下了朱仙镇（在开封附近）。岳飞看到汴京快要收复，兴奋地对战士们说："我们很快就要直捣敌人的老巢——黄龙府，到那时，为了庆祝胜利，我要同大家痛饮一场！"

（张习孔）

# 秦桧

为了纪念宋代民族英雄岳飞，人们在杭州西湖风景秀丽的栖霞岭南麓，特意营建了一座岳王墓；墓前，还有一对用生铁铸成的秦桧夫妇跪像。

秦桧是陷害岳飞的奸臣。北宋末年，金兵第一次南侵时，宋统治集团中的主和派主张与金谋和，秦桧自告奋勇当了求和"使者"。后来秦桧被金兵俘虏，他就和金贵族拉上了关系。1129年，金大将挞懒带兵由山东向南侵犯，秦桧被派作他的军事参谋，一同随军南下。金兵围攻楚州（今江苏淮安）时，所发布的劝说楚州军民投降的文告，便是秦桧写的。1130年，秦桧携带全家大小从金占领区回到南宋。当时有很多正直的官员都纷纷议论，说秦桧是奸细；可是由于秦桧的卖国活动和宋高宗的投降意图正相吻合，因此他得到了宋高宗的信任，在回到南宋后的第二年就当上了宰相。

当岳飞在郾城大败金兵取得决定性胜利时，秦桧认为这对自己的投降政策很不利，便急忙下令要岳飞迅速班师。岳飞拒绝执行这个命令，坚请进军北伐。秦桧就下令先将其他各路军撤退，然后以"孤军不可久留"为借口，迫令岳飞退兵。在这种情况下，岳飞不得不忍痛撤兵。他愤慨地高叫道："十年之功，废于一旦！所得诸郡，一朝全休！社稷江山，难以中兴！乾坤世界，无由再复！"中原一带的老百姓都拦住岳飞的马痛哭留阻。岳飞拿出诏书给百姓看，说："我不能违抗命令！……"

　　一年以后，岳飞遭到秦桧的诬陷，被逮捕下狱。绍兴十一年十二月末（1142年1月），审理岳飞案件的官吏遵照秦桧的指示，硬诬陷岳飞有谋叛朝廷的罪名，将他毒死。岳飞临死前，什么话也没有说，只在奸臣们事先拟好的"供状"上写了八个大字："天日昭昭！天日昭昭！"他的部将张宪和长子岳云同时被害。

　　在岳飞被害前不久，南宋统治者和金人订立了屈辱的和约。和约规定：宋对金称臣，并将东自淮河西到大散关（今陕西宝鸡西南）以北的土地划归给金；每年宋给金二十五万两银和二十五万匹绢。

　　和议告成后，秦桧愈加专横无忌。凡是主张抗金或同情岳飞的人，无不遭到他的陷害。有一个保卫商州十年之久，名叫邵隆的军官，在州城割让给金以后，常常秘密派兵化装出外袭击金兵。秦桧知道了以后，把他调到内地，用毒酒害死。岳飞的爱将牛皋年已六十一岁，秦桧还是对他放心不下，竟指使自己的党羽利用宴会机会把他毒死。

　　绍兴二十年（1150），有一个名叫施全的军士，趁秦桧上朝的机会向他行刺，没有刺中，施全被捕。秦桧亲自审问，施全慷慨激昂地说："全国人民都想杀金兵，只有你一个人偏偏不肯，所以我就要刺死你！"

（张习孔）

# 唐宋八大家

唐宋时代，在我国散文领域出现了一个崭新局面，产生了许多有名的作家，其中最著名的有：唐代的韩愈、柳宗元，宋代的欧阳修、王安石、苏洵、苏轼、苏辙、曾巩，文学史上把他们合称为"唐宋八大家"。

魏晋南北朝时，文风日益趋向绮靡华艳，文坛上占统治地位的骈体文，只注重声韵和谐、对偶整齐和辞藻的华丽，不注重内容。一些比较进步的文人，相继起来反对这种浮艳的文风。到了唐代，韩愈等人更加大力从事"古文"（指先秦两汉时候的散文）的宣传和写作。于是，古文的写作，渐渐成为一种社会风尚。

韩愈（768—824），字退之，邓州南阳（今河南南阳）人。他是古文运动的倡导者，也是我国历史上著名的古文家。他提倡古文，反对骈文，要求文学有思想内容。他所写的散文内容丰富，形式多样，气势磅礴，说理透辟。在语言运用上，他善于创造性地使用古代词语，推陈出新，句法灵活，有很强的表现力。尤其是他的杂文，短小精悍，感情充沛，对许多社会现象进行了大胆辛辣的讽刺。他的著作有《韩昌黎集》四十八卷。

柳宗元（773—819），字子厚，河东（今山西永济）人。他是古文运动的积极支持者。他的寓言、讽刺散文和山水游记，最富有创造性。他的文章充满了强烈的爱憎感情。比如，在《黔之驴》一文中，他辛辣地讽刺了官僚社会中那些徒有其表、虚张声势之徒，其蠢如驴，他们恃宠而骄、得意忘形，结果遭到自取灭亡的下场。再如，在《捕蛇者说》一文中，他深刻地揭露了赋税的毒胜过蛇毒，具体地描写了人民在封建剥削下的无比痛苦。他的山水游记，文字清新秀美，内容不仅仅是纯客观地描绘自然，而且也渗透着自己痛苦的感受和对丑恶现实的不满情怀。他这方面的代表作是《永州八记》。

欧阳修（1007—1072），字永叔，号醉翁，庐陵（今江西吉安）人。他的文章明畅简洁，丰满生动；无论写人、写事、写景，都能以简练的笔墨，渲染出十分浓郁的抒情气氛。他的《醉翁亭记》《秋声赋》等文，最能表现这种独特的艺术风格。他还写过许多结构谨严、语言明快的政论性文章，如《与高司谏书》《朋党论》等。

王安石在宋神宗时，担任过宰相。他不但是一位大政治家，也是一位大文学家，他的文章，以政治和学术的论说文居多。尤其是他的政论文，在唐宋八大家中，是最突出的。他的文章的特点是：结构谨严，论辩透辟，语言简练有力，概括性强。例如，《上仁宗皇帝言事书》和《答司马谏议书》等一类为变法服务的作品，不但表达了作者的进步思想，而且也显示了作者在政论文方面的优异才能。

苏轼（1037—1101），字子瞻，号东坡居士，四川眉山人。他和父亲苏洵、弟弟苏辙，被合称"三苏"。苏轼有多方面的文学才能，古文、诗、词都写得很好。由于他在政治上不得意，大部分时间被贬谪，有机会接触人民的生活，因此写出了许多具有一定现实内容的作品。他的笔记文《志林》，文字简练，情趣生动，在艺术上具有很显著的特色；他写的亭台记，如《喜雨亭记》等文，笔触轻松，明朗流畅。苏洵和苏辙在文学方面也有相当贡献，但都不如苏轼的成就大，这里就不详细介绍了。

曾巩（1019—1083），字子固，江西南丰人。他的政治态度比较保守，曾在神宗面前批评过王安石；不过在文学见解上，却和王安石很接近，也反对形式主义的文章。他的散文结构谨严，风格朴实，语言简洁犀利，曾给后代以相当影响。他的著作有《元丰类稿》。

（张习孔）

# 宋初四大类书

　　类书，就是摘取群书，分门别类编排而成的书籍。宋初编修的四部大型类书是《太平御览》《太平广记》《文苑英华》和《册府元龟》。

　　《太平御览》是太平兴国二年（977）春，宋太宗命令大臣李昉等编撰的。到太平兴国八年十二月（984年1月）完成，前后历时近七年。这部书初名《太平总类》，书成后，宋太宗每天阅读三卷，一年的工夫全部读完，于是改名为《太平御览》（简称《御览》）。全书共分"天""地""州郡""封建""治道""时序""人事""刑法""服用""疾病""工艺"等五十五门，共一千卷，征引古书多至一千六百九十种。

　　《太平广记》专门收集自汉代至宋朝初年的野史、小说。因为成书于太平兴国年间，又和《太平御览》同时编纂，所以名为《太平广记》。这部书也是李昉等人奉宋太宗的命令集体编纂的。从太平兴国二年（977）春天开始，到第二年秋天完成，共五百卷，目录十卷。全书按题材分为九十二大类，一百五十余细目。《太平广记》给了后世研究戏曲、小说史的人很大帮助。据记载，南宋时的"说话人"（就是后来的说书人），从小都得学习《太平广记》；宋元时人编的话本、杂剧，就经常以《太平广记》中的故事为题材；明清时人写的小说、戏曲，也有很多取材于这部书。

　　《文苑英华》也是宋太宗时命令李昉等人编修的，这是一部诗文总集。南北朝时，梁昭明太子萧统曾编选过《昭明文选》。《文苑英华》就是继《昭明文选》以后，包括从梁到唐的另一部诗文汇编。这部书从太平兴国七年（982）修起，到雍熙四年（987）修成，前后共费时五年。全书共一千卷，书中保存了大量古代诗文，为以后明代编成的《古诗纪》、清代编成的《全唐诗》《全唐文》等重要总集所取材。南宋彭叔夏考订了书中的错乱重复，写成《文苑英华辨证》十卷，可以作为使用这部大书时的参考。

　　《册府元龟》共一千卷，约九百万字。宋真宗景德二年（1005），下诏令王钦若、杨亿等编修一部有关历代君臣事迹的书。大中祥符六年（1013）书成，真宗亲自题名为《册府元龟》。

　　"册府"意思是书册的府库，"元龟"就是大龟。按照古人迷信的说法，龟卜可以知未来，所以凡是可以作为借鉴的事，就称为"龟鉴"。《册府元龟》的意思就是：这书是一部古籍的汇编，可以作为君臣的鉴戒。

　　《册府元龟》可以算一部大型的史料分类汇编，从上古到五代，按人事、人物，共分三十一部，一千一百零四门。书中对于唐、五代各朝史事，记载尤为详备，不但可以校史，而且可以补史。

（张习孔）

# 《资治通鉴》

北宋司马光（1019—1086）领导编撰的《资治通鉴》（简称《通鉴》），是我国著名的历史书之一。全书二百九十四卷，另附目录及考异各三十卷，上起战国，下迄五代，所载史实历一千三百六十二年。这书编修目的，从书名就可以知道："资"是"为"，"治"是"统治"，"通"是"从古到今"，"鉴"是一面"镜子"；合起来的意思就是，供给统治阶级从中吸取统治人民、治理国家的经验教训。出于这个目的，所以这部书对于历代"治乱兴衰"的重大史实叙述得很详细。

参加编撰这部书的人，除司马光外，还有刘攽（bān）、刘恕、范祖禹等人。刘攽担任两汉部分的撰写任务，刘恕担任魏、晋、南北朝部分的撰写任务，范祖禹担任唐、五代部分的撰写任务，最后由司马光总其成。司马光的儿子司马康担任文字的校对工作。从英宗治平三年（1066）开始编写，到神宗元丰七年（1084）修成，前后共历时十九年。

在《通鉴》的编修过程中，司马光付出了最大的劳动。据范祖禹说，司马光每天很早起床开始工作，一直到深夜才就寝。他每天修改的稿纸就有一丈多长，而且上边没有一个草字；等到《通鉴》修完，在洛阳存放的未用残稿，就堆满了两间屋子。司马光在他的进书表上说，"平生精力，尽于此书"，看来并不是虚语。

《资治通鉴》的编修共分两个时期：从1066年至1070年在开封编撰，为一个时期。这五年中，编完了周、秦、汉、魏几朝的历史，共七十八卷。从1071年至1084年在洛阳编撰，为另一个时期。这十四年中，编完了晋至后周几朝的历史，共二百一十六卷。

《通鉴》这部书自宋朝以来就为历史学者所推崇，并且有很多人模仿它，写成同样体裁的史书，如宋李焘的《续资治通鉴长编》、清毕沅的《续资治通鉴》等。

司马光等人在编撰《通鉴》时，除取材"正史"外，还采用了"杂史"三百二十余种。为了考辨异同真伪，一件事往往采用三四种书，要求做到求真求是。书中所记内容，大体平实可信。

《通鉴》一书在编写上，按年代顺序，排比史实（这种体裁叫作"编年体"），叙事简明扼要，文字精练生动；不但可以作为历史著作读，而且也可以当作古典文学作品读。

（张习孔）

# 《梦溪笔谈》

《梦溪笔谈》的作者为北宋时人沈括，他是钱塘（今浙江杭州）人，生于仁宗天圣九年（1031），死于哲宗绍圣二年（1095）。

沈括做过沭（shù）阳县（今江苏沭阳）的主簿（主管文书簿籍的官），在"昭文馆"担任过编校书籍的任务，也做过专门管理天文、历法的工作。1075年，他一度充当划定宋、辽边界的外交使者。后来，他做鄜（fū）延路经略安抚使，成为一方的军政长官，在抵抗西夏入侵的斗争中，为国家立了很大功劳。

沈括在政治上一贯支持王安石的新法，因而遭到守旧官僚的痛恨。王安石罢相以后，那些顽固官僚们，不断借机攻击、排挤沈括，使他对官场生活感到十分厌倦。1088年，他到润州（今江苏镇江）隐居。在这里，他埋头研究学术，专心从事《梦溪笔谈》的著述。

《梦溪笔谈》共二十六卷，另有《补笔谈》三卷，《续笔谈》一卷，是用笔记体裁写的，总计六百零九条。这部书的价值可以归纳为下列几点：

1.对自然科学方面的贡献。沈括曾用三个月的时间，来观测北极星的位置，并绘制了二百幅图，结果证实北极星和北极相距三度多。他对虹的成因做了科学的解释，他认为虹是由于日光照射雨点发生折射现象产生的。他在历法方面主张取消闰月，定一年为十二个月，大月三十一天，小月三十天。这个办法可以避免计算和安排闰月的麻烦。在《梦溪笔谈》中，还记载了用木料制作立体模型地图和用比例尺绘制天下郡县图的方法。在地质学方面，沈括发现太行山的崖壁上有许多蚌壳，因而提出了这一带在古代可能是海岸的推理。

2.对历史学方面的贡献。《梦溪笔谈》中有很多对于重要历史事件的记载，可以补史书之不足。比如，有关宋代庆历年间（1041—1048）毕昇发明活字印刷术的事实，书中就有很详细的叙述。特别是对993年四川王小波、李顺所领导的农民起义一事，记载尤为翔实。据该书讲：王小波等起义失败后，李顺在民间隐藏了三十多年。这个记载和一般官书所说不同，它揭穿了官修史书上所称李顺被官兵捕获的谎言。

3.对文学、艺术方面的贡献。《梦溪笔谈》内容丰富，包括有遗文旧典、小说家言，后人可以从中取得丰富的材料。书中还有专门讨论音乐和美术的篇章，议论都很精辟，反映了作者的独到见解。

《梦溪笔谈》记录了沈括的科学研究成果，它是我国古代一部很重要的学术著作。

（张习孔　曹增祥）

# 李清照

北宋末年，词坛上出现了一位杰出的女词人，她就是李清照。

李清照（1084—1155），号易安居士，历城（今山东济南）人。她的父亲李格非，是学者兼散文作家；母亲也长于写文章。李清照自幼受家庭的教养，年轻时就有很高的文学修养。她的丈夫是太学生赵明诚，夫妇两人都喜欢收藏金石书画，他们合著的《金石录》，对考古学有一定贡献。

金兵南下，先后占领了河北、山东一带，李清照夫妇逃难到江南。在混乱的局势中，赵明诚病死在建康。此后，李清照便一个人漂泊于台、越、衢、杭诸州（均在今浙江省），在颠沛流离的生活中，度过了寂寞困苦的晚年。

李清照是个多才多艺的女作家，她的诗和文都写得很好，尤其精于填词。她的作品里，描绘的形象很生动具体，富于感情，语言也很精练。她在南渡以前，过的是比较安逸宁静的生活，这时她的词的主要内容是描写对爱情的要求和对自然的喜爱。在风格上，她的词的特点是婉约清新。

南渡以后，李清照面对着苦难的现实遭遇，所填的词感情极为沉痛，风格上也渐趋向苍凉凄楚。例如，她的《声声慢》一词，一开始就运用了"寻寻觅觅，冷冷清清，凄凄惨惨戚戚"七对叠字，来抒写自己悲愁寂寞无法排遭的痛苦。末尾两句"这次第，怎一个愁字了得？"更反映出作者愁绪的错综复杂。这种愁苦的情感，是由许多方面的原因造成的；它所包含的内容，不光是个人的不幸，而是带有时代和社会的因素的。

李清照生平著作，据《宋史·艺文志》所载，有《易安居士文集》七卷、《易安词》六卷，可惜这些集子后来都散佚了。现在还保存的《漱玉词》是后人辑录的，收有五十首左右的词，仅仅是李清照作品的一小部分。

（张习孔）

# 辛弃疾　陆游

　　辛弃疾（1140—1207），字幼安，号稼轩，历城人。他出生的年代正是北宋亡后的第十三年。他二十一岁时，组织了一支抗金的队伍，第二年，他带着这支队伍参加了耿京领导的抗金义军。后来耿京为叛徒所杀，辛弃疾亲自率领五十多人袭入金军营中，将叛徒活捉，缚送到建康。他这种英勇的爱国行为，受到了广大人民的热烈赞扬。辛弃疾投归南宋后，屡次向朝廷提出收复失土的主张，都未被接受。

　　他对南宋统治阶级的庸弱表示愤慨，对沦陷在金贵族统治下的人民表示关怀；他时刻不忘失土的收复，希图根本改变宋朝衰弱的处境。他把自己这种愤激、壮烈的感情，写进了许多词里：

　　渡江天马南来，几人真是经纶手？长安父老，新亭风景，可怜依旧。
　　夜半狂歌悲风起，听铮铮、阵马檐间铁。南共北，正分裂。
　　道男儿到死心如铁，看试手，补天裂。

　　他责问南宋君臣，有几个真正是治理国家的能手？他指出，国土沦丧，山川风景固然依旧，可是却无人关心受难的北方父老。半夜风起，挂在屋檐下的"铁马"（薄铁片，有风吹动，就相互碰击出声，人们用来测风）铮铮作响，不禁激发起一个具有爱国心肠的人的万千感慨。美丽的山河，"南共北，正分裂"，难道可以允许这种现象长期存在下去吗？"看试手，补天裂"，作者满怀着雄心壮志，发出了多么豪迈的声音！

何处望神州？满眼风光北固楼。千古兴亡多少事？悠悠。不尽长江滚滚流。　年少万兜鍪（móu，"兜鍪"为头盔），坐断（占据）东南战未休。天下英雄谁敌手？曹刘。生子当如孙仲谋。

这首词借古喻今，表达了作者晚年时对国事深刻关怀的悲愤心情。作者通过对孙权这样一个奋发有为的历史人物的思慕，间接地对南宋最高统治者那种屈辱妥协的行为进行了抨击。

辛弃疾流传下来的词，共有六百多首。他的许多词，在思想内容上和艺术造诣上，都达到了很高的水平。

陆游（1125—1210），字务观，号放翁，越州山阴（今浙江绍兴）人。他比辛弃疾大十五岁，但比辛弃疾晚死三年。陆游留下了近万首诗，全面深刻地反映了他所处的时代。他的很多诗篇，充满了慷慨激昂的爱国感情，如"汴洛我旧都，燕赵我旧疆""幅员万里宋乾坤，五十一年仇未报"等类句子，在他的诗集里，举不胜举。陆游痛恨残暴的金贵族统治者，深刻同情处于苦难中的人民，热切渴望宋朝已失国土的收复。在一首诗里，他这样写道：

三万里河东入海，五千仞（古时以八尺或七尺为一仞）岳上摩天。遗民泪尽胡尘里，南望王师又一年。

这诗的大意是：祖国的山河无比雄伟壮丽，在金贵族占领的地区，人民正遭受着无尽的痛苦。可是南宋政府却从来没有收复失地的打算。人们年年"南望王师"，年年感到失望。

陆游为祖国歌唱了一生，直到临死的前夕，他还念念不忘收复失地的事业，写出了一首感人至深的《示儿》，诗道：

死去原知万事空，但悲不见九州同。王师北定中原日，家祭无忘告乃翁。

（张习孔）

# 宋朝四大书法家

　　我国的书法艺术，到宋朝有了很大发展。宋代书法家很多，其中最著名的是苏轼、黄庭坚、米芾（fú）、蔡襄四人，他们被称为宋代的"四大书法家"。

　　苏轼不仅在文学上有很高成就，在书法方面也有很高成就。他的书法艺术风格的特点是潇洒丰润，豪放活泼。他长于行书，他的字受到唐代大书法家颜真卿和五代时书法家杨凝式书法的影响。他为了精研书法，曾下过苦功。他揣摩古人的笔意，推陈出新，突破了晋、唐以来书法的传统，创造了自己独特的风格。存世的苏字真迹，有《黄州寒食诗帖》《赤壁赋》《祭黄几道文》等。

　　黄庭坚（1045—1105），字鲁直，号山谷道人，洪州分宁（今江西修水县）人。他的楷书、行书、草书都好，风格雄健秀美。他学习晋代大书法家王羲之和唐代大书法家张旭的笔意，加以变化，自成一格。存世的黄字真迹，碑刻有《狄梁公碑》，墨迹有《松风阁诗》《王长者史诗老墓志铭》《华严疏》等。

　　米芾（约1051—约1107），字元章，号海岳外史。因为他长期住在湖北襄阳，所以人们又称他"米襄阳"。他曾做过礼部员外郎的官，古时把礼部的郎官称为"南宫舍人"，所以人们又称他"米南宫"。他的行书、草书都自成一家。他对书法艺术的看法，主张在继承传统的基础上发展创造，既不墨守成规，也不否定传统。他认为书法贵乎天真自然，流露个性，反对矫揉造作，装腔作态。米芾学习书法十分刻苦认真，据说他没有一天不专心临摹所藏的唐人真迹。他除了是一位大书法家外，还是一位名画家，他惯用大小墨点，画云山雨树。米芾的画，人们称之为"米家云山"，是山水画中的一个新流派。米芾的墨迹，存世的有《蜀素帖》《米芾二帖册》《法书三种》等。

蔡襄（1012—1067），字君谟，福建仙游人。他的书法学习唐颜真卿，兼取法晋人。他的草书参用"飞白法"，写得非常精妙。所谓"飞白"，是写出来的字笔画中露出一丝一丝白道，像枯笔写成的一样。他传世的真迹，碑刻有《万安桥记》《昼锦堂记》，墨迹有《谢赐御书诗》等。

（蒋 震）

# 宋朝著名画家

绘画到了宋朝，进入了一个新的发展阶段。这时山水、花鸟画由于比较正确地体现了现实主义的优良传统，已经可以和人物画分庭抗礼了。更重要的是，写生画和水墨画受到了足够的重视。至于绘画的题材，也比过去更为广阔得多。

宋朝开国便设有"翰林图画院"（封建帝王御用的绘画机构），罗致了全国的画家，按照他们才艺的高下，分别给以不同的职衔，这对专业画家的培养起到一定的作用。翰林图画院的画家，现在有名可考的有一百七十多人，其中著名的有李成、范宽、李唐、刘松年、马远和夏珪。此外，还有以画人物著名的李公麟和擅长界画（用界尺作线，画成宫室楼台，谓之"界画"）的张择端等人。

李成（919—967），字咸熙，先世为唐宗室。他的山水画，最初师法唐末画家荆浩，后来加以发展变化，创出与荆浩不同的风格。他落笔简练，墨法精微，能"扫千里于咫尺，写万趣于指下"。他的作品有宋代摹本《读碑窠石图》。

范宽（约950—约1032），名中正，字中立。画山水初学荆浩、李成，后来感到"与其师人，不若师诸造化"（意思是说不如向真实的大自然学习），于是迁居终南山，对景造意，写山真貌，自成一家。存世作品有《溪山行旅图》《雪山萧寺图》等。

李唐（1066—1150），字晞古。他的画风对整个画院中的山水画派，有很大影响。他的存世作品有《晋文公复国》《江山小景》《万壑松风》《清溪渔隐》等图。

刘松年（约1155—1218），南宋杰出画家，钱塘人。他的山水画，笔墨精严，设色妍丽，善于表现山明水秀的江南景色。存世作品有《四景山水》《溪亭客话》等。

马远（约1140—约1225），原籍河中（今山西永济），生长于钱塘。他的山水、人物、花鸟画，在宋画院中负有盛名。他生长的时代是宋室南渡以后，所以他画山水多作残山剩水，具有深刻的含意，世人称之为"马一角"。他存世的作品有《踏歌图》《水图》等。

夏珪（生卒年不详），字禹玉，钱塘人。他的山水画，笔力遒（刚健、有力）劲，墨气淋漓。构图多突出近景一角，风格与马远相近，后人并称"马夏"。存世作品有《溪山清远》《西湖柳艇》等。

以画人物著名的李公麟（1049—1106），字伯时，号龙眠山人，舒州（今安徽舒城县）人。他画人物、佛像，广取前人之长，发展了东晋画家顾恺之、唐代画家吴道子等各家的特长，运笔如云行水流，自成风格。他画的白描罗汉非常有名。"白描"是用墨勾线条，不着色，他是这种画法的创始者。存世作品有《维摩演教图》等。

开始重视现实习俗生活的描绘，打破过去画家专画历史人物与贵族生活的局限，这是宋代绘画的一个很大变化。北宋杰出画家张择端（生卒年不详）的《清明上河图》就是这种新题材的代表。张择端选择清明日汴京东门外一段繁盛地区的街景为题材来作画。在画中，可以看到汴河里船只往来、虹桥上车马不绝、街道上店铺林立的景象。可贵的是，画中突出了各业劳动

人民各种劳动生活的场面。这幅画至今还在北京故宫博物院中保存着，它是
我国绘画史上不朽的杰作。

（蒋　震）

第四编

# 元朝　忽必烈

13世纪初，蒙古族的领袖成吉思汗，统一了蒙古各部，在蒙古地区正式建立了政权，并且同东南的金朝、西南的西夏，展开了多年的战争。1227年，成吉思汗病死，他的儿子窝阔台继为大汗。当时，南宋和金正处于南北对峙的局面。窝阔台即汗位后，继续对金作战，并且约南宋出兵夹攻金。1234年，金在蒙古军和南宋军联合夹攻下灭亡，蒙古贵族统治了中国北部。

金亡后，南宋朝廷希图收回黄河以南的土地，调兵进入开封，并从开封分兵进驻洛阳。宋军刚进洛阳城，蒙古兵即南下向宋军进攻。宋军大败，开封、洛阳得而再失。此后，蒙古统治者又从今青海一带进攻四川。另外，还在今湖北及长江、淮河之间，向南宋发动全面的攻势。

蒙古军遭到了南宋军民的坚决抵抗。南宋人民纷纷组织民兵，奋起保卫家乡。南宋的孟珙（gǒng）、王坚等将领，依靠人民，在今湖北、四川一带，长期坚持英勇的保卫战。

1258年，蒙哥汗（成吉思汗之孙）亲自率领军队攻入四川，企图一举灭宋。不料，第二年，蒙哥在围攻合州（今四川合川）[①]时负伤，死在军中

--------

① 今重庆市合川区。

（一说为病死）。这时，蒙哥的弟弟忽必烈正围攻鄂州（今湖北武昌）。南宋的奸臣、妥协派首领、宰相贾似道，统率各路大兵来鄂州援救，暗中却派人向忽必烈求和，愿意纳贡称臣，割让北地，要求双方以长江为界。忽必烈本来不想议和，后来知道蒙哥已死，蒙古贵族内部有人要拥立别人做大汗，他为了争夺汗位，就答应了贾似道的议和条件，匆匆撤围北还。而贾似道却向宋朝廷谎报军情，声称前线得胜，已经把蒙古兵打退。南宋统治者依然过着荒淫腐化的生活，根本不做战守的准备。

忽必烈回到开平（今内蒙古自治区多伦东南），废除了由蒙古贵族会议选举大汗的制度，1260年自立为大汗。同时，他的弟弟阿里不哥也在别的地方即了汗位，并且联合了一部分贵族和他作对。这样，蒙古统治集团内部便爆发了长达四年之久的内讧。

忽必烈为了增强自己的力量，依靠、利用汉族地主武装，起用一批汉族官僚，终于在争夺大汗的斗争中，获得了胜利。1264年，他迁都燕京（今北京）。1271年正式定国号为"元"，改称燕京为大都。后世称他为元世祖。

忽必烈在北方稳定了自己的统治，又经过了几年的准备，便大举进攻南宋。在元军的进攻面前，南宋的军队一触即溃，各地大小官僚多半望风迎降，只有姜才、李庭芝、张世杰、陆秀夫、文天祥等少数文武大臣，领导江南人民进行了誓死不屈的反抗斗争。1279年，南宋灭亡，元统一了全中国。

忽必烈不仅是一位出色的军事统帅，而且也是一位有魄力的政治改革家。在建立了元朝以后，他的政权承袭了宋、金以来中国封建政权组织的全部体制，并根据当时的需要加以变化、发展，对以后明、清两代有相当影响。忽必烈废除了蒙古族地方长官的世袭制度，整顿了地方豪强的混乱统治，对蒙古诸王在封地内的专擅行为，也进行了某些限制。此外，他还采取了一系列保护和恢复农业生产的政策，并先后组织人力开凿了会通河

（今山东东平县至临清县的运河）①和通惠河（自大都至通州）。这些措施，对安定久经战乱后的社会秩序和发展生产、繁荣经济来说，起了一定的积极作用。

忽必烈统治时期，结束了12世纪以来宋、金对峙的局面，完成了全国的统一。

（之　明）

---

① 今山东东平县至临清市的运河。

# 文天祥

　　文天祥（1236—1283），庐陵（今江西吉安）人。在他少年时，南宋的政治已是非常腐败，国家的局势也一天比一天危急。文天祥从小就有救国的抱负。1256年，他在参加进士考试的时候，就大胆地提出了改革政治的主张。1259年，蒙古军队进攻鄂州。南宋的宦官董宋臣主张迁都逃避。文天祥就上书南宋皇帝，要求杀掉董宋臣，并且提出了御敌的方案，但是没有被采纳。

　　忽必烈建立了元朝以后，派大军攻打南宋。1275年，元军在安徽芜湖大败宋军，顺流东下，逼近南宋的京城临安（今浙江杭州）。这时，文天祥正在赣州（今江西省内）做知州。为了挽救危局，他立即号召人民起来抵抗，并且拿出自己的全部家产，积极招募士兵，组成了一支军队。他领着这支义军，赶去保卫临安。可是腐朽的南宋政府正在准备投降，对文天祥的抗元活动不但不支持，反而给了许多限制和打击。

　　1276年，元军攻到临安城郊。南宋政府不得已，任文天祥为右丞相，派他去元营谈判。文天祥在元营中，不怕威吓，当面指责元军的主帅，要元军退兵议和，结果被扣留。就在这时，南宋政府却向元军投降了。元军进入临安，俘虏了南宋的皇帝和许多王公大臣。

　　十多天以后，元军把文天祥押解去大都。在途中，文天祥趁机逃走，经历许多艰险，到了永嘉（今浙江温州）。不久，张世杰、陆秀夫在福州另立赵昰（shì）为皇帝，召文天祥前往。文天祥来到后，和张、陆同心协力，重新组织军队，继续抗元。1277年，他进军江西，收复了好几处州县，后来被强势的元军打败。但是，文天祥并不气馁，他退到广东，坚持抵抗。

1278年，赵昰死去。张世杰、陆秀夫又立赵昺（bǐng）为皇帝，并且把政府迁到崖山（在广东新会以南海中）。文天祥则领兵在广东潮阳一带驻守。不久，元将张弘范率领大军攻入广东。在一次战斗中，文天祥兵败被俘。

文天祥被俘以后，张弘范押他一同到崖山，要他写信去招降张世杰。文天祥坚决拒绝，并且写了一首诗表明自己不屈的意志。诗的最末两句是："人生自古谁无死，留取丹心照汗青。"

1279年春，张世杰、陆秀夫率领宋军，在海上同元军展开大战，结果宋军战败。为了不被敌人俘虏，陆秀夫背起赵昺投海而死。张世杰召集残军继续战斗，兵败突围，遇到台风，坐船被巨浪打翻，他不幸落海牺牲。南宋至此灭亡。

1279年冬，文天祥被押送到大都，关进了监牢。元朝统治者千方百计地对他进行威逼利诱，要他归降。但是，他都坚决拒绝，毫不动摇。他在狱中写下了许多光辉的诗篇，来表明自己宁死不屈的决心。其中最著名的，就是《正气歌》。文天祥在这首诗中，引述了历史上许多英雄人物的事迹，来证明正气的不可屈辱，表示了对元朝统治者的蔑视。诗中每一字句，都包含了作者高贵的爱国感情，它深深地打动了人们的心弦。

1283年，文天祥在大都柴市（今北京交道口南）从容就义。他死后，人们在他的衣带里，发现他预先写好的赞文，最后几句说道："读圣贤书，所学何事？而今而后，庶几（将近、差不多）无愧！"这首赞文，充分表现了文天祥临死不惧、视死如归的精神。

（张习孔）

# 元　曲

　　元曲是我国文学发展史上一支鲜艳的花朵，它是元代新兴的一种韵文文学，分散曲和杂剧两类。散曲是一种由诗词变化发展来的新诗体，杂剧是一种包括歌唱、音乐、舞蹈和完整故事情节的综合性艺术。在元代短短的几十年间，产生了大批优秀的作品，涌现出不少伟大的作家。在这些作家中，最著名的有关汉卿、王实甫、白朴和马致远。

　　关汉卿，大都人，是元代杂剧的奠基人。他一生共写了六十多个剧本，可惜大部分都已经散佚。现在流传下来的曲、白（对话）俱全的剧本有十二个，科（动作）白残缺的有三个，只保存着单支曲词的有两个。这些剧本，题材广泛，内容丰富，其中有的写被压迫妇女的冤屈，有的写受迫害的人民与贪官恶吏的斗争，有的写历史上的英雄人物，有的写社会上的公案故事。由于关汉卿长期和下层人民在一起，对人民的痛苦生活有比较深刻的了解，因此，在他的剧本中，充满了对统治阶级的仇恨和对受压迫群众的同情。

　　《窦娥冤》是关汉卿杂剧的代表作品，也是现存的元代最好的杂剧之一。这个剧本描写了在黑暗统治下含冤而死的窦娥的悲惨命运，塑造了一个反抗强暴、至死不屈的光辉的妇女形象。窦娥在被绑赴法场的路上，因为不甘于向命运低头，大胆地向古代人所认为的世界的主宰——天和地，发出了斥责和呵骂：

　　天地也，做得个怕硬欺软，却原来也这般顺水推船。

　　地也，你不分好歹何为地？天也，你错勘贤愚枉做天！

　　这是对暗无天日的封建统治秩序所表示的怀疑，也是对当时正义得不到伸张的现实社会所提出的控诉。作者通过剧中的主角——窦娥一生坎坷不平的遭遇，对封建社会的残酷现实做了无情的鞭挞，充分表明了作者的社会政治观点，敢于揭露当时社会的黑暗。

　　《救风尘》是一出优美动人的喜剧。在剧中，关汉卿描写了机智、正直的赵盼儿，她用非常巧妙而合乎人情的计策，与花花公子周舍展开斗争，把自己的同伴妓女宋引章从灾难中救了出来。

　　《单刀会》是关汉卿写的一出历史剧，它描写了三国时吴蜀两国的一场政治斗争：吴大臣鲁肃企图从蜀大将关羽手中索取荆州，设宴邀请关羽，想用威胁的办法达到目的。关羽毫无所惧，单刀赴会，凛然不屈。最终，鲁肃的计谋落空。

　　一百年以前，《窦娥冤》就已被译成法文，传到了欧洲。在亚洲其他国家，包括日本，也曾大批地翻译过关汉卿的作品。1958年是关汉卿戏剧创作七百周年，世界各国许多城市都为他举行了纪念活动。

　　王实甫也是大都人。他的代表作《西厢记》，在元代杂剧中有着很高的地位。剧中描写了张生和崔莺莺的恋爱故事，歌颂了青年男女争取恋爱自由、向封建礼教斗争的胜利，具有强烈的现实意义。

　　白朴，隩（ào）州（今山西河曲附近）人。《墙头马上》是他最出色的作品，也是元代杂剧中著名的四大爱情剧之一（另外三个著名的爱情剧是关汉卿的《拜月亭》、郑光祖的《倩女离魂》和王实甫的《西厢记》）。剧中通过叙述一对青年男女的恋爱故事，尽力宣扬男女自由结合的合理性，表现了一种要求婚姻自主、反对封建礼教束缚的斗争精神。这个剧在思想性和艺术性上都很成功。

马致远，大都人。他的名著《汉宫秋》，是一部具有特殊艺术风格的历史剧。它描写的是汉元帝时宫女王昭君的故事。作者通过这个剧本，强烈地表达了他自己的反对当时元代蒙古贵族实行严重的民族压迫政策的思想感情。《汉宫秋》所突出的这种主题思想，是带有强烈的现实意义的，但这部作品的感伤情绪比较多。

元曲中的散曲，也叫"清曲"，包括"小令""套数"两部分。"小令"和词差不多，原是民间流行的小调。"套数"又叫"套曲"，是合一个宫调中的许多曲子而成的。元代散曲作家有作品流传下来的约有两百多人，在众多的作品中也有不少杰出的篇章。

（张习孔）

# 郭守敬

郭守敬（1231—1316），字若思，顺德邢台（今河北邢台）人。他在天文方面是个著名的仪器制造家和天象观测家。他制作的仪器很多，著名的有自动报时的"七宝灯漏"，观测恒星位置以定时刻的"星晷定时仪""日月食仪"等近二十种。这些仪器比起前代来，有许多独创的地方，制法简易，使用方便，精准度高。可惜其中大部分原作已经失传。此外，他还建立了北京的司天台（天文台），并实测了各地的经纬度。

《授时历》是郭守敬在历法上的最大贡献，它比过去的历法有很大改进。它推算出一年的天数，比地球绕太阳一周的实际时间只相差二十六秒，和现行的公历一年的周期相同。《授时历》从1281年起使用了四百年。它的开始使用，比现行公历的确立还早三百年。

在水利事业方面，郭守敬的贡献也很大。1291年春，他担任元政府都水监的官职，领导整修大都至通州的运粮河。经过一年多的时间，运河修通，定名通惠河。原来北京至通州间运河的开凿，是从金开始的，金开凿这条运河的目的在于把由大运河运到通州的粮食继续转运到京师。元在北京建都后，金开凿的运河已经荒废，如何解决大都漕运的问题，被提上了日程。在这方面，郭守敬发挥了卓越的才能。他根据自己勘测的结果，除了决定引用金曾经利用过的瓮山泊（今北京颐和园昆明湖）和高粱河（今北京西郊紫竹院湖）的水源以外，还引用昌平城东南凤凰山山麓的白浮泉水和西山山麓的其他泉水，来解决水源不足的困难。经过精密的勘测，他设计了一条长达三十公里的河渠。这样，漕粮船只就可直接从通州驶入大都城的积水潭了。

在郭守敬的主持下，元政府还修复了黄河沿岸的许多主要的古代河渠，其中著名的有长达二百公里的唐来渠和长达一百二十五公里的汉延渠等。这些渠道的修复，对于当时西北地区农业生产的发展，起了重要的作用。

（张习孔）

# 黄道婆

　　黄道婆生于宋末元初，出生在一个贫苦的劳动人民家里。据说她少年时给人家当童养媳，在黑暗的封建家庭里，备受虐待和屈辱。后来她实在忍无可忍，不惜离乡背井，一个人流浪到了海南岛的崖州。当时崖州的棉纺织技术很出名，当地黎族妇女所织的布，上面有各种花纹，非常精巧。她在崖州居住的时候，虚心向黎族人民学习，掌握了棉纺织的全部操作方法。1295年至1296年间，黄道婆怀念家乡，便从海南岛搭上一艘商船重返故乡。

　　大约在东汉时代，棉花就从国外传入我国云南，居住在这个地区的少数民族哀牢人，那时便能生产出一种名叫"白迭花布"的纺织品。13世纪中期以后，棉花逐渐由福建、广东地区传入长江流域。松江一带的老百姓对于棉种的输入，很是欢迎。棉纺织业在松江一带兴起很快。不过，那时去籽和轧棉的方法，都非常原始，纺织的技术也不高，生产的效率很低，因此，广大人民还不能普遍地穿着棉织品。要想适应社会日益增长的需要，改进纺织工具和提高纺织技术显然是一个亟待解决的问题。就在这个时候，黄道婆带着黎族人民的先进纺织技术回来了。她一回到乌泥泾，就把在崖州学来的技术传授给家乡的人民。她教会家乡妇女们制造捍、弹、纺、织等工具。捍，就是搅车，又名轧车或踏车，应用简单的机械原理，利用两轴间相互辗轧，将棉籽从棉絮内部排挤出来，使轧棉的生产效率大为提高。弹，就是弹松棉花的椎弓。13世纪后期，江南地区弹棉使用的小型竹弓，仅有一尺四五寸，还要用手指来拨弹，弓身短小，弹力轻微，而且用线作弦，很不坚韧。黄道婆制造了四尺多长的大弓，弦用绳子，比起以前所用的线弦，弹力要大得多。纺，就是纺车。松江地区最初纺纱使用的是一个纺锭的手摇车，黄道婆将这种纺车加以革新，创制了一种可以同时纺三个纱锭的足踏纺车。使用这种纺车，速度快，产量多，生产效率高。织，就是织布机。在黄道婆回乡以前，人们使用的是一种构造简单、操作方法笨拙的投梭织机，生产效率不高。黄道婆对于织机改革的详细情况，由于文献材料不足，已经不得而知。据说她创制的提花织机，可以织出各种美丽的花布，这确实是很了不起的。

黄道婆回乡以后，除了传授棉织技术以外，还把崖州黎族人民织造提花被单的技术也带了回来，传授给乌泥泾镇的妇女。一时间，"乌泥泾被"成为全国闻名的精细织品，受到各地人民的欢迎。据史书记载，那时乌泥泾人民依靠纺织为业的就有一千多家。此后，黄道婆所传授的纺织技术，很快地又传入上海及周边地区，对于这些地区的棉纺织业，起了很大的推动作用。

（张习孔）

# 红巾军

元顺帝（1320—1370）时，社会阶级矛盾和民族压迫日益深刻，人民反抗元朝封建专制统治的斗争也越来越激烈。各地的起义前仆后继，终于发展成为以"红巾军"为主力的大规模的农民战争。

元顺帝至正十一年（1351），元政府以贾鲁为总治河防使，征发河南、河北等十三路民夫十五万人及庐州（今安徽合肥）戍军两万人，开掘黄河故道，整修黄河堤岸。在元朝官吏的鞭笞下，治河民夫日夜在泥淖地带辛苦工作。政府发给民夫少得可怜的一点工粮，又被治河官吏层层克扣，民夫们怨声载道，群情沸腾。白莲教（一种秘密宗教组织）首领韩山童、刘福通等，便利用这个有利时机，以白莲教组织群众，在民夫中积极活动，宣传"明王出世"的思想，并散布童谣说："石人一只眼，挑动黄河天下反。"同时暗地里制造了一个独眼的石人，埋在治河民夫集中劳动的黄陵岗（今河南兰考县东北）。一天，治河民夫们在这里挖出了这个石人，大家都惊诧不已，彼此辗转相告，没有多长时间，就传遍了整个工地。

刘福通等看到起义时机已经成熟，便在河北永年聚集了三千人，杀白马黑牛宣誓，编成起义军，拥立韩山童为明王，宣布起义。参加起义的人都用红巾包头，作为标志。人们把他们称作"红巾军"。

但是，起义布置得不够周密，元政府事先得到消息，派兵镇压，韩山童被捕牺牲，这次起义没有成功。后来，刘福通等逃往颍州（今安徽阜阳），正式举起反元的大旗，继续带领"红巾军"猛烈打击元军，攻下颍州，占领河南南部许多州县。全国各地农民到处响应"红巾军"，"红巾军"在短期内很快地发展到了十多万人。

（张习孔）

# 朱元璋

　　朱元璋（1328—1398），濠州（今安徽凤阳）人，出身于贫农家庭，幼年时给地主家放过牛。他十七岁时，安徽北部发生严重的灾荒，瘟疫流行，他的父母和大哥都先后染上瘟疫死去。朱元璋孤苦无依，没法生活，不得已到皇觉寺当了和尚。不到两个月，寺里的住持因为荒年没有吃的，把徒弟们都遣散了。朱元璋无处存身，只好去做游方僧，讨饭度日。

　　不久，朱元璋又回到了皇觉寺。全国反元农民大起义爆发后，元兵认为寺庙里容易隐藏起义军，放火烧了皇觉寺。朱元璋在生活逼迫、处境危险和友人的劝说下，参加了农民起义军。1352年，他投奔到"红巾军"领袖郭子兴部下，当了一名亲兵。

　　朱元璋参加起义军后，由于作战勇敢，吃苦耐劳，善于团结部众，很得郭子兴赏识，也深为同伴们钦佩和爱戴，因此逐渐成为农民起义军中的领袖。

　　1355年，郭子兴病死，他的部众全归朱元璋统率。第二年，朱元璋率领水陆大军攻下集庆（今南京），将集庆改名为应天。集庆是元在东南一带军事和政治的重要据点。集庆的攻占，对于进军攻占整个江南地区有着重大的战略意义。在这以后的数年里，朱元璋击溃了江南元军的主力，先后攻占了现在江苏、安徽南部和浙江的大部地区。他常常告诫部下说："毋焚掠，毋杀戮。"他的军队纪律严明，所到之处受到人民的欢迎和拥护。

朱元璋攻下徽州的时候，召见了儒生朱升。朱升建议说："高筑墙，广积粮，缓称王。"朱元璋采纳了这个意见。从此，他便在江南有计划地网罗地主阶级知识分子，用礼聘、威逼、软硬兼施的手段，罗致了宋濂、刘基（伯温）和叶琛等人。这些人引经据典，用孔孟儒家学说帮助朱元璋来策划建立政权。

朱元璋攻下江苏、浙江、安徽广大地区以后，又集中兵力先后打败了割据一方的陈友谅和张士诚，并及时而正确地决定了北伐进军的重大策略。1367年，他命徐达、常遇春率兵二十五万分路北伐。1368年，在北伐进军的胜利声中，朱元璋即皇帝位，国号明，年号洪武，定都南京，正式建立了汉族封建政权。朱元璋就是后世所称的明太祖。这年9月，元顺帝从大都逃走，徐达等人率领大军进入大都（后来明朝把大都改名叫北平），元朝灭亡。

朱元璋顺应了当时全国人民反元运动的历史趋势，他一方面依靠反元人民大起义的群众力量，一方面取得汉族地主阶级的极力支持，成为当时反元斗争最后胜利的组织者和领导者。

（徐健竹）

# 中央集权的君主专制制度的加强

朱元璋做皇帝后，为了巩固他的统治，采取了一系列的措施，来加强中央集权的君主专制制度。

他首先从地方制度的改革开始。在元代的行省制度下，行中书省的长官代表中央政府执行行政、军事和监察事务，职权太重，中央难以控制。朱元璋即位后不久，明令改行中书省为承宣布政使司，设左右布政使各一人，他们的职权范围只限于民政和财政；司法行政另设提刑按察使司来管理；军事则由都指挥使司掌管，合称为"三司"。这样，民政、司法、军政三者分别独立，直接由朝廷指挥，就易于控制了。这一改革，大大消除了地方势力割据的可能性，加强了中央对地方的控制，使全国政权的统一与集中又前进了一步。

接着，朱元璋又改革了中央政治机构。废除了中书省，不再设丞相职位，把原来属于中书省的吏、户、礼、兵、刑、工六部的地位和职权提高，每部设尚书一人、左右侍郎各一人，分别掌管全国官吏任免考核、户口田赋、礼仪祭祀、军官任免和军队训练、司法、工程造作等事务。这些部都直接向皇帝负责，奉行皇帝的命令。这样，政权便完全集中在皇帝一个人手里了。军事方面，把军政机关大都督府分为中、左、右、前、后五军都督府，各设左右都督一人，职权仅仅限于掌管军籍、军政，不直接统带军队。遇有战事，由皇帝任命统帅，统率卫所兵出征（明朝军队组织分作"卫""所"两级，大体上以五千六百人为一"卫"，下分五个"千户所"，每一"千户所"为一千一百二十人）。战事结束，统帅把印交还，兵仍归卫所。军队的调遣权归兵部，统帅的任命和总指挥权归皇帝。这些都深刻地表明了皇帝对军事力量控制权力的加强。监察机关方面，将御史台改为都察院。长官是左右都御史，下面设置许多监察御史，直接对皇帝负责，监察纠劾中央和地方官吏的行动。

明朝中央政治机构改革的主要精神，是使行政、军事、监察三者分别独立而又互相钳制。在这样的统治机构中，六部、府、院都直接隶属于皇帝，皇权高到极点，造成中国历史上皇权绝对专制的局面。

为了巩固皇权，朱元璋还先后分封他的儿子为王。他认为只有儿子最可靠，把军权托付给他们，让他们出外镇守重要的地区。诸王在封地建立王府，设置官属，地位很高，虽然不能干涉民政，但是手里掌握了军权。王府设亲王护卫指挥使司，有护卫甲士，少的三千人，多的一万九千人。除自身的护卫甲士外，诸王在紧急时也可以调遣守镇兵。这样，诸王就成为地方守军的监视人，是皇帝在地方上的军权代表。

另外，朱元璋为了加强封建专制政权，还采用杀戮功臣、设立锦衣卫等特务机构的办法来提高皇权统治。

（徐健竹）

# 明初生产的恢复和发展

　　明朝初年，为了恢复和发展社会生产，政府采取了下列措施：

　　1.移民垦荒，把大批农民从人多地少的地方迁移到人少地多的地方去。当时，淮河流域和黄河下游地区，遭受战争的破坏最严重，劳动力最缺乏，因此，明政府就有计划地向这些地方移民。例如，洪武三年（1370），迁移苏州、松江、嘉兴、湖州、杭州等地的无地农民四千多户到凤阳种田。第二年，又把沙漠遗民（蒙古人）三万多户迁移到北平附近各州县屯垦。后来，又迁移江南农民十四万户到凤阳；迁移山西泽州、潞州无地农民到彰德、临清、归德等地。对垦荒的移民，明政府在经济上给以种种优待，一般都由政府供给耕牛、农具、种子、食粮和路费。开垦期间，免三年租税，并确定荒地开垦成熟地后，便算是自己的产业，超过定额多开垦的，永不收田租。

　　2.组织兵士屯田，命令军队自己解决军饷问题。边地驻军，十分之三守城，十分之七种地；内地驻军，十分之二守城，十分之八种地。这样，不但解决了军队的给养问题，还大大节省了国家的开支，也相对地减轻了人民的负担。

　　3.兴修水利。洪武元年（1368），修筑和州（今安徽和县）铜城堰闸。1372年，修治广西兴安县的灵渠。1373年，开上海胡家港，以通海船。1376

年，修四川都江堰。经过二十多年的建设，全国共开堰四万多处，修治河道四千多处，陂渠堤岸五千多处。这些水利工程的兴修，对于减少自然灾害、恢复和发展农业生产起了很大的作用。

4.重视经济作物的增产。朱元璋在做皇帝的前两年（1366），就规定凡有田五亩到十亩的，必须种桑、棉、麻各半亩，有田十亩以上的，加倍种植，不种的要交纳重税。1368年，明政府大力奖励植棉，把棉花的种植推广到全国，从此棉布才成为人们普遍制作服装的材料。

5.减轻赋税和徭役。明朝初年，户口和土地的实际情况跟簿籍上的记录不符合。有的土地在簿籍上没有记录，逃避了国家的赋税。在簿籍上有记录的土地，也因为所登记的面积和负担轻重不一，很不公平。为了清查土地和户口，保证国家田赋的收入和徭役的供应，明政府普遍丈量土地，调查户口，并制定了《赋役黄册》（户口清册）和《鱼鳞图册》（耕地清册）。这一措施使全国的土地和人口比较准确地登记下来，豪强地主隐瞒的土地被清查出来了，政府的收入大大增加了，农民的负担也相对地减轻了。

6.扶植工商业。规定"匠户"（元时把各种工匠编制起来，另立户籍，称为"匠户"）服工役分"住坐"和"输班"两种。"住坐"是住在北平或南京的，每月上工十天，不去上工的纳银六钱。"输班"是分班轮流到都城服役，三年一次，每次一月。工匠不服役的时候，可以自由支配时间，制成的手工业品可以在市场上出售。这样，原来没有人身自由的工匠得到了部分的解放，成为半自由的手工业者。这就刺激了手工业工人生产的积极性，促进了手工业的发展。明朝政府对商业采取轻税政策，商税减为三十分之一，军民娶嫁丧葬之物、舟车丝布之类都不征税。

（徐健竹）

# 靖难之变

　　朱元璋即皇帝位后，叫他的许多儿子学习兵事，分封他们到全国各地去做藩王。除了将长子朱标立为太子以外，其余的儿子分封为秦、晋、燕、周等王。开始分封的时候，虽然不让他们干涉政治，可是后来在与蒙古贵族残余势力斗争的过程中，边境几个藩王的兵权逐渐壮大了起来，以致发生了争权夺位的现象。"靖难之变"就是明朝皇室内部的一次争夺皇位的斗争。

　　朱元璋死后，太子朱标的儿子朱允炆以皇太孙的身份继承皇帝位（朱标早在朱元璋死之前就已死去）。朱允炆以建文为年号，历史上称他为建文帝。建文帝即位后，感到各藩王都是他的叔父，又都拥有重兵，对自己的威胁很大，于是采用齐泰、黄子澄等人的建议，开始实行削藩政策。他首先颁布亲王不得节制文武官员的禁令；接着把周王朱橚（sù）、岷王朱楩（pián）废为庶人，把代王朱桂囚禁在大同，齐王朱榑（fù）囚禁在南京，并逼迫湘王朱柏自杀。这样，在不到一年的时间里，便一连削废了五个藩王。当削藩威胁到了强大的藩王——燕王朱棣（dì）时，皇室内部的矛盾便由暗地的钩心斗角变成了公开的武装斗争。

　　建文元年（1399）秋天，朱棣指责当时掌握朝廷大权的齐泰和黄子澄为奸臣，从北平起兵反抗中央政府。他称自己的兵为"靖难军"，意思是说皇帝受到奸臣的包围，遭遇大难，他是出兵来解难的。建文帝听说朱棣起兵反抗，先后派耿炳文和李景隆率兵北伐，结果都被燕王打得大败。

第二年，燕王军从山东南下，被建文军盛庸、铁铉等部阻击，两军在山东及中原一带展开了拉锯战。

第三年，燕王在夹河（在今安徽砀山县）打败了盛庸军，并把势力推进到淮河流域，准备和建文帝的军队决战。

1402年，燕王攻下扬州。进而从扬州渡过长江，进逼南京。谷王朱橞和李景隆开金川门迎降，燕王占领南京，建文帝不知下落。燕王用武力夺得了皇位，改年号为永乐。朱棣就是后世所称的明成祖。

这一历时三年的皇位争夺战争，因为是在"靖难"的名义下进行的，所以历史上称为"靖难之变"。

（徐健竹）

# 迁都北京

明朝初年，退居漠北的蒙古贵族不甘心失败，随时都在准备南下反攻，企图恢复旧日的统治。朱元璋为了加强北方的防御力量，封他的第四个儿子朱棣为燕王，镇守北平。同时，还封了其他儿子为藩王，镇守在长城沿线上，和北平互相呼应。因此，北平成了当时的政治中心和军事重镇。

燕王通过"靖难之变"夺得皇帝的位置后，为了巩固自己的统治地位，也采取了削藩政策。削藩的结果是解除了各藩王的兵权，各藩王有的迁徙了封地，有的废除了封号。这样做，固然使君主集权的封建国家得到了进一步的巩固，可是另一方面，却出现了一个新的问题。原来担负北方边防任务的各藩王都被撤销了，北方的边防也就变得十分空虚。而这时，蒙古贵族的骑兵时时入侵，对明的北方边境造成了严重的威胁。在这种情况下，明成祖决定把都城迁到北平，采取以攻为守的政策，来加强北方的防御力量。

永乐元年（1403），明成祖把北平改名为北京。从第二年起，开始大规模营建北京。他派大臣到四川、湖广（包括今湖南、湖北）、江西、浙江、山西等地，去采伐粗大的木材，开凿巨大的白石，作为建筑材料。各种木材、白石、砖瓦、颜料以及金银、黄铜等物料，纷纷被运到北京。大批具有各种建筑技能的优秀工匠和上百万的民工，也从各地被征集来，参加劳役。

经过千百万人的辛勤劳动，到永乐十八年（1420），宫殿的主要部分和城墙完工了。就在这一年，明政府迁都北京并诏告全国。

（徐健竹）

# 土木之变

"土木之变"是指正统十四年（1449）明英宗在土木堡（在今河北怀来县境内）被瓦剌军俘虏的一次事件。

瓦剌是蒙古族的一支。15世纪中期，瓦剌控制了整个蒙古高原，瓦剌的首领也先，经常率领骑兵骚扰明的边境，掠夺人口和财物。

1449年秋，瓦剌分兵四路向明进攻，也先亲率主力进攻大同。明军在大同北面的猫儿庄被瓦剌军打得大败。

瓦剌攻入的消息报到北京，专权的太监王振因为家在蔚州（今河北蔚县），靠近大同，恐怕家乡被瓦剌军占领，便竭力唆使英宗在没有应战准备的情况下，亲自率军阻击。兵部尚书邝埜（kuàng yě）、兵部侍郎于谦等，都不同意王振的主张，竭力劝阻。但英宗受了王振的怂恿，不听大家的劝阻，他命令他的弟弟郕（chéng）王朱祁钰留守北京。邝埜随从率军阻击，于谦代理兵部事务。他限令两天内把出兵的事情准备齐全。随后，英宗和王振率领五十万大军仓促从北京出发。

8月中旬，大军到大同，遇上狂风暴雨，兵士又冷又饿，夜间自相惊扰，军中一片混乱。这时，明军在北边各战场上到处失利。大同镇守太监郭敬秘密地把各地惨败的消息告诉王振。王振惊惶失措，赶快退兵。明军退到宣府（今河北宣化），被瓦剌军追上，大败。这月末，明军退到离怀来西南只有二十多里的土木堡，为等候王振的一千多辆辎重车，没有进城，英宗等人夜间就留驻在土木堡。第二天，瓦剌军追到，包围了土木堡。土木堡地势很高，挖井两丈多深仍不能得到水，南边十里多路以外有一条河，也被瓦剌军控制了。明军被围两天，人马得不到水喝，处境万分危急。9月1日，瓦剌军假装退走，并派人来讲和。王振不知是计，一面派人议和，一面下令移营到河边去。正在明军阵势移动的时候，瓦剌骑兵突然从四面八方冲杀过来。明军兵士乱跑，秩序大乱，自相践踏。结果英宗被俘，随行的大臣死了几百人；五十万大军死伤一半，骡马损失二十多万头，盔甲、器械、辎重全被瓦剌军夺去。护卫将军樊忠用铁锤打死祸首王振，最后他自己也在突围苦斗中牺牲。

（徐健竹）

# 于谦

明英宗在土木堡战败被俘的消息传到北京，明朝统治集团乱成一团。这时北京城里只剩下不到十万老弱残兵，而且十个人中就有九个没有盔甲武器。

英宗的弟弟郕王朱祁钰奉太后谕监国（代皇帝管理国事），召集文武大臣商议国家大计。大臣们都束手无策，有的甚而公开主张逃跑。兵部侍郎于谦（1398—1457）主张坚决抵抗。他挺身而出，愤怒地斥责那些打算逃跑的人。他向郕王提出誓死保卫北京的建议，他的建议得到了一部分大臣的支持，并为郕王和皇太后所采纳。不久，于谦升任兵部尚书，他勇敢地担负起了保卫京师的重任。

1449年9月下旬，朱祁钰即位做了皇帝，年号景泰，以第二年（1450）为景泰元年。他就是历史上所称的明景帝。

为了加强京师的防务，于谦下令调集各地军士来守卫北京，并派人分头到各地去招募民兵。他一方面加紧训练军队，严饬纪律；另一方面命令各地的工匠日夜赶造盔甲武器，号召人民献纳谷草，充实军备。在人民的热烈支持下，北京的防御力量大大地加强，守城的军队很快就增加到了二十二万人。

瓦剌见明朝另立了新皇帝，没有屈服讲和的意思，又大举进攻。也先挟持着明英宗，攻破紫荆关（在河北易县西八十里），直扑北京城。

在这紧要关头，于谦召集各将领讨论对策。都督石亨主张退守城内，坚壁清野，避开敌人的锋芒，于谦则主张出城迎战。他把兵部的事情交给兵部侍郎吴宁代理，自己亲自率领军队布阵在德胜门外，准备迎击瓦剌的主力军。他激励兵士们说："大片国土已经丧失，京城也被敌人包围，这是我们的耻辱，全体将士都应该不怕牺牲，替国家报仇雪耻！"将士们很受鼓舞，士气十分旺盛。

10月27日，瓦剌军逼近北京。于谦派高礼、毛福寿在彰义门（今广安门）外土城北迎战，杀死瓦剌军几百人。当天夜间又偷袭瓦剌军营，取得胜利。

10月29日，瓦剌军又进攻德胜门。于谦派石亨率领一部分精兵，埋伏在城外民房里，又派一小队骑兵去挑战，假装失败，诱敌深入。瓦剌军不知是计，一气儿攻到城边。于谦命令神机营用火器轰击，副总兵范广率兵冲杀过来，石亨的伏兵也杀了出来，前后夹攻，瓦剌军大败，也先的弟弟孛罗被火炮打死。瓦剌军又进攻西直门，都督孙镗在城上守军炮火的帮助下，奋勇抵挡，石亨的援军适时赶到，瓦剌军一看形势不妙，狼狈地逃走了。

10月30日，于谦派副总兵武兴、都督王敬率领军队到彰义门外和瓦剌军作战，把瓦剌军杀得大败。这时有个监军太监想要争功，领着几百骑兵抢先冲过去，结果把自己的队伍给冲乱了。瓦剌军趁机反扑上来，武兴不幸中了流矢，壮烈牺牲。瓦剌军跟着攻到土城边。彰义门外的老百姓爬上屋顶，用砖头石块向瓦剌军投掷，呐喊助威，声震天地。正在这时，于谦派来了援兵。瓦剌军看到援军旗帜，不敢再战，仓皇逃走。

经过五天激烈的战斗，瓦剌军死伤惨重，士气低落。前面是坚固的北京城，后面到处受到民兵的袭击，又听说各地明军的援兵就要到来，也先恐归路被截断，只好带着英宗和残兵败将偷偷地向紫荆关方向逃去。

当瓦剌军狼狈逃跑时，于谦命令石亨带兵连夜追击，取得大胜。范广、孙镗等在追击时，夺回被掳的老百姓一万多人和牲畜无数。

（徐健竹）

# 戚继光

元朝的时候，日本政府和元政府禁止两国的人民互相通商往来。明朝初期，明政府与日本建立了贸易关系。后来，日本的一些在国内混战中失败的武士，勾结日本浪人和走私商人，带着货物和武器，一方面走私，另一方面不断抢掠中国沿海地区的居民。这些进行走私活动与在沿海抢劫的日本浪人和走私商人，明朝人叫他们"倭寇"。

嘉靖二年（1523），有两批日本商人在宁波发生了武装冲突。他们焚掠宁波、绍兴一带，绑走了明朝的官吏，于是明政府废除了宁波、泉州两个市舶司，停止了对日本的贸易。

但是，日本的浪人和走私商人仍不断来福建、浙江沿海一带走私劫掠，并且和中国地方的大官僚、大地主勾结，甚至中国的奸商也参加了倭寇的海盗活动。这样，倭寇之患便越来越厉害。

嘉靖三十二年（1553），倭寇大规模地登陆侵扰，到处劫夺财物，屠杀人民，掳掠人口。我国东南沿海的人民遭受到了很大的灾难。1555年，明政府调戚继光到浙江驻防。

戚继光（1528—1588），山东东牟（今山东莱芜）人，武艺出众，治军严明。他到任以后，看到当地官军腐败，就亲自到义乌招募了三千多人，主要是矿夫和农民，经过两个多月的训练，编成一支新军。随后他又在台州等地招募渔户，编成水军。戚继光的军队纪律严明，对百姓秋毫无犯，人们称之为"戚家军"。根据江南的特殊地理情况，戚继光还创造了一种适合在多水湖泽地带作战的阵法——"鸳鸯阵"。这种阵法以十二人为一作战单位，长短兵器相互配合，指挥灵活，常在战斗中取胜。

1561年，将近两万的倭寇焚掠浙江台州。戚继光率领大军在台州附近和倭寇一连打了一个多月的仗，在当地人民的协助下，使侵犯台州的倭寇遭到歼灭性的打击。

台州大捷后，戚继光升任都指挥使，负起更大的海防责任。他又增募义乌民兵三千人，使"戚家军"的精锐部队增加到六千人。

1562年，倭寇又大举侵入福建，到处烧杀抢掠。戚继光奉命率领精兵从浙江到福建，他身先士卒，到福建第一仗就收复了被倭寇侵占达三年之久的横屿。接着，他乘胜进军，攻克了牛田、兴化（今莆田市），捣毁了倭寇的巢穴，取得了很大的胜利。援闽的战斗告一段落，戚继光班师回浙江。

戚继光离开福建不久，又新来了大批倭寇，抢掠福建沿海各县，攻占了兴化城、平海卫（在莆田）等地。明政府命令俞大猷担任总兵官，戚继光为副总兵官，让他们两人火速开往前线。

嘉靖四十二年（1563），戚继光从浙江率领新补充的"戚家军"一万多人，赶到福建和俞大猷会师，把敌人打得大败，收复了平海卫和兴化城。戚继光因功升为总兵官。1564年，"戚家军"又大败倭寇于仙游城下，给被围五十天的仙游城解了围。残余的倭寇纷纷逃跑，福建的倭寇全被驱逐。1565—1566年，戚继光又配合俞大猷肃清了广东的倭寇。东南沿海的倭患至此完全解除。

（徐健竹）

# 澳门被占

15世纪的时候，欧洲许多国家为了向海外寻找殖民地，都奖励航海事业，葡萄牙是其中的一个。明弘治十一年（1498），葡萄牙人达·伽马率领葡萄牙武装商队绕过非洲南端的好望角，到达印度西南海岸的古里。不久，强占了果阿，将之作为在东方经营商业和政治活动的根据地。接着，葡萄牙又用武力强占了当时东方国际贸易的中心马六甲（在马来西亚半岛西南）。明正德六年（1511），葡萄牙的武装商队闯进了中国广东东莞的屯门岛。不久，他们又派使臣到北京要求通商，但遭到了明朝政府的拒绝。此后，他们的武装商队赖在屯门岛不走，在那里干着抢劫商人、掠卖人口的罪恶勾当。嘉靖元年（1522），葡萄牙海盗商人到广东新会西草湾地方抢掠，遭到中国军队的迎头痛击，被赶下海去。他们离开屯门岛后，转到福建、浙江沿海一带，勾结倭寇进行抢劫，又被明军击溃，随后又逃回广东，盘踞在浪白港。

葡萄牙商人千方百计想在中国沿海找到一个据点，以便对中国进行海盗式的通商活动。嘉靖三十二年（1553），他们借口在海上遇到大风浪，浸湿了船上的货物，请求明地方官借广东的澳门海滩让他们晾晒货物。他们使用卑劣手段，用行贿的办法得到了广东海道副使汪柏的许可。就这样，他们在澳门搭起帐篷住了下来。过了几年，他们又通过行贿的方法骗取了正式居住的权利。之后，他们更得寸进尺，一步一步地建造了房屋和市街，还修筑了城墙和炮台，并且擅自设置官吏，居然把澳门视为己有。这是澳门被葡萄牙殖民主义者骗占的开始。万历元年（1573），葡萄牙商人以向明朝政府交纳地租的办法诳取了澳门的租借权。起初，澳门的行政、司法、收税等权，还仍然归广东地方政府掌握。到后来，这几种主权便逐渐被侵夺。清光绪十三年（1887），清政府被迫签订《中葡条约》，承认葡萄牙占领澳门。澳门就是这样被葡萄牙殖民主义者骗占的。

（徐健竹）

# 反税监、矿监的斗争

明朝初年，朱元璋严禁宦官"干预政事"。明成祖朱棣在"靖难之役"中，因有宦官做内应，取得了政权，所以对宦官加以信用。此后，宦官的权势日益增大。明武宗时（1506—1521），人们称武宗是坐着的皇帝，宦官刘瑾是站着的皇帝。明中期以后，皇帝住在深宫里，多半不管政务，有的甚至一二十年没有接见过大臣，皇帝把一切事情都交给宦官处理，因而出现了宦官专权的局面。

从万历二十四年（1596）开始，明神宗派出大批宦官做税监和矿监。这些税监、矿监到处敲诈勒索，疯狂地对民间工商业进行掠夺。矿监常常乱指民家的住宅、坟墓，说下面有矿，要拆房挖墓，大肆敲诈；或者诬赖民家私自开矿，勒索贿赂。税监在水陆交通要道设立关卡，征收商税，一斗米、一只鸡，都要收税。有的地方在水道仅一天的航程里，就设立关卡五六处，重复征敛。税监、矿监的残暴行为，引起了各地城市市民的猛烈反抗。

1599年，湖广矿监（兼做税监）宦官陈奉，到荆州收税时，沿途骚扰、抢劫商人。几千个商民在路上截击他，用砖头、石块向他投击，陈奉狼狈地逃回武昌。1601年，陈奉在武昌滥征商税，侮辱妇女，激怒了市民，一万多人包围了他的住所。陈奉派兵镇压，杀死多人。市民更加愤怒，聚集了好几万人跟他进行斗争。陈奉逃到楚王府中藏了起来，市民把他的爪牙十六人投到长江里。巡抚支可大袒护陈奉，群众烧毁了巡抚公署。明统治者被迫向人民让步，把陈奉撤回北京治罪，并且撤换了巡抚支可大。武昌人民的反矿监斗争取得了胜利。

1599年，山东临清人民爆发了反对税监马堂的斗争。税监马堂和他的爪牙在临清抢劫人民的财产，使很多中等人家破产。愤怒的市民实行罢市，并聚集了一万多人，驱逐马堂，放火烧了税署，杀死他的爪牙三十七人。

在市民反矿监、税监的斗争中，规模最大、斗争最激烈的，要算1601年江苏苏州织工反抗税监孙隆的斗争。税监孙隆到苏州后，利用流氓作爪牙，在各城门和水陆交通要道，借口查税，讹诈盘剥，掠夺商人财货，使得外地商人不敢到苏州来，苏州商人也不敢到外地去。苏州织户的织机逐渐减少，织工的生活受到了严重威胁。孙隆还想额外加重剥削，要每一张织机增加三分银子的税，机户被迫停工关门，大批工人失业，生活无法维持。织工领袖葛贤（又名葛成）领导群众起来斗争，四处立刻响应。他们包围官署，要求惩办税吏；焚烧了税署，打死了孙隆的爪牙黄建节，把土棍汤莘等人的房子也给烧了。孙隆吓得逃往杭州。事后，葛贤被明政府杀害。

（徐健竹）

# 东林党

　　明朝后期，宦官把持朝政，对人民进行疯狂的掠夺，同时也严重地损害了地主阶级地方势力的利益。江南地主中有很多人兼营商业和手工业，或者和工商业有联系。神宗万历年间，矿监、税监的贪婪劫掠，严重地侵犯了他们的特权，这就使江南地主集团与宦官集团之间的矛盾尖锐起来。江南地主阶级以及代表他们的官僚士大夫为了维护自身的特权，联合起来，反对宦官集团的专横跋扈。明末"东林党"和"阉党"的斗争，就是这种统治阶级内部矛盾的反映。

　　万历二十二年（1594），吏部郎中（官名）顾宪成被革职以后，回到自己的家乡无锡，在东林书院讲学。远近许多地方被排挤因而闲住在家的官吏都来听讲，学舍几乎容纳不下。他们聚在一起，一方面听讲论学，另一方面议论朝政，批评当政的人物。在朝廷里的一些比较正派的官员，也和他们互通声气。东林书院成了当时舆论的中心。这些人便被称为"东林党"。

　　东林党反对宦官独揽朝政，颠倒是非，迫害善良；反对矿监、税监的疯狂掠夺；反对苛重的赋税和徭役。把持朝政的宦官集团当然不会满意他们，就对他们进行各种打击迫害。

　　天启元年（1621），朱由校（明熹宗）做了皇帝以后，明朝政治腐败、黑暗达到极点。宦官魏忠贤与熹宗的乳母客氏狼狈为奸，无恶不作。他掌握了政府官吏的任免权，从中央到地方，都安插了他的爪牙。朝中一些大臣都投靠在他门下，有的甚而认他为义父、干爷。阉党大官僚崔呈秀等号称"五虎"，此外还有所谓"十狗""十孩儿""四十孙"等，他们相互庇护，结为死党。

阉党为了排除异己，进一步加强了锦衣卫、东厂等特务组织。魏忠贤自己掌管东厂，他的干儿子田尔耕等掌管锦衣卫。他们把东林党人的名字编成《东林点将录》《同志录》等黑名单，根据这个名单，有计划地对东林党人进行迫害和屠杀。

天启四年（1624），东林党的著名首领左副都御史杨涟向皇帝上书弹劾魏忠贤二十四大罪。不久，杨涟、左光斗、周顺昌、黄尊素等东林党领袖先后被捕下狱，受酷刑死去。其他东林党人，有的被杀害，有的被放逐，有的被监禁。许多非东林党人，但反对阉党的人士，也都遭到排斥、免职和杀戮。魏忠贤又下令毁掉全国一切书院，企图以剿灭东林党的名义来摧残所有反对阉党的人士。

魏忠贤等阉党迫害东林党后，气焰更高，不仅专制朝政，而且诬杀守边大将，冒图军功。魏忠贤的干儿义孙、远近亲戚，都做了大官。他自称为"上公"，阉党官僚称他为"九千岁"，有的竟称他为"九千九百岁"，向他献媚，争先恐后给他建立生祠，供他的像。建立一个生祠，要用掉老百姓几万两、几十万两白银。地方官每年春秋要到魏忠贤生祠祭祀，凡是不建祠或入祠不拜的都要被杀。

魏忠贤的专权暴虐，使人民遭受到严重的祸害，民愤越来越大。熹宗死后，朱由检做了皇帝（崇祯皇帝），杀了魏忠贤和阉党的重要人物。但阉党的残余势力仍旧存在，与东林党的斗争也仍旧没有停止。

（徐健竹）

# 《永乐大典》

永乐元年（1403），明成祖为了整理历代文献典籍，命令解缙（jìn）编修一部类书。解缙接受任务后，第二年就编成了一部《文献大成》。成祖嫌这部书编得太简略，永乐三年（1405），又加派姚广孝协同解缙，选儒士曾棨（qǐ）等二十九人重修，并动员大批善于写字的文人担当书写任务。当时直接或间接参加编修工作的有两千多人。皇家藏书处文渊阁所收藏的各种书籍是这次编修的基本资料。另外，明政府又派人到各地征购各类古今图书七八千种。负责编修的人把这些书依照《洪武正韵》韵目，整部整篇或整段地按韵编次。永乐六年（1408）冬，全书编成，共两万两千九百三十七卷（其中有凡例、目录六十卷），一万一千零九十五册（明清以来对卷数、册数记载均不一），定名为《永乐大典》。

《永乐大典》是在南京编成的，后来明成祖迁都北京，这部大书也随之被运到北京。该书自编成后，只有精写本，没有刻板印刷。嘉靖四十一年（1562），皇宫失火，《永乐大典》差一点被烧掉。为防万一，明世宗命令礼部选儒士程道南等另抄写《永乐大典》正副本两部。穆宗隆庆元年（1567），正副本抄写完成。自此以后，《永乐大典》就有了三部：第一部是永乐原本，第二部是嘉靖正本，第三部是嘉靖副本。原本存放南京，正本存北京文渊阁，副本存北京皇史宬（chéng）。后来，南京原本尽毁。清初，正本被移放乾清宫，副本被移放翰林院，缺失二千四百多卷。清嘉庆二年（1797），乾清宫失火，正本全毁。藏翰林院之副本，以后又陆续有遗失。清光绪二十六年（1900），八国联军侵占北京，《永乐大典》遭受浩劫，劫后所存，仅三百余册。这些被抢掠去的《永乐大典》，现都分藏在帝国主义国家的公、私图书馆。

《永乐大典》在我国学术史上占有很高地位，它辑录古书，直抄原文，保存了今已散缺或已失传的许多重要资料，对研究我国古代文化遗产具有极高的参考价值。

新中国成立后，经过北京图书馆的努力搜集，现在藏在该馆的《永乐大典》共有二百一十五册。连同该馆从国外各国图书馆征集到的一部分复制本（照片和显微胶卷），合计七百一十四卷。1960年，中华书局将搜集到的《永乐大典》影印出版。

（徐健竹）

# 李时珍

　　李时珍（1518—1593），字东璧，蕲（qí）州（今湖北蕲春县）人，是明朝中期伟大的医学家和药物学家。他的父亲是当时的名医，很喜欢研究药物。李时珍童年时，常常跟着父亲到山中去采药，从小就培养了研究药物的兴趣。他幼年体弱多病，深刻体会到生病的痛苦，从而坚定了学医的决心。从二十岁起，他就跟着父亲学医了。

　　李时珍诊病和用药都十分仔细，他参考前人的药书时，常常能发现书中有不少缺点，于是立志要把旧有的药书加以整理，写成一部完备的药物学著作——《本草纲目》。

　　为了写这部书，他花了很大的精力来阅读前人有关医学的著作。在近三十年的时间里，他研读了八百多种书。除了钻研医药书外，他还阅读了许多历史书、诗文、小说、笔记以及像《芍药谱》（刘贡父著）、《海棠谱》（沈立著）、《菊谱》（范成大著）、《竹谱》（戴凯之著）等一类的书籍。从这些书籍里，他收集了有关医药的材料，并利用这些材料来考证各种药物的名实。不仅如此，他还很重视实地调查。他走遍了自己家乡的山野，还到过江西、安徽、江苏一带的许多地方，考察了各地特产的药物，采集了许多有价值的标本。他走了上万里的路，访问了千百个老农、渔民、樵夫和猎人，虚心地向他们请教，从他们的口中知道了很多有关药物学的宝贵知识，打听出了很多医病的有效秘法和单方。李时珍经过这样长时期的刻苦学习，为编写《本草纲目》打下了深厚基础。

万历六年（1578），李时珍六十一岁，《本草纲目》这部书终于写成了。这部书从嘉靖三十一年（1552）开始编著，中间经过了三次大的修改（小的修改直到他死一直未断），前后一共用了二十七年的时间。

《本草纲目》共五十二卷，记载了一千八百多种药物（比过去增加了三百七十四种），分成十六部，六十二类。对各种药物做了科学的分类，订出系统的纲目，改正和补充前人关于药物记载的错误和不足，这是《本草纲目》在药物学上的一个重大贡献。书里对每种药物，都写出它的名称、别名、形态、产地、气味、性质、功用和采制过程，并且还附录了许多医方，使人看了异常清楚。为使读者更易明白，作者还把一些形状复杂的药物绘成图画，全书的插图就有一千多幅。《本草纲目》一书，不但在我国古代药物学史上占有极其崇高的地位，而且在世界植物形态分类学史上，也占有极其崇高的地位。

（徐健竹）

# 潘季驯

明代治理黄河专家潘季驯（1521—1595），字时良，乌程（今浙江湖州）人。他从四十四岁时起，到七十三岁退休时止，前后四次受命治理黄河，为治理黄河工程工作了二十多年。

根据历史记载，黄河下游在三千多年中，泛滥和决口一千五百多次，重要的改道二十六次，其中大的改道有九次。黄河泛滥时，中原一带，常常是千里泽国，无数村庄和城市被淹没，给人民生命财产造成极严重的损失。治理黄河，自古以来就是我国劳动人民跟水患进行斗争的重大事情。

嘉靖四十四年（1565），潘季驯奉命治理黄河。他到达黄河沿岸以后，亲自视察河道，访问河堤附近的农民，邀请有经验的治河民夫谈话，仔细研究治河的办法。他还阅读前人有关治河的各种文献和著作，拿它们跟当前的情况进行参证、比较。这样，他逐渐摸清、掌握了黄河水患的规律，从而制定出了一套治河的原则和方法。他四次治理黄河，都取得了卓越的成绩。

潘季驯治河的原则是："挽水归漕，筑堤束水，以水攻沙"。这意思就是说，修筑坚固的堤岸，约束河身，借着奔腾的水流冲走泥沙，刷深河漕，避免淤积。他根据黄河水流泥沙过多的特点，认为必须维持河道的整一，不要让它分流；两岸河堤的距离不要太宽，要紧紧地约束住河身。因为河道一宽，水势就缓，泥沙就会淤塞河床，河水就容易泛滥成灾。相反的，如果河道不太宽，水流很猛，就能冲刷淤泥，刷深河床，洪水就不易漫出。

潘季驯一生的治河经验都总结在《河防一览》这部书里，如怎样筑堤、怎样保护堤防等，都有详细的说明。书里还绘制了详细的黄河全图，标明治河的地形和水势。每个险要的河段，都画出了堤防和巡守的"铺"。"铺"是供巡防人员驻守和休息用的一种草屋。"铺"的旁边竖起高竿，白天挂旗，晚上挂灯。有了紧急情况，巡防人员就敲锣告警，附近农民就可以赶去抢救。

（徐健竹）

# 徐光启

徐光启（1562—1633），字子先，上海人，是我国明朝末年一位伟大的科学家，著有《农政全书》六十卷。

《农政全书》是一部有关农业科学的巨著。全书分"农本""田制""农事""水利""农器""树艺""蚕桑""蚕桑广类""种植""牧养""制造"和"荒政"十二章，总共五十多万字。这部书的价值可以从下列几方面来说明。

1.它汇集了历代有关农业的各类著作，起到了总结我国古代农业科学遗产的作用。书中引用各种农业著述约一百三十种，引用时，有的有删节，有的有补充，有的则为批判性的选辑。

2.它记录了古代和当代农民们宝贵的生产经验。徐光启常常深入农村，访问老农，有好的经验便记下来，编入他的书中。例如，在"木棉篇"中，他根据农民的生产经验，详细记述了棉花的种植方法和纺织方法；在"除蝗疏"中，他根据老农提供的材料，记录了蝗虫生长的过程。

3.它介绍了制造各种农具和修建水利工程的方法。书中详细地记述了各种农具的制法，并且附有精细的插图。在谈水利这一章里，不仅介绍了我国西北水利、东南水利的情况，而且还介绍了外国的水利建设方法。

4.它记叙了著者本人对农业研究的心得和试验的成果。例如，在"树艺""蚕桑""蚕桑广类"等章里，就记录有著者自己种植乌桕（jiù）树和桑麻的经验。

5.它介绍并提倡了有关国计民生的农作物。例如，茶叶在当时国际市场上异常畅销，"茶叶篇"中就详加介绍了茶叶的采摘、收藏、制造、饮用等方法。又如，甘薯（红薯）刚从外国传来不久，书中指出它有十几个优点，亩产量大，色白味甜，营养丰富，种植容易，可以酿酒，切片晒干可作为粮食和饼饵等，因此大力提倡种植。

《农政全书》总结了祖国劳动人民在农业生产技术上的丰富经验，保存了大量有价值的农业科学资料，同时还反映了我国十六七世纪农业生产所达到的水平。它是我国现存研究古代农业生产发展史的一部重要参考书籍。

（徐健竹）

# 明朝著名画家

　　明朝初年，著名的画家是戴进。明朝中期，沈周、文徵明、唐寅和仇英，称为"明朝四大家"。明朝末年，著名的画家是董其昌和陈洪绶。

　　戴进（1389—1462），字文进，号静庵，钱塘人，南宋画院山水画的继承者。所画山水画，取景用笔，千变万化。他临仿古人的画，能叫行家也难分辨真假。他画的人像也很出色。据说，有一次他去南京，雇了一个挑夫挑行李，走在人多的地方，两人被挤分散了。他到处找不到挑夫，没有办法，便画了那个挑夫的样子，拿着画像到处向人打听，结果挑夫终于被找到了。

　　沈周（1427—1509），字启南，号石田，长洲（明时属苏州府）人。他的山水画汲取了唐宋著名画家的长处，加以融会变化，自成一家。他用笔很有劲，笔墨豪放，沉着雄浑。他画的花卉和人物也很有神采。

　　文徵明（1470—1559），原名壁，字徵明，后更字徵仲，也是长洲人，擅长画山水。他是沈周的学生。他的画当时全国闻名，很受人们欢迎。各地求他作画的人很多，但是有钱有势的人却很难请动他，他尤其不肯给藩王、太监和外国人作画。

　　唐寅（1470—1524），字子畏，又字伯虎，吴县（明时亦属苏州府）人。他画山水画最初向周臣学习，同时钻研宋元著名画家的画法，汲取各家的长处，自成一家，成就超过了他的老师。他画的水墨花鸟，活泼俊俏；人物仕女，生动妩媚，不落旧套。他在"明朝四大家"中享有最大的声名。

仇英（约1501—约1551），字实父，号十洲，太仓（明时属苏州府）人，油漆工匠出身的杰出画家，也是周臣的学生。他临摹的唐宋名画，可以乱真。当时的人很称赞他的画，说他的画"独步江南二十年"。

董其昌（1555—1636），字玄宰，华亭（今上海松江）人。他是大书法家，也是大画家。他的字初学米芾，后来融合唐宋各著名书法家的优点，自成一派。他的山水画集宋元诸家之长，下笔潇洒生动，清润明秀，具有独特的风格。

陈洪绶（1598—1652），字章侯，号老莲，诸暨（明时属浙江绍兴府）人。他在幼年时，就显示出绘画的才能，得到画家蓝瑛的赏识。后来，蓝瑛收他为徒弟。他的花鸟山水画，构图新奇，色彩浓丽，富于装饰情趣。他的人物画最精彩，造型夸张，线条细致，着重思想感情的刻画。他画过《水浒英雄》《西厢记》的插图。画过《归去来图》，劝他的朋友周亮工学习晋人陶渊明"不为五斗米折腰"的精神，不要去做清朝的官。这些都表明了他的政治立场和见解。他的画风对后世的影响很大。

（徐健竹）

# 李自成

明朝末年，大量土地集中在以皇帝为首的大贵族、大官僚、大地主的手里。到处是皇帝的"皇庄"和贵族官僚们的"庄田"，失去土地的农民越来越多。有的农民失去了土地，还要照旧交纳田赋。有的地主勾结官吏，把自己的田赋暗地里分摊在农民头上。

万历末年，明政府为了跟东北新起的建州女真作战，把全部战争费用完全加在农民身上，向农民加派"辽饷"。农民本来就穷困到极点，在没有"辽饷"时，一年所获已是一半纳粮，一半糊口；加派"辽饷"以后，连糊口也难以做到了。崇祯时，明政府甚而将镇压农民起义的军费也加派在农民头上，又增添所谓的"剿饷"和"练饷"，使得农民的负担更加沉重。据记载，天启末年至崇祯初年，陕西北部发生灾荒，农民"争采山间蓬草而食"，蓬草采尽后"则剥树皮而食"，树皮剥光后"则又掘其山中石块而食"。

天启七年（1627），陕西北部饥饿的农民纷纷起义，揭开了明末农民大起义的序幕。

起义初期，战争主要在陕西北部和中部进行。崇祯四年（1631）以后，起义军转移到山西，组成三十六营，势力渐渐壮大起来。后来，他们在河南、陕西、四川、湖北四省边界地区流动作战，屡次挫败官军。经过五六年的苦斗，起义军里锻炼出了高迎祥、张献忠、李自成等几位著名的农民军领袖。

李自成（1606—1645），陕西米脂县人，幼年时给地主牧过羊，二十多岁时当过驿卒和边兵。崇祯二年（1629），他参加了起义军，之后在闯王高迎祥部下做了闯将。

1635年，高迎祥等十三家七十二营的首领，在河南荥阳开会，商量反抗官军围攻的办法。大家采纳了李自成提出的"宜分兵定所向"的作战计划，把军队分作四路：北路、西路、南路以防御为主，东路积极进攻；另一部分军队往来策应。李自成提出的作战计划，不但增强了大家斗争的信念，更重要的是表明了起义军首领们已经懂得联合起来作战的必要，改变了过去分散作战的方法。这次大会把明末农民战争推到了一个新的阶段。

1636年，高迎祥在陕西战死，李自成继承了闯王的名号。他带领起义军转战四川、河南等地。当地的饥民纷纷参加起义军，李自成的队伍很快扩充到了几十万人。在农民革命急剧发展的形势下，李岩、牛金星等地主阶级知识分子也参加了李闯王的队伍。

起义军针对当时土地高度集中和赋役极端严重的情况，提出了"均田""免赋"的斗争口号。起义军打到哪里，就宣布哪里"三年免征"或"五年不征""平买平卖，蠲（juān）免钱粮"，还到处宣传"迎闯王，不纳粮"。起义军受到了广大人民的热烈拥护和支持，这是李自成迅速取得胜利的主要原因。

1641年，起义军攻破洛阳，杀死河南人民最痛恨的福王常洵，并且把王府中收藏的从民间搜刮来的金、银、粮米散给饥民。在此后一两年里，李自成领导的起义军在河南连续大败官军主力，占领了今河南全省和湖北省的大部地区，人数壮大到百万左右。

1644年春，李自成在陕西西安正式建立政权（在取西安前，已在今湖北襄阳初步建立了政权），建国号大顺，改元永昌，扩大了在襄阳时的政权组织。接着，起义军发动了对明朝封建统治的最后冲击。起义军迅速占领太原、大同、宣府、居庸关（今属北京市），直逼北京。1644年4月，李自成领导的起义军攻破北京城，崇祯皇帝在景山自杀，腐朽的明朝封建统治终于被伟大的农民革命力量推翻。李自成进入北京城，杀掉了一批人民痛恨的明朝贵族和官僚，释放了关在监狱中的囚犯。

但起义军进入北京后，李自成以下的一些领导者，被这巨大的胜利冲昏了头脑。他们滋长了骄傲轻敌的情绪，自以为天下大势已定，失去了对敌人的警惕。刘宗敏等将领在财货声色的诱惑下，甚至腐化堕落起来，醉心于享乐，厌倦斗争。广大的士兵在他们的影响下，也有不少人产生了太平麻痹和享乐腐化的思想。这样，就大大地削弱了起义军的战斗力量，影响了人民对起义军的热情支持。至于丞相牛金星之流，原是混进起义军内的阶级异己分子，他们这时不但纵情享乐，而且为了扩张自己的权势，篡夺农民革命的胜利果实，更阴险地在起义军内进行了谋害、破坏的活动，引起了起义军内部的严重分裂。

山海关的明守将吴三桂降清，引清兵入关，攻打李自成。在清军和吴三桂军队的夹攻下，李自成的军队失败了。为了保存力量，李自成从北京撤退到西安，后来又从西安转战到湖北。1645年，李自成在湖北通山县九宫山，在地主武装的袭击下牺牲了。

（徐健竹）

# 张献忠

张献忠（1606—1647），陕西延安人，出身贫苦，做过捕快，也当过兵。崇祯三年（1630），他聚集陕西米脂十八寨的农民起义，自称"八大王"。"荥阳大会"后，他和高迎祥、李自成等部担当东征的任务。他们以疾风扫落叶的声势，在短时间内，打下了明朝的发祥地——凤阳，烧毁了明朝皇帝的祖陵。后来，张献忠和高迎祥、李自成兵分两路，高、李等率兵进攻陕西；张献忠则率兵南下攻入安徽，转战于湖北、陕西等省。高迎祥牺牲后，张献忠所部在起义军中势力最为强大。1638年，农民革命暂时处于低潮，他以"受抚"为名，在湖北谷城一带休养兵力。次年，再度起义。明朝政府派杨嗣昌督师向张献忠进攻。1640年，张献忠突破杨嗣昌的包围，进入四川，并在军事上以流动作战的战术争得了主动。1641年，张献忠由川东顺流东下，由四川到湖北，攻占襄阳，杀掉了襄王朱翊铭。杨嗣昌兵败后，忧惧自杀，张献忠势力大振。1643年，张献忠率领起义军攻破武昌，称大西王。第二年，又攻入四川，占领重庆，攻破成都。这年冬天，他在成都即皇帝位，国号大西，改元大顺。

1646年，清政府派肃亲王豪格和吴三桂军配合当地地主武装，猛攻张献忠。张献忠失败，率部北走，在西充凤凰山被清军射伤牺牲。

（朱仲玉）

# 努尔哈赤

明朝初年，住在祖国东北地区的女真族（满族的祖先），分为许多部落。各部落的女真奴隶主为了掠夺奴隶和财物，经常发动对其他部落的掠夺战争，弄得人民不得安身，在这样的情况下，女真人都渴望有一个统一的和平局面。

努尔哈赤就是适应了当时的社会要求而崛起于赫图阿拉（今辽宁新宾老城）的一位英雄。他领导部众战胜了各自分立的各个奴隶主集团，建立了一个统一的政权。直到今天，在东北的满族老人中间还流传着许多有关"老汗王"的故事。"老汗王"就是满族人对努尔哈赤的称呼。

努尔哈赤姓爱新觉罗，史书上称清太祖，出身于建州部女真奴隶主家庭，祖辈多次受明朝的封号。他幼年丧母，受继母虐待，十九岁时与家庭分居，自己过独立生活。他曾到过汉人地区，受汉族文化影响较深，据说他通晓汉语汉文。

明万历十一年（1583），努尔哈赤团结内部，聚众起兵，开始了统一女真各部的战争。他以赫图阿拉为根据地，出奇制胜，逐步兼并周围的部落。从1583年到1588年的五年之间，他逐步兼并了周围的苏克素护河、浑河、王甲、董鄂、哲陈等部。

　　1587年，当战争还在进行的时候，努尔哈赤于费阿拉（新宾旧老城）建筑王城，并且实施了一些必要的政治、经济措施，如定朝政、立刑法、发展农业生产，等等。这一切，都为迅速统一女真各部奠定了基础。

　　1592年，努尔啥赤击败以叶赫为首的九部联军的进攻，随后就进行了兼并长白山、扈伦和东海诸部的斗争。从1589年到1594年，他先后兼并了长白山的鸭绿江部、珠啥哩部和讷殷部。从1593年到1619年又次第兼并了扈伦的哈达、辉发、乌拉与最大的叶赫诸部。至此，他基本上完成了女真族内部的统一。至于东海诸部，直到努尔哈赤的儿子皇太极时才完全被兼并。在女真各部统一的过程中，努尔哈赤创立了八旗制度（正黄、镶黄、正白、镶白、正红、镶红、正蓝、镶蓝八旗），凡满族成员都被编入旗，平时生产，战时出征。1599年，他创制了满文。这些措施对于进行兼并战争、巩固政权和发展文化都是必要的。

　　明万历十四年（1616），努尔哈赤于赫图阿拉即汗位，建立金政权（1636年皇太极改金为清）。金的建立，对于满族经济文化的发展，起了很大的推动作用。

（赵　展）

# 吴三桂

崇祯十七年（1644），当李自成的农民军打进北京的时候，明朝驻在山海关一带防御清兵的总兵官吴三桂，手头还有一部分兵力。吴三桂本人出身于官僚地主阶级家庭，他在北京有一份相当大的财产，并且还有成群的妻妾和歌妓。李自成进入北京的消息传到了山海关，在起义军强大的军事压力下，他为了保全自己的财产和地位，原本打算到北京来归顺李自成，暂时躲避革命风暴的冲击。但是，过了不久，他听说农民军要杀贪官、要斗土豪，而且他自己存在北京的家产也被查封；同时他还听说，各地的地主阶级分子都在跃跃欲动，正在积极组织反革命力量，准备向农民军反扑。在这样的情况下，吴三桂的气焰又复高涨起来，公开宣称要与农民军作对到底。

当然，吴三桂心里很清楚，光靠他自己这点力量，是无论如何不堪农民军一击的。所以，当农民军乘胜向山海关推进时，他便向住在关外的满族贵族——他所负责防御的敌人屈膝投降，并且联合满族贵族集团的"八旗兵"，共同向农民军进攻。

李自成亲自率领二十万大军在山海关附近一片石地方讨伐吴三桂。两军摆开阵势，激烈战斗。战争刚开始，天气忽然大变，狂风骤起，飞沙满天，士兵们一个个睁不开眼；正当这时，满族贵族的精锐骑兵，从吴三桂军背后冲出来，直扑农民军。李自成大惊，农民军阵势动摇，大败。李自成急忙下令收兵，向北京退却。就这样，清军便在吴三桂的引导下，长驱直入，打进了山海关。

李自成退回北京后，匆匆即皇帝位于武英殿，第二天，便放弃北京率众西走。清军随即进入北京城。

满族贵族一经占领北京，随即在政治上和军事上采取了一系列紧急措施。在政治上，为了拉拢汉族地主阶级，下令礼葬崇祯皇帝，大量任用明朝旧文武官员；另外，为了缓和人民的反抗情绪，还宣布废除明末以来的一些苛派和"三饷"（指"辽饷""剿饷"和"练饷"）。在军事上，一方面派遣吴三桂等继续追击农民军；另一方面另派大军南下，分别占领黄河流域和长江流域的广大土地。

这年初冬，满族皇帝福临，在满汉贵族大臣们的拥戴下，即位为全中国的皇帝。这就是顺治皇帝。

福临这时还很年幼，国政由他的叔父摄政王多尔衮代理。顺治在位十八年，十八年中全国的反抗斗争此起彼伏，始终没有停止。直到他的儿子康熙皇帝时，全国才重归于统一。

（朱仲玉）

# 史可法

北京的明朝中央政权在农民起义军打击下灭亡以后，整个明朝政权尚未终结，一些大臣把崇祯皇帝的兄弟福王朱由崧捧出来，在南京当了皇帝（弘光皇帝），建立了南明政权。当时，清兵已经入关，李自成的农民起义军已经退出北京，因此南明政权面临的敌人已经不是农民起义军，而是以满族贵族为首的联合了汉族地主和其他族统治阶级所建立起来的清朝。弘光皇帝是一个贪淫酗酒的草包，他周围的一些大臣，如马士英、阮大铖等人，也多是些专为个人功名富贵打算的奸臣。他们在大敌当前的重要关头，不仅没有积极抵抗，反而把坚决主张抗战的史可法排挤出朝廷，叫他到长江以北的扬州去督师。

史可法（1602—1645），字宪之，号道邻，祖籍北直隶顺天府大兴县（今北京大兴）。后迁居河南开封府祥符县，一般都称他为河南祥符人。他为人诚恳、正直，办事认真，是弘光朝的兵部尚书兼大学士。弘光皇帝叫他到扬州去，他虽然明知前途困难重重，然而为了团结抗敌，他还是接受了这个任务。他到了扬州以后，将扬州与南京之间的防御力量进行了一番整顿，并且他还调解了诸将之间不和的关系。许多抗清志士听说史可法在扬州督师，都非常高兴，纷纷投效到他军中来。

1644年12月，清军从山东南下，占领了江苏的宿迁。史可法立即率领军队进行反攻，收复了宿迁。第二年，清军第二次发动进攻，一路从山东南下占领宿迁，另一路从河南南下逼近徐州。徐州守将总兵李成栋闻清兵打来，弃城逃走，清军轻易地占领了徐州。不久，李成栋投降清军，为清军做前导，向南进攻，局势迅速恶化。

正在这时候，半壁江山都行将不保的弘光小朝廷内却发生了严重的内讧。武昌守将左良玉以"清君侧"讨伐奸臣马、阮为名，对南京发动了军事进攻。弘光朝廷异常惊恐，忙下令调史可法回南京，防御左良玉兵。后来虽然因为左良玉在途中病死，这场内战没有打起来；可是，就在此期间，清军却趁着弘光朝廷的内讧，攻破了盱眙，而且继续往东进攻，乘势占领了淮安和泗州，逼近了扬州。史可法闻讯，冒着大雨连夜赶回扬州，匆匆忙忙地布置防务。

1645年5月，清军围攻扬州。史可法率众拒守，屡次打退清军，清军统帅豫王多铎前后数次写信给史可法，劝他投降。史可法严正地拒绝，每次接到信，都不启封，立刻烧掉。清兵用大炮攻城，城墙被打坏很多缺口，每被打坏一处，史可法便命令部下用沙袋堵塞一处，再接再厉、斗志昂扬。战斗日夜进行，敌军四处云集，城中危险万分。史可法知道扬州已经很难保，便预先给自己的母亲、妻子写好诀别书，交代后事，自己下定决心准备城陷殉难。5月20日，清军发动总攻击，他们先用大炮轰破西北角城墙，然后冲进城来。史可法看到城被攻破，便拔刀自杀。他的部下上前把他抱住，簇拥着他逃出城去。半路上，遇见一队清兵，结果他们被俘虏了。清兵把史可法解去见清军统帅多铎。

多铎见到史可法后，再一次劝他投降。史可法严词厉色地说："吾头可断，身不可屈，愿速死。"最后，史可法被杀害。

清兵占领扬州后，大肆屠杀，全城遍地尸横。那时，正是夏天，史可法的遗骸已经无法辨认。扬州的人民找不到他的尸体，便把他的衣冠埋葬在扬州城外梅花岭，后来还修了祠堂来永远纪念他。

（朱仲玉）

# 江阴人民抗清斗争

1645年，清军从北方大举南下时，下了一道严厉的剃发令，限令在清军所到之处，人民必须在十天内剃去头发，并且规定："留头不留发，留发不留头"，不许有丝毫考虑的余地。

把全部头发盘束在头顶上，这是以前汉族人的装束；剃去周围的头发，把中间留下的头发编成辫子，垂在背后，这是当时满族人的习惯。这道命令遭到了当时汉族人民的强烈反抗。1645年江阴人民的抗清斗争，就是由此而引起的。

当时，史可法已经在扬州殉难，南明弘光朝的都城南京已经失守。7月中旬，清朝派来的知县方亨到江阴上任。他一到任就贴出布告，要严格地执行剃发令。江阴人民非常愤慨，他们撕掉布告，于7月22日开始起义。起义的人员拥戴典史（官名，比知县低，掌管全县治安的事）陈明遇为领袖，修筑起坚固的防御工事，决心抗清到底。

江阴起义后，清政府立即派兵前来镇压。全县人民奋勇抵抗，在城郊多次打败清军。全城军民，有钱出钱，有力出力，坚强团结，死守不二。为了更好地打击敌人，陈明遇派人把前任典史阎应元从城外请进城来，一同协力防守。

　　阎应元是个武秀才出身的猛将，他进城时，江阴已经完全处在清军的包围之中，但是他丝毫也不畏惧。他和陈明遇通力合作，彻底清查全城户口和库存物资，清除内奸、组织民兵，做好了长期抵抗的准备。

　　8月底，清军大队人马开到江阴城外，发动了一次大规模的攻势。阎应元和陈明遇指挥士兵英勇奋战，打退了攻城的清军，并且打死了清军的主将。9月里，他们又主动出击，消灭了许多敌人。

　　清军久攻江阴不下，就采取诱降办法。投降清军的将军刘良佐老着脸皮，在城外要求和阎应元答话，想劝说他投降。阎应元声色俱厉地斥责刘良佐，说：“有降将军，无降典史！”粉碎了敌人的劝降计划。在农历中秋节这天晚上，阎应元为了让士兵们欢度佳节，特地举行了祝捷晚会，跟战士们一起在城楼上饮酒唱歌，表示宁死不屈的决心。

　　清军看到城内坚守不屈，没有投降的意思，又调来了大批精锐的攻城部队。10月10日，清军趁着下大雨，用大炮轰破城墙的东北角，打进城来。在激烈的巷战中，陈明遇壮烈地牺牲了。阎应元杀伤了许多敌人后，投水自杀，没有成功；后来被敌人俘虏，关在一个庙里，第二天也壮烈牺牲了。全江阴的人民，除一小部分突围以外，其余都在巷战中英勇牺牲或在城破后惨遭杀害。

　　　　　　　　　　　　　　　　　　　　　　　　　　　　（朱仲玉）

# 郑成功

郑成功（1624—1662）原名郑森，字大木，福建南安人。他是明朝末年福建总兵官郑芝龙的儿子。当福王在南京建立弘光政权时，郑成功二十一岁，正在南京读书。弘光政权垮台后，郑成功回到福建。这时，唐王朱聿（yù）键在福州即皇帝位，建立隆武政权。郑成功朝见了朱聿键，提出了富国强兵、抵抗清军的主张。朱聿键很喜欢郑成功，就认他做本家，赐他姓朱，名朱成功。

1646年秋，清军攻陷浙江，接着大举进攻福建。掌握隆武朝政大权的郑芝龙准备投降清朝，故意撤掉仙霞关的守军。清军长驱直入，在汀州（今福建长汀）俘虏朱聿键，隆武政权灭亡。郑芝龙投降清朝后，郑成功和父亲决裂，在厦门鼓浪屿起兵反抗清朝。

郑成功率领部队在福建、浙江、江苏一带和清军打了许多次仗，取得了很大的胜利。为了长远之计，他决定渡海到台湾去，以台湾作为抗清的根据地。

台湾自古以来就是中国的领土。明熹宗天启四年（1624），荷兰侵略者乘着明朝国势衰落的时机，出兵侵占了台湾，在台湾建立了殖民统治。郑成功向台湾进军前，写信给荷兰侵略军头子，指出台湾是中国的国土，中国有权收回，叫他赶快率领侵略军撤出台湾。荷兰侵略军的头子非常害怕，派翻译何廷斌来和郑成功讲条件。何廷斌是一个具有爱国思想的人，他把荷兰侵略军的情况报告郑成功，还向郑成功呈献了一幅详细的台湾地图。台湾人民听说郑成功要收复台湾，都感到非常兴奋，纷纷渡海来投奔郑成功，愿意为收复台湾出力。

1661年4月，郑成功率领战士二万五千人、战船百艘，在台湾鹿耳门一带登陆。登陆后，跟荷兰侵略军展开了激烈的战斗。由于郑成功的指挥有方，士兵们的英勇作战和台湾人民的积极支援，荷兰侵略军战败了，侵略军的头子被迫向郑成功呈递了投降书。1662年，最后一批荷兰侵略军被逐出台湾，台湾终于回到了祖国的怀抱。

郑成功收复台湾后，建立政府，制定法律，开垦荒地，发展生产，努力建设。他还亲自到当地高山族居住的地区进行访问，派人制造了大批铁制农具，在高山族人民中推广使用。经过汉族和高山族人民的共同努力，台湾的各种生产事业有了突飞猛进的发展。

不幸，郑成功在收复台湾后不久就病逝了，这时他才只有三十九岁。他的死，引起了人民的哀痛，人民将会永远纪念这位从殖民主义者手中收复祖国神圣领土的民族英雄。

（朱仲玉）

# 康熙皇帝

康熙皇帝姓爱新觉罗，名玄烨，是清入关以后的第二个皇帝。他从1662年开始，到1722年去世止，共做了六十一年的皇帝。

康熙统治期间，中国是当时世界上一个繁盛、统一的封建强国。

康熙皇帝最重要的贡献，是平定了"三藩"叛乱，解决了准噶尔问题，收降了郑氏力量，使中国重新归于统一。

所谓"三藩"，是指平西王吴三桂、平南王尚可喜、靖南王耿仲明。吴、尚、耿三人本来都是明朝的将领，后来都投降了清朝，接受了清朝王位的封爵。他们在自己的势力强大起来以后，不肯服从清朝的统一政令，企图在西南一带造成封建割据。

康熙十二年（1673），吴三桂发动叛变，尚可喜的儿子尚之信和耿仲明的孙子耿精忠起兵响应。康熙皇帝采取坚决手段，调动各方面的人力物力，出兵平乱，对叛军采取猛烈攻势。最后，清朝终于把"三藩"平定，巩固了西南边疆。

准噶尔是我国西北的少数民族。当时，以噶尔丹为首的准噶尔部上层反动分子，进行了破坏统一的活动。康熙皇帝亲自率兵粉碎了这些上层反动分子制造分裂的阴谋活动，进一步巩固了国家的统一。

郑成功和他率领的将士，在1662年驱走荷兰殖民者，收复了我国的神圣领土台湾。这是我国历史上反抗外国侵略势力的一个伟大胜利。郑成功在收复台湾后不久去世。康熙皇帝于1683年降服了郑成功的孙子郑克塽，使得台湾重新成为中国中央政府直接管辖下的一个行政区域。

康熙皇帝在政治、经济、文化上还实施了一连串有利于社会生产发展的措施。他为了巩固自己的封建统治，在广大人民反抗斗争的压力下，废止了清入关之初霸占农民土地的"圈田令"。他下令兴修水利、奖励垦殖、减免赋税、节省开支、提倡节约。因此，康熙时农业生产有了恢复和发展，社会的经济也日益繁荣。

在文化上，他派人编修《明史》《古今图书集成》《康熙字典》等书，此外还大力提倡自然科学、绘制《皇舆全览图》等。

康熙皇帝在军事、政治、经济、文化上所做的上述一些工作，都在一定程度上有利于中国社会的发展，后世称他是一位杰出的政治家。

（朱仲玉）

# 达赖喇嘛　班禅额尔德尼

达赖喇嘛和班禅额尔德尼是西藏喇嘛教黄教教派的两位最大活佛。

黄教是15世纪初藏族喇嘛宗喀巴（1357—1419）创立的一个喇嘛教派。到16世纪中叶时，黄教的势力已经有了很大的发展。当时，黄教最大的寺庙拉萨哲蚌寺的讲经法台是索南嘉措（1543—1588）。

明万历七年（1579），被明朝封为顺义王的蒙古土默特部首领俺答汗，从青海写给索南嘉措一封信，邀请他去讲经说法。索南嘉措接受了这个邀请，前往青海，向俺答汗宣传了黄教的教义。1580年，俺答汗加给索南嘉措一个尊号——圣识一切瓦齐尔达赖喇嘛（"瓦齐尔"，梵语"金刚"的意思；"达赖"，蒙语"大海"的意思；"喇嘛"，藏语"上人"的意思），以表示对索南嘉措的敬重，这就是达赖喇嘛名号的开始。后来，索南嘉措的母寺哲蚌寺的上层喇嘛，又追认宗喀巴的门徒根敦主巴为第一世达赖喇嘛，根敦主巴的门徒根敦嘉措为第二世达赖喇嘛，索南嘉措是根敦嘉措法位的继承人，是第三世达赖喇嘛。从第三世达赖喇嘛开始，历世达赖喇嘛都以哲蚌寺为母寺。

17世纪中叶，黄教寺庙集团和信奉黄教的青海蒙古和硕特部首领固始汗，归附了尚未进关的清皇室，紧接着，第五世达赖喇嘛阿旺罗桑嘉措又凭借固始汗的兵力，掌握了西藏地方政权。清顺治九年（1652），第五世达赖喇嘛应顺治皇帝的邀请，来到北京，受到清朝隆重的款待。第二年，五世达赖返回西藏，临行前，清朝赐给他金册、金印，封他为"西天大善自在佛所领天下释教普通瓦赤喇怛喇达赖喇嘛"。从此以后，达赖喇嘛的政教地位和职权，才被正式确定了下来，而且此后历世达赖喇嘛，都必须经过中央政权的册封，成为一项制度。

第五世达赖喇嘛的师父是日喀则扎什仑布寺的讲经法台罗桑·确吉坚赞。罗桑·确吉坚赞是一位佛学知识渊博的高僧，被人尊称为"班禅"（"大学者"的意思）。当固始汗帮助黄教寺庙集团取得西藏地方政权以后，固始汗又赠给班禅罗桑·确吉坚赞以"班禅博克多"（"博克多"是蒙语"圣者"的意思）的名号。班禅死后，扎什仑布寺的上层喇嘛把他定为第四世班禅，同时又向上追认了三世。第一世班禅是宗喀巴的门徒克主杰。自第四世班禅起，历世班禅都以扎什仑布寺为母寺。

清康熙五十二年（1713），第五世班禅罗桑意希来到北京，康熙皇帝封他为"班禅额尔德尼"（"额尔德尼"，是蒙古化的梵语，"珍宝"的意思），赐给他金册、金印，确定了他的政教地位和职权，也规定了此后历世班禅额尔德尼都必经中央政权册封的制度。

（王辅仁）

# 文字狱

清朝初期，在各地人民进行反抗满族贵族统治斗争的同时，一些地主阶级出身的知识分子，曾经通过著书立说的方法来进行反抗斗争。清政府为了彻底消灭这种反清思想，便大兴"文字狱"。"文字狱"是指诗文著作中某些内容触犯了清政府的所谓禁忌，被清政府用为犯罪的罪证，借此来对反抗满族贵族统治的知识分子进行屠杀的一种暴行。

康熙时最大的一次"文字狱"是康熙二年（1663）的庄廷钺之狱。庄廷钺得到了明朝朱国桢编写的一部《明史》未完成稿，很高兴，便集合一些人把它编写完毕，由他自己署名刻印出版。这部书对于明朝后期汉满统治阶级的斗争写得很具体，并且把清军入关以后这一段时间的历史不算作清史，而却以南明为正统，叫作南明史，这就触犯了清政府的忌讳。清政府下令将庄氏家族以及为该书作序的人、参加校阅的人、刻印的人、卖书的人、买书的人，一并处死，总共杀了好几百人。事发时庄廷钺已死，清政府还把他的尸首从坟墓里掘出来戮尸。

康熙朝除庄廷钺之狱以外，还有戴名世之狱也非常著名。戴名世是明朝遗老，他著的《南山集》中载有南明永历皇帝（1646—1661在两广、云、贵一带建立过政权）的事迹，并且还采入了方孝标所著《滇黔纪闻》一书中有关明末清初的史实，结果清政府借此兴大狱。戴名世被杀，戴、方两家的男女老少都被充军。

雍正朝"文字狱"中最大的一次是雍正七年（1729）的吕留良、曾静之狱。吕留良是明朝遗老，他拒绝清政府的征聘，削发为僧，著书宣扬反清思想。曾静读了他的著作以后，派学生张熙去见川陕总督岳钟琪，劝他举兵反清。岳钟琪表面上假装答应，引诱他们说出全部计划，然后向清政府告密。清政府把早已死去的吕留良从棺中挖出戮尸；把他的儿子吕毅中、再传弟子沈在宽处死，吕家的人被灭族。对于曾静和张熙两人，则假造口供，说他们已改过自新；雍正皇帝还利用假"供词"作《大义觉迷录》一书，欺骗当时和后代的人。

（朱仲玉）

# 马戛尔尼率团来华

从17世纪40年代到18世纪六七十年代，英国在经过资产阶级革命和工业革命之后，成为当时世界上最大的资本主义强国。掌握了政权的英国资产阶级，在18世纪中叶，就已经把势力伸入了印度，而且还想以印度为基地，进一步把它的侵略魔爪伸入中国。1793年（乾隆五十八年），英国派马戛（jiá）尔尼为使节，率领代表团来到中国，其目的就是想给他们以后的侵略活动开辟一条道路。

马戛尔尼到中国后，代表英国向清政府递交了国书，并提出了要求，打算和中国进行所谓通商的谈判。他提的要求主要有：1.准许英商在舟山、宁波、天津等港口通商；2.请求给予舟山附近的小岛一处，作为贮存货物的场所；3.要求给予广东省城附近的小地方一处，以便英国商人居住，或者准许寄住澳门的英国商人自由出入；4.英国派遣公使驻扎北京；5.废除澳门、广州间的通行税，等等。可以看出，英国侵略者的态度是十分狂妄的，它从一开始正式同中国打交道起就无理地提出了领土主权的要求，想把中国变成为它的殖民地。

清政府站在维护大清封建国家领土主权完整的立场，严正地拒绝了马戛尔尼代表英国政府所提出的要求。

　　马戛尔尼抱着极大的奢望想来打开中国的大门，结果却没能达到目的。他不敢在北京久留，只好抱着一肚子怨气悻悻然回国。

（朱仲玉）

# 嘉庆年间的秘密结社

清朝嘉庆年间（1796—1820），领导人民起义的秘密结社组织有白莲教、天理教、天地会、哥老会等。

在这些民间秘密结社组织领导的各地人民起义当中，以白莲教徒领导的起义和天理教徒领导的起义给予清朝统治者的打击最为沉重。

白莲教徒聂杰人、张正谟、刘之协、姚之富等领导的起义发生在嘉庆元年（1796）。起义从湖北的荆州、襄阳、郧（yún）阳等地开始发动，迅速地发展到河南、四川、陕西、甘肃等省。起义军打着"官逼民反"的旗号，在短时期内获得了很大的发展，沉重地打击了清朝的封建统治。清朝政府调动大批军队，并利用地方豪绅的团练武装配合进攻，经过九年之久，才把这次起义镇压下去。

天理教徒林清、李文成领导的起义发生在嘉庆十八年（1813）。起先，林清、李文成等于嘉庆十七年（1812）春天在河南滑县举行秘密会议，准备于次年10月8日（农历九月十五日）午时在河南、河北两省同时发动起义。林清还秘密地和宫廷内的太监取得了联系，打算等嘉庆皇帝离开京师到外地去游乐围猎时，趁机袭取北京。但是，由于李文成这一路人马在预定起义日期以前暴露了目标，被滑县地方官发觉，李文成被捕入狱。河南义军被迫在

9月30日提前起义，攻占滑县，救出李文成，和官军展开了英勇的斗争。清军调大队人马围攻起义军，起义军苦战三个多月后失败，李文成退到辉县以后自焚而死。

在河北方面，林清没有获知李文成提前起义的消息，他仍旧按照预定的日期行动。10月8日，林清派天理教徒二百多人进入北京内城。午时，进入内城的教徒和太监内外夹攻，打破紫禁城的西华门，攻至养心门。由于遭到了皇次子（即后来的道光皇帝）及诸大臣所率军队的顽强抵抗，起义军没能把养心门攻破，只好转攻隆宗门，结果被清军打败了。大部分起义军在战斗中英勇牺牲，林清也被清政府逮捕杀害。这次起义的规模虽不大，然而由于它发生在皇帝直接控制下的京城里，并且起义军差一点就打进了皇宫，因此在心理上对于清政府的打击是十分沉重的。

（朱仲玉）

# 《四库全书》

《四库全书》是清朝乾隆年间由国家编修的一部历代著作总集。

这部书的编修工作，从乾隆三十九年（1774）开始（实际上前一两年就在筹备），至1782年完成。先后参加工作的共有三百六十多人。具体编修的过程是：先下诏广收遗书，命各省采访进呈历代著作，然后进行校订工作，分门别类编纂抄录，收藏于国家藏书库内。在编修过程中，如发现书中具有反清思想或不利于清政府统治的内容，就予以全部或部分销毁，或者篡改其中的字句。

《四库全书》收录的书籍共三千四百七十种，计七万九千零一十八卷。未加收录而保存书目的书，共六千八百一十九种。它基本上把我国历代的主要著作都网罗进去了。全书分"经（经书）""史（史书）""子（诸子书）""集（文集）"四部（故名《四库全书》），四部之下又分为许多类别。如"史部"之下分为"正史类""编年类""纪事本末类""别史类""杂史类""诏令奏议类""传记类""史钞类""载记类""时令类""地理类""职官类""政书类""目录类""史评类"十五类。每类之中，基本上以时代先后顺序为标准进行排列（其中帝王的作品排在最前面），这样，查阅起来十分方便。

　　《四库全书》编修完成以后，并没有刻板付印，只抄写了四部正本，分别收藏在北京的文渊阁（故宫内）、文源阁（圆明园内）和沈阳的文溯阁、承德的文津阁等几个国家藏书库中。后来又抄写了三部副本，分别收藏在扬州的文汇阁、镇江的文宗阁、杭州的文澜阁。这七部书，现在有的已经全部被毁，有的也已部分被毁。如收藏于文宗阁的，在鸦片战争时期被毁；收藏于文源阁的，在第二次鸦片战争时期被毁；收藏于文汇阁、文澜阁的，在太平天国革命时散佚；收藏于文溯阁的，在"九一八"事变后一度被日寇掠去以致部分散佚；收藏于文渊阁的，在北京解放前夕被国民党劫往台湾。

　　在编修《四库全书》的同时，为了查阅方便起见，还编有《四库全书总目提要》和《四库全书简明目录》各一种。

（朱仲玉）

# 《三国演义》《水浒传》《西游记》《聊斋志异》
# 《红楼梦》

　　《三国演义》的作者是元末明初时人罗贯中，《水浒传》的作者是大约与罗贯中同时的施耐庵，《西游记》的作者是明朝人吴承恩，《聊斋志异》的作者是清朝人蒲松龄（1640—1715），《红楼梦》的作者是清朝人曹雪芹（约1715或1721—约1764）。

　　《三国演义》描写的是东汉以后魏、蜀、吴三国兴亡的一段历史。它以刘备、关羽、张飞三人桃园结义作为故事的开端，以晋朝灭掉吴国结束三国分立局面作为故事的终结，深刻而生动地描绘了三国时代尖锐复杂的军事斗争和政治斗争。书中通过对魏、蜀、吴三国之间种种矛盾的刻画，揭露了统治阶级贪得无厌和残暴虚伪的本质。作者用他的笔精心地塑造了曹操、孔明（诸葛亮）、张飞等许多性格鲜明的典型形象。在作者笔下，曹操是封建社会里统治阶级中阴险奸黠者的代表，孔明是聪明、智慧的化身，张飞是嫉恶如仇、爱憎分明、性情莽撞的英雄。作者把书中的人物写得栩栩如生，使读者看了以后，如见其人、如闻其声。

　　《水浒传》写的是宋朝时候农民起义的故事。它描写了林冲、鲁智深、武松、李逵、宋江等人如何在封建统治阶级的压迫下被逼上梁山的情况。它歌颂了农民阶级跟地主阶级进行坚决斗争的大无畏精神。书中不仅对于朝廷里的暴君奸臣进行了严厉的批判，并且对于直接压在人民头上的地主恶霸也予以无情的唾骂。这部书在很大程度上鼓舞了被压迫人民反抗黑暗统治的热情。"三打祝家庄"就是书里描写梁山泊的农民英雄和地主恶霸展开武装斗争的一个著名片段。

《西游记》写的是唐僧取经的故事。唐僧、孙悟空、猪八戒、沙和尚师徒四人，历尽千辛万苦，到西天去取经，最后终于战胜了险恶的自然环境和一切妖魔鬼怪，胜利地把经取回。书中的孙悟空是人民智慧与力量的化身，他大闹天宫、大闹地狱，把神鬼世界的权力和秩序打得粉碎，充分地反映了人民蔑视封建统治权力的情绪。

《聊斋志异》是一部短篇小说集。它通过许多花妖狐魅的故事，从多方面反映了当时社会的现实生活。它暴露了贪官污吏、土豪劣绅的贪残暴虐，辛辣地批判了科举制度的腐朽，揭露了社会骗子手的欺诈行为，也歌颂了反抗旧礼教的男女之间的真挚爱情。

《红楼梦》写的是贾宝玉、林黛玉、薛宝钗之间的爱情悲剧。贾宝玉是一个鄙视功名富贵、具有反抗旧礼教精神的贵族公子。林黛玉是一个敢于向传统势力挑战、热烈追求真实爱情的女孩子。薛宝钗则是一个封建主义的忠诚信奉者。贾宝玉和林黛玉彼此相爱，然而封建恶势力却不让他们结合。最后，林黛玉在久病中忧郁地死去。薛宝钗虽然获得了和贾宝玉结为夫妇的胜利，可是却没有赢得贾宝玉真正的爱情，反而成为封建社会另一种类型的牺牲品。《红楼梦》所描写的爱情是一种以反对封建主义（不仅是反对封建包办婚姻）为其思想内容的爱情，它通过贾宝玉、林黛玉恋爱的种种波折和贵族贾家由盛而衰的变化过程，深刻地揭露和谴责了中国封建社会的各种黑暗和罪恶。它是我国古典小说中最伟大的一部现实主义作品。

（朱仲玉）

# 洪昇　孔尚任

清初出现了许多戏曲家，其中著名的有洪昇和孔尚任。

洪昇（1645—1704），字昉思，号稗畦，钱塘（今浙江杭州）人。他的代表作是《长生殿》。《长生殿》取材于历史故事，以唐玄宗和杨贵妃两人的爱情为中心，比较全面地反映了唐朝"安史之乱"前后的社会情况。它描写了唐朝由盛而衰的过程，描写了当时的宫廷生活和官吏的贪暴，描写了内忧外患交迫下人民生活的痛苦，也描写了正义凛然的爱国人物。作品的相当一部分篇幅具有浪漫主义的色彩，但在主要情节上则是现实主义的。

孔尚任（1648—1718），字季重，号东塘，兖州曲阜（今山东曲阜）人。与洪昇齐名，世称南洪北孔。他的代表作是《桃花扇》。《桃花扇》通过李香君、侯朝宗悲欢离合的爱情故事，反映了南明弘光朝的社会现实和统治阶级内部的派系斗争，揭示了南明政权灭亡的原因。剧中人李香君是明末南京秦淮河边一个著名的歌妓，侯朝宗是与弘光朝的当权派马士英、阮大铖等奸臣处于对立地位的著名文人。奸臣的陷害，拆散了侯、李两人。侯朝宗被迫逃亡江北投奔史可法幕下，李香君在奸臣的威逼下坚贞不屈，誓死不再嫁。

孔尚任通过生花的妙笔，把侯、李的爱情生活和国家兴亡的命运紧密地结合了起来，从表面上看描写的是儿女情长，而在实际上写的却是亡国悲剧。不论在思想性上还是艺术性上，《桃花扇》都是一部富有现实主义色彩的杰出作品。

（朱仲玉）